번역 비평의 패러다임

Translation Criticisms

번역 비평의 패러다임

전현주 著

KSi 한국학술정보㈜

머리말 ━━━━━━━━━━━━━━━━━━━━━

　필자는 마루야마 마사오와 가토 슈이치의 번역에 관한 담론을 정리한 『번역과 일본의 근대』를 접하면서 본격적으로 번역과 번역학에 대한 관심을 갖기 시작하였다. 이 책에서 메이지 시대 초기에 자국의 전통과 문화의 영역을 확장하지 않으면 정신적인 빈곤과 잠재적인 발전 가능성을 차단하여 정체성을 벗어날 수 없으므로, 서양사회를 모델로 한 광범위한 서양 문헌의 번역을 통하여 근대화를 실현할 수 있는 현실적인 대안을 모색해야 한다는 일본 지식인들의 자각을 감지할 수 있었다. 이를 계기로 필자는 번역과 인간, 번역과 언어, 번역과 역사, 번역과 권력, 번역과 문화, 번역의 불평등성, 번역의 행위 이면에 잠재되어 있는 의미와 역할 등 수많은 번역 담론에 매료되기 시작하였고, 주변의 현상을 번역의 스펙트럼으로 해석하고 투시하는 경향을 갖게 되었다. 조지 스타이너가 『바벨탑 이후』에서 역사와 현실은 그 자체가 "무의식적이지만 지속적인 내적 번역행위"라고 설파한 점을 상기해 보면, 그 역시 번역의 스펙트럼으로 세상을 해석한다는 생각이 든다. 개인과 개인, 사회와 사회, 국가와 국가 간의 의사소통은 결국 번역이라는 메커니즘의 개입으로 가능하므로 우리의 일상 자체가 모두 번역과 소통된다 해도 과언이 아닐 것이다. 그러나 오늘날과 같은 초(超)민족시대와 초문화시대에서 번역을 통한 외부와의 소통은 생존의 필수조건이 되기도 하지만, 번역의 불균형한 방향성을 생각해 보면 문화의 일방적인 통행이 고착화 된다.

　다문화시대에서 문화와 의사소통의 호혜평등을 실현하려면 번역의 다양한 현상을 기초로 이론과 실제를 접목하여 번역의 본질을 탐구하고 규명하는 것이 번역학자로서의 마땅한 소임일 것이다. "번역이란 말의 무게를 다는 것"이라는 발레리 라르보의 주장은 번역의 본질을 탐구하려면 저울의 한 쪽에 저자의 말을 얹고 또 다른 한쪽에는 번역어를 올려놓고 양쪽이 서로 균형을 이루었는지 번역 텍스트를 평가하고 비평하는 작업이 선행되어야 함을 함의한다. 번역 텍스트는 헤아릴 수도 없이 양산되지만 번역비평이 이루어지는 비율은 턱없이 낮은 것이 우리의 현실이다. 사실 번역학자들이 봉착하는 가장 큰 장애물은 바로 번역의 비평 및 평가의 문제이다. 이는 비평 자체가 태생적으로 노력에 비하여 성과가 적은 분야인데다가, 이중언어를 능통하게 사용하는 비평가라도 두 언어를 사용하는 공간과 언어체험이 서로 다르기 때문에 원본과 번역본을 공정하게 비평하고 평가하는데 상당한 어려움이 수반되는 점도 크게 한 몫을 한다. 또한 종래의 번역비평은 주로 원문과 번역문을 비교하여 잘 옮겨진 내용보다는 이상하거나 틀린 곳 위주로 평가하거나, 때로는 근거를 제시하지 않고 무조건 오역으로 폄하하기 때문에 역자는 항상 희생양이 되는 불리한 입장에 처하기 일쑤였다. 작가는 비평의 대상이 되더라도 작품을 어떻게 읽어야 하는가가 비평의 핵심을 이루기 때문에 신뢰성을 문제 삼지 않는 반면, 역자는 번역의 옳고 그름이 번역비평의 핵심으로 작용하기 때문에 신뢰성에 즉각적인 영향을 받는다. 불공정과 불균형한 번역비평의 환경에서 번역비평을 문학비평의 경지로 끌어올릴 수 있는 대안은 없을까?

이를 위하여 무엇보다도 번역비평가는 번역의 실제와 무관한 잣대를 들이대기 보다는 번역 실제와 부합하는 번역비평을 실천해야 한다. 또한 번역작품을 온전한 문학작품으로 인정하여 텍스트의 내외적인 요소를 다양하게 수렴하여 도착어 문화권에서 해당 작가와 텍스트가 차지하는 위상이나 의의, 번역의 특징과 역자의 번역전략 및 번역소신 등을 분석하여 번역의 지평을 확장해야 한다. 그리고 이론과 실제를 접목하여 역자가 생산한 번역텍스트를 대상으로 가치평가를 하는 공정한 번역비평을 행하면, 역자들 역시 적극적으로 비평내용을 수용하여 향후의 번역지침으로 삼을 수 있는 생산적인 장을 마련할 수 있다.

본서는 여러 가지 권위 있는 번역비평 텍스트를 중심으로 번역비평가들이 공통적으로 적용하는 번역비평 방식을 구체적으로 명시화하여 번역비평 텍스트의 형식과 내용의 패러다임을 분석하여 제시하였다. 따라서 번역의 본질에 접근하는 가장 적극적인 방식인 번역비평의 활성화를 위하여 보다 용이하게 활용할 수 있는 번역비평의 형식과 내용의 패러다임을 구축하는 데 본서의 목적이 있다. 비평가에 따라 분석대상 텍스트를 비평하는 방식과 관점이 다양하게 표출되지만 번역비평 시 간과해서는 안 될 기본적인 요소들을 중심으로 번역비평 텍스트의 기본적인 틀을 제시하였다. 이론과 실제의 괴리를 좁혀 보편적으로 적용할 수 있는 이론적인 패러다임을 구축하면 번역학자나 번역가 그리고 독자들도 번역비평에 참여할 수 있는 실천의 장을 마련할 수 있기 때문이다. 마지막으로 번역학의 발전을 위하여 번역비평의 필요성에 대한 대중의 인식이 보편화되고 번역비평에 적용되는 일반적인 형식과 내용의 패러다임을 기초로 우리나라 번역의 질적 향상과 활발한 번역담론을 이끄는 데 본서가 조금이나마 기여할 수 있다면 이보다 더 큰 보람은 없을 것이다.

2008년 10월
성서캠퍼스 국제교육관에서
전 현 주 씀

CONTENTS ━━━━━━━━━━

Ⅳ. 번역 비평 텍스트의 내용 / _103

I. 서 론

1.1 연구의 필요성과 목적

"근현대적 의미에서 우리나라에 소개된 번역서의 효시는 1885년 이수연(李樹延)의 『신약마가젼 복음셔 언ᄒᆞ』"(김병철 5)이며, "우리 문학을 해외에 처음으로 알린 작품은 1889년 미국에서 출판된 구비 문학 작품집, 『한국민담집』(Korean Tales)"(봉준수 외 v)이다. 이들 작품을 시발점으로 우리나라의 현대 번역사(飜譯史)는 줄잡아 120여 년에 이른다. 2004년 현재 대한출판문화협회[1]가 공식 집계한 전체 출판물 대비 번역도서가 차지하는 비중은 28.5%로 과거 10년간의 통계와 비교했을 때 1995년의 15.0%에 비하여 거의 두 배로 증가하였다. 이는 향후 우리나라 출판시장에서 번역도서가 차지하는 비율이 계속 증가할 가능성을 시사한다. 하지만 '영미문학연구회'에서 발표한 번역품질 평가결과를 살펴보면 "조사대상 도서 전체 572종 가운데 310종(54%)이 다른 책을 표절하였으며, 번역의 '정확성', 문장의 '가독성'을 분석한 후 독자에게 추천할 수 있는 번역본은 고작 11%에 불과한 62종에 그친다"(영미문학연구회 27)는 안타까운 현실을 감안하면 번역품질의 평가 및 비평은 향후 우리나라 번역물의 양적인 성장 못지않게 질적인 성장의 토대를 마련하기 위하여 보다 관심을 가지고 심도 있게 연구해야 할 대상이다.

사실 우리나라에서 번역 비평의 통로와 양식 그리고 비중 등에 대한 본격적인 논의가 이루어진 것은 1980년대 번역학(Translation

---

1) http://www.kpa21.or.kr/index.php

Studies)이 소개된 이후이며, 번역학의 여러 연구 분야 중 특히 번역 비평(Translation Criticism)이 차지하는 비중은 아직 매우 미미한 실정이다. 현재 우리나라에서 번역 비평이 이루어지는 공식적인 통로는 번역의 이론 및 실제를 연계한 한국번역학회의 『번역학연구』, 한국국제회의 통역학회의 『국제회의 통역과 번역』, 영미문학연구회의 『안과 밖』의 <번역을 짚어본다>, 그리고 「교수신문」의 <고전번역 비평> 코너 등이 있다. 또한 번역 비평 관련 단행본으로는 이재호의 『문화의 오역』, 강대진의 『잔혹한 책읽기』, 유영란의 『번역이란 무엇인가?』, 영미문학연구회 번역평가사업단의 『영미명작 좋은 번역을 찾아서』, 전성기의 『번역인문학과 번역 비평』 등이 있다. 그리고 한국문학번역금고와 고려대 민족문화연구원을 주축으로 우리나라에 소개된 번역 작품의 총체적인 서지정보를 1892년부터 1998년까지 국내외에서 번역·출간된 작품을 동서양어권으로 나누어 '번역현황 통계' 및 '번역자 색인'을 중심으로 구성한 『한국문학 번역서지 목록』이 있다. 마찬가지로 우리나라에 소개된 번역 작품의 총체적인 서지정보를 중심으로 시대별 번역 특징을 다루어 우리나라의 번역사를 한눈에 조망할 수 있게 한 김병철의 『한국 현대 번역 문학사연구 上·下』와 우리나라 작품의 외국어 출판현황과 특징을 심도 있게 분석한 유럽문화정보센터의 『한국문학의 외국어번역』 등이 있다. 이외에도 번역 작품이란 관점을 거의 배제하고 출판도서에 대한 단순 서평을 싣는 주요 일간지의 서평관련 북섹션과 한국간행물윤리위원회가 발간하는 계간지 「서평문화」 외에 서평지 형식의 「도서신문」, 「독서신문」, 「출판저널」, 「북앤이슈」, 「북텍스트」 등이 있다. 그리고 당해의 번역 출판물을 서지정보와 간략한 서평 위주로 편집하여 번역 출판물의 현실과 미래에 대한 총체적인 점검을 시도했다가 두 번의 단행본 출간으로 그친 『미메시스 창간호와 2000』 등이 있다.

하지만 번역 비평 및 평가와 관련된 이러한 연구 성과들은 연일 쏟아져 나오는 엄청난 양의 번역도서에 비하면 절대적으로 부족한 실정이다. 이러한 현실은 번역에 관여하는 학자, 번역가, 비평가, 독자, 출판관계자 등의 번역에 관한 '적극적인 문제의식'의 부재에 기인한다. 이는, 이들이 모두 번역의 생산자와 소비자 그리고 제3의 관찰자로서 적극적인 의미에서 자기 역할을 다하지 않았기 때문이다. 번역의 생산자인 출판사와 번역가는 생산과 판매에 대한 적극적인 태도와 달리 사후 관리에는 매우 소극적으로 대처하는 경향이 있다. 번역 텍스트의 소비자인 독자는 쏟아지는 생산품에 대한 소비자 권리를 적극적으로 행사하지 않아 번역 작품에 대한 만족 혹은 불만 등에 대한 반응을 제대로 표출하지 않거나 전달하지 않았다. 그리고 제3의 관찰자인 번역학자와 비평가는 이론과 실제의 연관성을 적극적으로 고려하지 않았다. 그들은 번역현상에 따라 적용하는 잣대와 기준이 달라지는 이론에만 집착한 탓에 이론과 실제 간의 괴리를 크게 벌려 놓았다. 그뿐 아니라 번역 비평가와 일반 비평가의 역할분담이 이루어지지 않아 실제 번역 작품을 비평할 때 일반 문학 작품 비평과 큰 차이를 두지 않았다. 혹은 원천 텍스트(Source Text: ST)는 배제하고 목표 텍스트(Target Text: TT)만을 대상으로 서평에 가까운 비평이 이루어지거나 번역가와 번역 행위는 저자와 원전에 대한 종속관계만을 부각시키는 작품해설에 치우쳤다. 뿐만 아니라 '번역 비평' 자체를 생소하게 받아들이거나 비평 텍스트가 갖추어야 할 최소한의 요건도 충족시키지 못하는 번역 비평을 하기도 했다. 이러한 현실은 결국 번역의 이론과 실제의 괴리를 더욱 입증해 보이는 산증인의 역할을 자처한 형상이 되고 말았다.

그뿐 아니라, 대다수의 번역가들은 번역활동을 활발하게 전개하는 현실을 근거로 번역이론은 번역의 실제와 무관하거나 동떨어진 추상적 대상으로 여긴다. 또한 "번역이론을 체계적으로 연구하고 현장에서 번역교육을 담당하는 강사들도 번역평가 방식에 대한 합의가 없이 매우 다양한 방식을 사용하는 것으로 나타났다."(성초림 외 48 - 9) 이러한 현실과 사례는 번역이론의 현실성과 효용성이 그다지 높지 않음을 대변한다고 할 수 있다. 그렇다면 쏟아지는 번역물의 홍수 속에서 번역문화를 선도해 갈 학자와 비평가 그리고 번역가는 계속 소극적인 자세로 일관할 것인가? 좋은 작품을 선택할 수 있는 독자의 권리를 외면하고 번역 작품이 질적으로 향상될 수 있는 가능성과 잠재력을 사장시키는 이기적인 사치를 언제까지 누릴 것인가? 또한 이론과 실제의 이분법적 사고가 우선적으로 지배하는 번역현장의 안타까운 현실을 무조건 수용해야 할까? 그렇다고 번역이론의 실제 효용가치는 낮다고 무조건 단정 지을 수 있을까?

다소 견해의 차이는 있으나 번역에 관계하는 인적 구성원들은 번역 비평과 평가의 필요성에 대체로 공감하고 있으며, 실제 현장에서 적용할 수 있는 번역평가의 효용성을 마련하기 위하여 번역이론의 발전이 동시에 이루어져야 한다는 데 특별한 이견(異見)은 없다. 회니히(Hönig)는 이러한 현실을 반영하여 "번역 의뢰자는 번역가의 역량과 번역물에 대한 신뢰성 검증을 위하여, 전문번역가는 아마추어 작가와 차별화할 수 있는 잣대의 필요성 때문에, 번역학자들은 적절한 이론 구축을 위하여, 그리고 번역교육자는 제대로 된 체계적인 번역 학습방법의 부재 등을 이유로 번역 관련 당사자들이 공감하는 총제적인 번역물 품질 평가의 토대를 확립해야 한다는 필요성을 제안하였다."(Hönig 15) 또한 라드미랄(Ladmiral 1979)은 "번역이론이나 번역학에서 '유일한' 기대 사항은 번역의 난제들을 밝히고 분류하며, 이들을 개념화하여 결정의 논리가 작용할 수 있도록 도와주는 것"이라며, "'비판적 읽기'와 '번역 비평'에 관한 심도 있는 연구의 필요성"을 피력하였다. 이론과 실제의 괴리, 안타까운 현실 및 번역 당사자들의 현실적인 요구 등을 감안할 때 결국 포괄적이고 객관적이며 실용적인 번역품질 평가이론에 기반을 둔 번역 비평의 토대를 마련하는 것이 번역학의 당면 과제임이 틀림없다.

이러한 번역학의 당면 과제를 수행하기 위하여 본 논문은 번역 비평 텍스트의 분석 결과를 토대로 번역 비평 방법론을 제시하는 소위 '비평의 비평'을 행하는 메타 비평2)의 방식을 취한다. 사실 "번역 비평은 그 자체가 비평의 비평"(김효중 1998: 256)이며, '초월' 혹은 '뒤'를 뜻하는 메타(meta)와 비평을 합성한 "'메타 비평'은 비평의 뒤 혹은 비평을 초월하는 비평 방법론에 비평을 가하는 2차적 비평"(황병하 5)이다. 그리고 "메타 비평은 원론비평과 실제비평을 대상으로

---

2) 메타 비평이란 '초비평'(超批評) 혹은 '고차비평'(高次批評) 등으로 부르기도 하지만 메타언어, 메타분석, 메타인지, 메타교육 등 다양한 분야에서 메타라는 용어가 보편적으로 사용되고 있으므로 본 논문에서도 '메타'로 사용하기로 한다.

비평의 타당성 여부를 관찰하고 고찰하는 비평"(송희복 23)이기도 하다. 본 논문은 특히 "원론비평의 한 형태로 비평의 기준을 마련하고 비평을 수행하는 방법에 논리를 부여하는 등 비평방식을 부각시키는 영역"(우한용 5-6)에 우선적인 가치를 두는 메타 비평을 하고자 한다.

이는 앞서 언급했듯이 번역 비평의 현실은 물론 번역 비평 텍스트를 살펴보면서 번역 비평의 기준을 시급히 마련할 필요성을 절감하였기 때문이다. 번역 비평 텍스트를 살펴보면 비체계적이고 주관적인 방법으로 이루어지는 아마추어적 번역 비평은 물론, 번역평가에 대한 적극적인 언급이나 논의도 없이 모국어로 쓰인 원작처럼 번역 작품을 다룬 번역 비평 텍스트가 허다하다. 뿐만 아니라, 원작의 저자 혹은 ST에만 오로지 관심을 두며 "몇 개의 오류를 제외하면 잘된 번역이라 언급하거나 불행하게도 번역가의 어휘 선택이 원저자의 문체와 조화를 이루지 못한다"(김효중 1998: 253-4)는 등의 단편적인 언급으로 작품과 번역가의 위상을 통째로 폄하하는 경우도 있다.

또한 다양한 관점과 객관적인 분석 잣대를 적용하는 일반적인 텍스트 비평과 달리 번역 텍스트 비평은 분석대상 텍스트의 내·외적 요소를 포괄적으로 분석하는 대신 "오류 분석에 치중하는 등 일방적인 관점과 주관적인 분석 잣대를 적용하는 실정"(김효중 1998: 253)이다. 물론 일반 비평과 달리 번역 비평을 하려면 원천 텍스트와 목표 텍스트를 동시에 고려해야 하므로 비평가의 역량이나 노력이 훨씬 가중되는 데 비하여 그 수확은 턱없이 적은 현실적인 한계가 작용한 탓도 있다. 그러나 이러한 안타까운 현실의 기저에는 번역 비평의 방법론이 제대로 구축되어 있지 않다는 근본적인 원인이 자리하고 있다. 번역 비평의 방법론이 정립되지 않은 현실에서 가장 절실하게 요구되는 비평은 '비평의 기술을 알려 주는 비평'이다.

"번역 비평의 목적은 번역수준을 증진시키고, 번역가에게 객관적인 기준을 마련토록 하며, 특별한 시대와 주제와 관련된 번역에 관한 논의를 조명하고, 탁월한 작가와 번역가의 작품 해석에 도움을 주며, ST와 TT 사이의 의미론적, 문법적 차이에 관한 비평적 평가가 이루어져야 한다."(Newmark 1981: 181) 비평은 "1차적 창조성의 세계에 기생하는 2차 텍스트"(송희복 21)로 "작품과의 변증법적 대화"(송희복 27)이다. 그러므로 비평을 비평하는 메타 비평은 비평 텍스트를 분석할 때 적용한 비평가의 비평 행위와는 역순의 절차를 따라야 한다.

비평의 비평을 시도하는 본 논문은 비평 행위에 대한 역순의 절차를 적용하여 기존의 여러 번역 비평 텍스트를 대상으로 그 형식과 내용을 분석하여 번역 비평의 현실을 점검한다. 그리고 그 결과를 토대로 번역 비평 텍스트가 갖추어야 할 기준과 요건을 제시하여 번역 비평의 형식과 내용의 패러다임을 제시하고 향후 번역 비평의 활성화를 도모한다. 다시 말해 본 논문은 번역 비평을 선도해 갈 기존의 번역 비평가와 예비 비평가에게 번역 텍스트의 비평기준, 즉 번역 비평의 방법론을 제시하고자 한다. 또한 본 논문에서 제시하는 번역 비평 방법론을 통하여 기존의 번역 비평가에게 자신의 번역 비평방식에 대한 객관적인 평가 및 통찰의 기회를 마련해 주고 향후 번역 비평의 방향 설정에 도움을 주고자 한다. 그럼으로써 예비 번역 비평가나 독자들로 하여금 번역 비평의 담론을 보다 대중화할 수 있는 사전지식을 갖추게 하여 특정 전문가에 국한된 그들만의 특권에서 탈피하여 번역 비평의 공론화를 이끌어 우리나라 번역 발전의 초석을 다지는 데 일조하고자 한다.

1.2 연구의 방법 및 대상

"'비평'이란 주관적인 눈과 객관적인 판단으로 문학의 존재가치를 논의하는 '문학비평'(criticism)을 주로 일컫는다. 또한 비평이란 작가나 그의 작품을 분석하고 평가하는 행위"(신승행 339)를 말한다. 이러한 비평의 개념을 번역 비평에 적용하여 개념을 정리하면, '번역 비평' 역시 '주관적인 안목과 객관적인 판단력을 가지고 ST와 TT를 동시에 고려하여 작가나 작품을 분석하고 평가하는 이중적인 수행 작업'이라 할 수 있다.

번역의 품질을 평가하고 객관적인 기준을 마련하여 이론화하려면 기존의 번역 텍스트에 대한 분석이 선행되어야 한다. 번역가는 의식적 혹은 무의식적으로 번역 행위를 통해 끊임없이 이론화 작업을 하므로 번역 행위는 곧 이론화 과정이라 할 수 있다. 번역 행위가 실현된 번역 텍스트는 번역현상을 진단할 수 있는 가장 확실한 환경을 제공한다. "여러 가지 구체적인 번역현상을 토대로 공통적인 특성을 통합하면 이론적인 고찰이 가능"(Delisle 52)하다. 그러므로 텍스트를 둘러싼 내·외적인 다양한 번역현상을 구체적이고 체계적으로 분석한 후 번역과 관련된 전반적인 특징을 일반화하고 번역과정을 객관화시켜 의미 있는 결론을 도출하면 다양한 번역 환경에 대입하여 유용하게 활용할 수 있는 기반을 마련할 수 있다.

다시 말해 번역 텍스트에 나타난 번역현상과 번역가의 번역 행위 및 전략적인 특성을 파악하고 분석하여 기존의 번역이론과 연계하여 객관적이며 타당한 결과를 산출하면 곧 번역의 이론화 작업이 가능하다. "이론은 결코 현상과 구분되는 별개의 대상이 아니다. 번역의 역사를 살펴보면 번역이론은 번역에 대한 구체적인 분석과 관찰에 기반하고 있음을 알 수 있다."(Delisle 50) 따라서 축적된 연구 결과를 실제 번역작업에 적용하면 번역의 품질이 개선되므로 번역에 관계하는 모든 인적 구성원들의 기대에 부응하게 되며 결국 번역 작품에 대한 '용인성'(acceptability)을 확보하는 데 기여할 수 있다. '용인성'이란 '번역 작품에 대한 내·외적 신뢰성의 확보'를 의미한다. 번역 작품은 읽혀지기 위하여 생산되므로 독자를 확보하지 못한 번역 작품은 어떤 면에서는 작품으로서의 존재 가치를 상실했다 해도 과언이 아니다. 다시 말해 번역을 둘러싼 인적 구성원들이 번역 작품을 생산하는 1차적인 목표는 결국 독자들의 '용인성'을 확보하는 데 있다고 할 수 있다. 이런 점에서 번역 텍스트가 '용인성'을 확보하려면 기본적으로 어떤 요건을 갖추어야 하는지 점검할 필요가 있다. '용인성'을 확보할 수 있는 기본적인 요소를 단적으로 파악할 수 있는 가장 효율적인 기제로 기존의 번역 비평 텍스트를 활용할 수 있다. 이들 텍스트는 비평의 속성상 완전히 주관성을 배제할 수는 없지만 번역 작품의 '용인성'을 부여하는 기준과 원칙 등 비평가들의 보편적인 비평전략을 찾을 수 있기 때문이다. 또한 이러한 보편성을 토대로 번역 비평의 현황을 점검한 후 번역 작품이 용인성을 확보하기 위하여 갖추어야 할 기본적인 요소들을 규범화하여 향후 번역활동 전반에 걸쳐 폭넓게 적용할 수 있기 때문이다.

이를 위하여 본 논문은 ST와 TT를 상호 비교 분석하여 번역물의 '용인성' 확보를 공개적으로 입증하는 번역 비평 텍스트를 연구 대상으로 삼는다. 그리고 번역 비평 텍스트에 나타난 비평가들의 비평전략을 분석하여 번역 텍스트의 용인성 검증을 위한 형식과 내용의 패러다임을 구축한다. 분석 방식은 문헌학의 서평 관련 이론을 적용하여 번역 비평 텍스트의 형식을 검증하였다. 그리고 투리(Toury)의 기술 번역학(Descriptive Translation Studies) 방식을 원용하여 번역 비평 텍스트의 내용을 검증하였다. 그 결과 번역 비평 텍스트의 기저에 있는 형식과 내용의 패러다임을 통해 비평가들의 번역 텍스트에 대한 평가기준 및 우선사항 그리고 적용단계 등을 고찰할 수 있었다. 번역 비평 텍스트의 형식과 내용의 패러다임을 통한 결과물을 번역학 이론과 접목하여 번역 텍스트의 '용인성'을 효율적으로 점검할 수 있는 번역 비평 텍스트의 모델을 제시하고자 한다. 번역 비평 텍스트의 모델은 실제 번역현장에서의 효용성은 물론 번역학 이론에서도 보다 체계적인 사례분석의 토대를 마련할 수 있다. 또한 기존의 번역이론 및 현상과 연계하여 향후 번역물의 품질향상에 일조할 수 있는 번역 비평 이론의 토대를 마련코자 한다. 번역학자의 소임은 현상과 이론을 접목하고 보완하여 상호 발전을 도모하는 데 있기 때문이다.

본 논문의 번역평가 및 비평에 관한 연구 방향과 범위는 홈스(James Holms, 1972)의 번역학 분류방식을 적용하면 응용번역학의 하위 범주에 속한다. 본 논문은 연구방법 면에서 ST와 TT를 비교 분석하므로 순수번역학(Pure Translation Studies)의 하위 범주인 기술번역학의 세 가지 방법 중 결과물 중심(Product Oriented) 연구에 속하며, ST와 TT의 비교 분석 결과를 번역이론과 연계하여 설명하고 종합하는 방법은 이론번역학에 속한다.3)

마지막으로 본 논문의 전개방식은 다음과 같다. 서론에서는 번역비평의 현실과 연구의 필요성 그리고 연구방법 등에 대한 문제제기를 한다. 제Ⅱ장에서는 번역 비평에 관한 선행 연구를 통해 다시한 번 번역 비평 이론과 실제의 현실 및 연구의 필요성을 점검한다. 제Ⅲ장에서는 본격적으로 번역 비평 텍스트의 사례 연구를 통한 결과물을 제시한다. 특히 번역 비평 텍스트의 구성 형식과 관련된 사례분석을 통하여 관련 요소를 점검한 후 공통적으로 적용할 수 있는 형식의 패러다임을 구축한다. 이어 제Ⅳ장에서는 Ⅲ장과 마찬가지로 번역 비평 텍스트의 내용을 분석하여 ST : TT의 비평방식 분류는 물론 평가기준과 내용의 패러다임을 구축한다. 제Ⅴ장에서는 Ⅲ장과 Ⅳ장에서 제시한 번역 비평의 형식 및 내용의 패러다임을 적용하여 각 비평 텍스트의 형식 및 내용을 진단하고 장·단점을 점검한다. 그리고 동시에 비평가들의 비평전략에 나타난 번역 텍스

---

3) 홈스의 번역학 분류표에서 번역 비평은 응용번역학의 하위 범주에 속하나 본 연구의 결과로 볼 때 오히려 이론번역학의 하위 범주로 두는 것이 더욱 적절하다.

트의 내·외적 용인성의 점검요소에 대한 분석을 통해 향후 번역 텍스트가 용인성을 확보할 수 있는 방안들을 제시한다. 그리고 마지막으로 본 논문의 주요 성과 및 한계점 그리고 향후 번역 비평의 과제를 제시하는 것으로 마무리한다.

II.

번역 비평의

선행 연구

본 장에서는 번역 비평의 정의는 물론 번역 비평의 필요성과 현실을 파악하고 번역 비평의 주체인 비평가의 역할 등을 번역학 이론과 연계하여 검토한다. 그리고 번역 비평과 관련된 여러 이론을 상호 비교 분석한 후 본 논문에서 제시하는 이론과 기존의 번역 비평 이론과의 차이점과 의의 등을 동시에 점검한다.

2.1 번역 비평의 정의

홈스는 "'번역 비평'4)이란 기본적으로 번역 텍스트의 '해석' 및 '평가'를 포괄하는 개념"이라 설명하며 "비평가의 '주관성'이 개입할 가능성"(182)을 염려하였다. 그는 번역학을 분류하면서 순수번역학(Pure Translation Studies)의 하위 분야인 기술번역학(Descriptive Translation Studies)과 이론번역학(Theoretical Translation Studies)을 비교적 자세히 설명하고 그 하위 분야도 상당히 세분화하였다. 하지만 이에 비해 그는 '번역 비평'의 정의와 하위 분야 그리고 각각의 특성에 관해서는 구체적인 언급을 하지 않았다. 홈스의 번역학 분류를 도표로 구체화한 투리(Toury 10) 역시 번역 비평을 응용번

---

4) Doubtless <u>the activities of translation interpretation and evaluation</u> will always elude the grasp of objective analysis to some extent, and so continue to <u>reflect the intuitive, impressionist attitudes and stances of the critic</u>. But closer contact between translation scholars and translation critics could do a great deal to reduce the intuitive element to a more acceptable level(p.182).

역학(Applied Translation Studies)의 하위 분야로 분류하였으나, 번역 비평의 구성요소에 대한 상세한 언급은 하지 않았다. 이후 홈스의 분류를 보다 구체적으로 보완한 먼데이(Munday)는 '번역 비평'의 하위 분야를 '감수'(revision), '번역물의 평가'(evaluation of translations), 그리고 '검토'(reviews)[5]로 분류하였다.

먼데이(12)는 "번역 비평[6]이란 '학생들의 번역물 점검'과 '출판번역물의 검토'를 포괄하는 번역물의 평가"라고 정의하였다. 먼데이 역시 번역 비평의 하위 분야에 대한 각 개념의 정의나 상세한 설명을 제시하지는 않았으나 '번역 비평'의 분류가 위의 두 번역학자들에 비하여 보다 구체적이며, 필자가 실제로 전문 비평가들의 번역 비평 텍스트를 분석한 결과와도 부합되었다. 따라서 본 논문에서는 먼데이가 제시하는 번역 비평의 정의 중에서 '학생들의 번역물 점검' 요소는 배제하고 '출판번역물의 검토'를 포괄하는 번역물의 평가를 지향한다. 또한 먼데이가 세분화한 번역 비평의 하위 분야에서 번역 비평의 연구대상을 '감수'를 제외한 '번역물의 평가' 및 '검토'로 한정한다. 왜냐하면 "감수란 번역물의 생산과정의 일부로, 번역물을 질적으로 향상시키기 위해, 혹은 번역가의 실력을 향상시키기 위해 번역문 전체를 원문과 부분적 혹은 전체적으로 대조 검토하여, 필요한 수정을 가하는 행위를 지칭"(이향 180)하기 때문이다. 여기

---

5) Holmes's 'map' of translation studies, from Toury 1995: 10, in Munday, 2001, p.10.

6) translation criticism: <u>the evaluation of translations,</u> including <u>the marking of student translations</u> and <u>the reviews of published translations.</u>

서 '필요한 수정을 가하는 행위'를 포괄하는 감수는 번역물의 평가 및 검토와는 성격상 차이가 있어 상호 구분이 필요한 것으로 본 논문의 연구 범위를 벗어나기 때문이다.

따라서 본 논문에서 적용하는 '번역 비평의 정의'는 다음과 같다. '번역 비평은 출판 번역물을 대상으로 텍스트의 내·외적인 용인성을 검증하기 위하여 이루어지는 '번역평가'와 '검토' 행위이다.' 여기서 출판 번역물은 출판된 모든 번역 텍스트를 포괄하며 상응하는 원천 텍스트의 존재를 전제한다. 그리고 번역 비평 텍스트를 분석하여 번역 비평의 방법론을 제시하기 위하여 번역 텍스트의 형식을 분류하는 양식은 서지학에서 적용하는 여러 가지 '서평'(book review) 분류방식을 일부 원용한다. 주지하다시피 번역학은 여러 학문에서 파생된 많은 이론 모델을 번역학 연구에 적용하여 왔다. '서평'은 엄밀한 의미에서 번역 비평과 차이가 있으나 넓은 의미에서 번역 비평 텍스트에 속하므로 비평 텍스트의 형식을 분류하는 양식으로 서지학의 이론을 적용하는 데는 충분한 타당성이 있다. 다음으로 번역 비평 텍스트의 내용 분석은 번역학의 여러 가지 이론을 적용하였다. 특히 번역 비평 텍스트의 내용을 분석하는 주요 프레임은 투리의 ST와 TT의 비평방식과 관련된 이론을 참고하였다. 그리고 번역 비평 텍스트에서 비평가들의 비평전략을 평가할 때 평가적 요소를 텍스트의 내·외적인 용인성으로 나누어 살피게 된 동기 역시 투리의 번역에 대한 '용인성 이론'을 원용하였다.

2.2 번역 비평의 필요성

우리나라는 번역 출판물의 양적인 팽창에 비하여 번역 비평은 극히 일부 작품을 대상으로 이루어지는 실정이다. 또한 번역학 내에서도 "번역 능력에 대한 평가와 번역 비평의 문제는 심도 있게 다루지 못하고 있는 형편이다."(김지원 2004: 55) 이러한 현실에 대한 우려는 관련 학자와 학회의 주요 관심사로 자리 잡았다. 2006년 7월 20일 한국문학번역원이 '한국 문학 세계화의 현실과 전망'이란 주제로 개최한 토론회에서 한국 문학의 외국어 번역본을 전면 재검토하자는 '번역평가 인증제'론이 제기되었다. 이 자리에서 김명환 교수(서울대 영문과)는 "구체적인 텍스트의 번역 충실도에 대한 평가가 필수적"이라며 '번역 재평가'를 강조하면서 "기존 영역본(英譯本)의 목록 분석을 통해 어떤 작가의 작품이 어떤 과정을 통해 번역되었는지, 그 결과 성과 및 문제점 혹은 향후 과제에 대해 총괄적이고 객관적인 조사가 필요하다"고 지적했다[7]. 번역학에서 번역 비평과 번역 비평 텍스트에 대한 연구는 상대적으로 매우 초보적인 상태에 머물러 있다. 그러나 이런 현실이 번역 비평 자체에 대한 의식의 부재를 의미하는 것은 아니다. 왜냐하면 시대를 막론하고 번역 비평은 항상 대중의 관심 속에 자리하고 있었기 때문이다.

하지만 번역 비평가의 비평 행위나 번역 비평 이론의 체계화가 이루어지지 않은 현실은 자성해야 한다. 실제로 번역 비평 텍스트를

---

[7] "번역을 번역하라" 2006년 07월 22일자. 「조선일보」. 문화면.

분석한 결과 형식이나 내용에 대한 기준과 일관성이 없음은 물론 비평의 기본적인 요건이 누락되거나 간과되어 비평 텍스트로서 타당성을 떨어뜨리는 경우가 종종 발견되었다. 또한 번역 텍스트의 용인성을 검증할 수 있는 이론과 실제가 혼재되어 있는 현실을 감안할 때 타당성을 갖춘 번역 비평 텍스트의 평가항목과 기준 등을 한시라도 빨리 구축할 필요가 있다. 용이하게 활용할 수 있는 평가기준과 지침이 마련되면 전문적인 비평가는 물론 일반 독자도 그 기준과 지침에 따라 번역 텍스트를 평가할 수 있기 때문이다. 또한 활발한 번역 비평 활동은 번역 텍스트의 질적 향상을 이끄는 것은 물론 번역가 역시 보다 책임 있는 자세로 번역에 임하게 되어 전반적으로 번역문화가 발전할 수 있는 토대가 마련되기 때문이다.

번역 비평이 번역의 질적 향상을 도모할 수 있는 대표적인 사례로 "1960년대 말 이재호 교수와 김종건 교수의 『율리시즈』 번역논쟁"(김병철 374 – 85)을 들 수 있다. 『율리시즈』 번역논쟁은 번역 텍스트의 용인성과 관련하여 우리나라 번역사에서 번역 비평, 특히 오역에 관한 대중의 의식을 환기한 점에서 그 의의가 더욱 크다. 논쟁은 당시 번역문학상[8]을 받은 김종건 교수의 『율리시즈』[9]에 대하여 이재호 교수가 오역을 지적하는 글을 「주간한국」에 기고하면서 양측의 공방은 시작되었다. 간접적인 비평이 대세였던 당시의 현실을 감안하면 직설적인 어조로 "오역의 한계를 넘어 기초적인 발음을 비롯하여 수천 곳에서 잘못이 발견되고 있다. 오역투성이인 작

---

8) 1968년 한국펜클럽이 수여하는 한국번역문학상 수상.
9) 정음사. 1968. 『신역세계문학전집』(51 · 52) 1 · 2권.

품을 아무 비판 없이 방치하면 독자에게 작품 본래의 예술적 가치가 잘못 전달된다. 나는 이러한 현실을 그대로 방치할 수 없어 비평의 붓을 들게 되었다"는 이재호 교수의 오역을 지적하게 된 배경을 설명하는 대목에서 학자(비평가)가 취해야 할 태도와 번역에 대한 소신을 엿볼 수 있다. 이어 김종건 교수는 이재호 교수가 지적한 오역 내역에 조목조목 자신의 입장을 밝힌 반박문을 기고하는 형식으로 전개된 양자 간의 공방전은 세간의 이목을 집중시키기에 충분하였다. 우리나라 번역사에서 번역 발전의 큰 획을 그은 이들의 오역 논쟁을 계기로 번역에 대한 번역가의 책임 있는 의식과 태도에 경종을 울렸다. 이후 김종건 교수는 미국에서 『율리시즈』의 작가 조이스(James Joyce) 연구로 석·박사 학위를 취득한 후 개역을 위하여 8차례 이상 더블린을 답사하기도 했다. 이와 같은 꼼꼼한 준비과정을 거쳐 개역에 착수한 지 6년 만에 번역가의 주석과 답사시 수집한 사진을 곁들여 마침내 개역판을 출간[10]하게 된다. 그 후에도 김종건 교수는 『율리시즈』 연구에 헌신(김병철 374-85)하여 번역가뿐 아니라 학자로서의 사명감과 책임감을 다하는 모습을 유감없이 보여 주었다.

번역과 번역 비평에 대한 대중의 관심을 끈 또 다른 예로 이재호 교수가 2005년 '한국번역학회'에서 번역가 이윤기의 「길 잃은 태양마차」(중 3-2 국어교과서)에 관하여 제기한 오역문제가 있다. "'오비디우스 지음, 이윤기 옮김'으로 나와 있지만, 이윤기의 글은 엄격

---

10) 김종건. 1988. 『제임스조이스전집』(전6권). 범우사.

히 말해서 번역이 아니라 황당무개한[11] 거짓말을 가미한 패러프레이즈(paraphrase)이다. 원문에도 없는 날조된 내용이 수두룩하고"(이재호 2005: 227-8)[12]라고 매우 원색적인 표현을 거침없이 쏟아내며 작품의 '용인성'에 공개적인 의문을 제기하였다. 이에 대하여 이윤기는 즉각적으로 "문화의 번역가들에게는 오독과 오역 또한 숙명"[13]이라며 오역의 화살을 은근슬쩍 비켜선 자신의 입장을 일간신문을 통해 밝혔다. 이로써 비평가와 번역가 간의 논쟁은 서로 한 치도 물러서지 않는 팽팽한 긴장감이 감돌았으나, "언론계는 번역문학계의 권력으로 자리한 이윤기를 보호하기 위하여 의도적으로 이재호의 지적을 묵살하는 분위기"(박상익 137)를 조성시켜 결국 상황은 싱겁게 일단락되었다. 하지만 이재호 교수는 이후에도 이윤기의 『장미의 이름』을 비롯한 여러 작품에 대한 오역 내역을 『문화의 오역』에서 꼼꼼히 지적하였다. 김종건 교수와 번역가 이윤기의 번역 작품에 대한 오역 논쟁과 관련된 일련의 과정을 통하여 비평가가 번역 텍스트에 '용인성'을 부여하는 결정적인 역할을 하며, 번역 발전을 위한 긍정적이며 생산적인 변화를 유발한다는 사실을 확인할 수 있다.

---

11) '황당무개'는 '황당무계'(荒唐無稽)가 바른 표기이다(네이버 국어사전). 그러나 위에서 이재호의 『문화의 오역』(2005: 227-8)과 각주 13)의 「동아일보」에 게재된 표현을 그대로 인용하였음을 밝혀 둔다.
12) 2004년 6월 12일 한국번역학회 기조연설.
13) "이재호 vs 이윤기 '그리스 신화' 오역공방". 「동아일보」. 2005년 7월 4일.

2.3 번역 비평가의 역할

서론에서 밝혔듯이 '번역 비평'이란 '비평가가 주관적인 안목과 객관적인 판단력을 갖고 ST와 TT를 동시에 고려하여 작가나 작품을 분석하고 평가하는 이중의 작업'이다. '메타 비평'이 비평의 비평이듯 '번역 비평' 역시 비평의 비평이라 할 수 있다. 왜냐하면 "'번역 비평'은 ST와 TT를 전제로 학제 간의 지식, 이문화(異文化)의 수용능력은 물론 문학적 기술능력이 요구되는 고도의 작업을 요하기 때문이다."(김효중 1998: 256) 적어도 두 가지의 대상언어와 텍스트가 관련되는 점에서 번역 비평은 일반 비평과 구분되어야 한다. 마찬가지로 번역 비평가 역시 일반 비평가와 구분되어야 한다. 그렇다면 번역 비평가의 역할과 활동 그리고 그들이 갖추어야 할 요건 등은 무엇인지 진단할 필요가 있다.

평가주체인 비평가는 궁극적으로 비평대상 작품에 대하여 다각적으로 상세하게 검토한 후 독자들에게 읽을 가치와 구매 가치를 알려 주는 안내자 역할을 한다. 평가는 "특별한 종류의 비평 활동"(Vilikovský 74)으로서, "번역활동 자체에 내재된 비평과는 다르다."(Broeck 1985: 61; Lefevere 1987; di Stefano 1982; Berman 1986; 1992: 7, 41) 투리는 "비평가나 번역가 혹은 출판인의 소견은 불완전하거나 사회 문화 시스템 내에서 자신의 역할을 과장할 가능성이 있으므로 피하는 것이 상책"(1995: 65)이라고 하였다. 하지만 베누티는 "비평가의 비평은 어떤 번역이 목표 문화에서 어떻게 읽히고 수용되는지 어느 정도 결정하므로 번역가, 편집자, 비평가들은 각자 지배적인 문화 및 정치적 어젠다 내에서 특정한 위치를 차지한다"(Venuti 1998: 29)고 하였다. 그러므로 번역 텍스트를 평가하는 비평가의 진술이나 번역 비평 텍스트는 검토할 만한 충분한 타당성을 갖는다.

일반적인 비평가와 '번역 비평가'가 비평에 임하는 태도는 다르다. "번역 비평가는 원문과 번역문의 상관적, 질적 연관관계를 고려하되 텍스트의 기능, 구성, 수용적인 면을 참고로 원문, 번역문의 구체적인 표현에 대해서도 유념해야 한다."(김효중 1998: 249) 이를 위하여 "ST와 TT는 물론 번역가가 번역결과물을 산출하기까지의 언어 심리적 절차를 재구성해 보고, 텍스트의 기능(text function), 구성(text constitution), 수용(text reception) 등을 고려한 번역 비평을 행해야 한다."(Wilss 1982: 220) 번역 비평가는 ST와 TT의 문맥 안에서 등가 혹은 비등가의 발화를 인식할 수 있는 능력과 번역가 자신의 번역능력의 문맥 안에서 번역할 수 있는 능력을 갖추어야 한다. 다시 말해, 번역 비평은 번역과정과 반대 방향으로 이루어지므로 번역문 생성에 동원되는 다양한 요인과 논리적인 접근 방법으로 번역과정을 점검할 수 있는 탁월한 언어 수행능력이 비평가에게 요구된다.

뿐만 아니라 비평가는 비평의 객관성을 지향해야 한다. 번역 비평의 객관성이 부족하다고 지적하는 학자들이 많다. 특히 뉴마크는 "번역 비평은 일종의 지성과 상상력의 훈련이며 부분적으로 객관성을 지닌다"(Newmark 1980: 181-2)고 하였다. 김효중 또한 "번역 비평은 가치 평가 면에서 다분히 주관적인 요소가 많지만 체계적인 기술을 통하여 최소한의 객관성을 지닌다"(김효중 1998: 254)고 하였다. 물론 비평가는 태생적인 비평의 한계를 완전히 극복할 수는 없지만 되도록 비평의 타당성을 유지하기 위하여 최선을 다해야 한다. 이러한 목적을 수행하기 위하여 비평가는 비평 텍스트의 선정에서부터 평가기준 설정과 평가항목 점검 등 일련의 과정 속에서 평가의 목표에 부합하는 일관성을 유지할 필요가 있다. 번역 텍스트가 번역가의 번역전략을 파악할 수 있는 토대가 되듯 비평가의 비평전략을 파악하려면 먼저 번역 비평 텍스트를 분석할 필요가 있다. 여러 번역 비평 텍스트를 형식과 내용의 특성을 면밀히 분석하고 상호 비교하여, 번역 텍스트의 용인성(acceptability)을 검증하는 방식과 과정 및 현황을 파악하여 비평가의 비평전략을 진단한 후 번역 비평 텍스트가 갖추어야 할 기본적인 번역 평가기준을 제시하고자 한다.

2.4 번역 비평의 현실

번역학 이론은 "언어적 접근방식과 기능적인 접근방식이 주도하고 있다."(Snell‑Hornby 1988: 14) 언어적 접근방식은 주로 '등가성'(equivalence) 개념에 기초하여 번역과정에서 나타나는 ST와 TT의 불변적인 요소로 "언어적 요소"(Oettinger 110), "텍스트적 요소"(Catford 21), "메시지"(Neubert 1985: 138ff) 등의 현상을 고찰하거나, "등가성의 세분화"(Nida의 역동적인 등가성 1964: 159, Koller의 5가지 유형의 등가성 1979: 187, Snell−Hornby의 독일어 번역에 나타난 58가지 유형의 등가성 1986: 13ff) 등 많은 이론을 양산했으나 번역의 본질을 규명하는 데는 근본적으로 한계가 있다.

노르(Nord)는 등가성 이론의 한계[14]를 지적하면서 대안으로 기능주의적 접근방식을 제안하였다. "등가성 이론을 보완하려면 화용적 모델, 문화 중심 모델, 일관성 있는 모델, 포괄적인 모델, 비보편적 모델, 실질적 모델, 전문번역가 모델 등을 고려해야 한다."(Trosborg 45−6) 기능주의(Functionalism)는 의사소통이론, 행위이론, 텍스트 언어학, 텍스트이론, 수용자이론 등의 영향으로 1970년대 후반 페르메어(Vermeer)가 창시한 이론으로 "인간의 행위는 목적(skopos)에 의해 결정된다고 보았다. 그리고 인간의 행위는 목적을 수행하므로 번역 역시 인간 행위의 하위 범주에 속한다고 하였다. 다시 말해 번역을 둘러싼 상황적 맥락 요인들은 의도된 TT의 독자와 번역 의뢰인의 문화와 특히 TT가 그 문화권에서 독자들에게 이행해야 할 기능을 포함하고 있기 때문에 무시할 수 없는 요인이기 때문이다. 기능주의 학자들은 번역방법과 전략은 TT의 목적에 따라 결정되므로 ST보다 TT

---

14) 등가성의 한계: ① 눈에 보이지 않는 상호 간 의사소통의 텍스트 외적인 요소와 텍스트 내적인 요소의 근본적인 상호 관련성을 살리지 못한다. ② 문화적인 측면이 충분히 고려되지 못한다. ③ 등가성에 관한 여러 가지 기본 개념에 일관성 부족하다. ④ 문학 서적에 비하여 실용 서적에서는 비문학적인 번역 절차를 보다 수월하게 수용하므로 장르나 텍스트마다 번역 기준이 달라서 혼란을 초래할 수 있다. ⑤ 문화적인 차이를 고려하지 않는다. ⑥ 등가성 기준을 만족하지 못하는 TL 텍스트를 배제한다. ⑦ ST를 중시하므로 번역가의 지위가 낮아진다 (Trosborg 44−5).

의 기능을 중시하는 '스코퍼스 이론'(skopos theory)[15]을 주장하였다."(Vermeer 1978: 100) 특히 노르는 "스코퍼스 이론은 등가성을 중시하는 언어적인 접근법의 한계를 극복할 수 있다"(Trosborg 46)고 기능주의 이론의 장점을 피력하였다.

번역의 스코퍼스를 중시하는 기능주의 번역이론에서는 TT가 목표 언어와 문화 규범에 수용되는 방식을 번역평가 시 잣대로 적용하였다. 라이스와 페르메어는 동일한 의사소통 기능을 충족시키는 ST와 TT의 관계를 의미하는 '등가성'(equivalence)과 등가성은 약하지만 번역의 '스코퍼스'에 지속적으로 초점을 맞추는 ST와 TT의 관계를 의미하는 '적절성'(relevance)이 있다고 주장하였다. 하지만 이들은 스코퍼스를 평가하는 방법은 물론 등가성과 적절성을 충족하는 번역물의 기준에 관하여 구체적으로 제시하지 않아 이론의 효용성을 입증하지는 못하였다. 또한 이 모델은 번역의 목적, 즉 스코퍼스의 역할에 초점을 맞추기 때문에 ST는 TT에 비하여 위상과 중요성이 낮아지며 번역가의 자율성을 최대한 보장하므로 번역가의 판단에 따라 ST의 내용이 바뀔 수 있어 자칫 ST의 내용이 상당히 왜곡될 수 있는 단점도 있다. 따라서 "독자가 텍스트의 내용을 잘못 이해하면 개인의 문제에 국한되지만 번역가가 ST의 내용을 잘못 이해하게 되면 수많은 독자를 혼란에 빠뜨리게 하여 걷잡을 수 없

---

15) 스코퍼스 이론은 번역도 인간의 다른 행위와 마찬가지로 목적을 지니고 있으며 이러한 목적을 'skopos'라는 용어로 칭한다. 'skopos'는 그리스어로 'aim' 또는 'purpose'라는 의미로, 어떠한 행위도 그에 대한 결과가 존재하며 이를 번역된 텍스트(translatum 혹은 translat)라 한다.

는 결과를 초래하게 된다."(Wallerstein 15)

라이스와 페르메어는 등가성 이론의 한계를 보완할 수 있는 대안으로 기능주의의 스코퍼스 이론의 효용성을 제시하였으나 이 역시 ST를 왜곡할 수 있는 자기모순에 빠질 수 있다. 또한 노르는 "번역 스코퍼스가 번역절차를 결정하지만 결과가 수단을 정당화할 수 있다"(Reiss & Vermeer 101, Nord 1997: 47)고 우려하였다. 이러한 우려를 막으려면 "번역가는 반드시 저자를 존중하는 태도로 번역에 임해야 한다. 저자를 모독하면 독자 모독으로 이어지고 피해는 결국 독자가 떠맡게 되므로"(이재호 2005: 159) ST의 중요성을 간과해서는 안 된다. 따라서 ST의 중요성은 정확한 ST 분석이 선행되어야 한다. "ST 분석은 번역 수행 가능성을 타진하고 ST의 기능을 최대한 살리는 적절한 번역 가능성을 제고하여 번역전략을 결정하는 기초 자료가 되기 때문이다."(Nord 2001: 62)

TT 중심의 기능주의의 맹점을 보완하고 ST의 정확한 분석을 통해 ST의 존재와 가치를 최대한 반영하는 TT 실행의 대안으로 수사학적 논증 방식을 도입한 학자들이 있다. 이들은 수사학은 언어를 이용하는 인간의 사고활동을 반영하면서 설득력 있는 텍스트를 만들어 내는 이론체계라는 사실을 전제로 수사학의 주요 개념 및 이론을 텍스트 분석에 적용할 수 있다고 보았기 때문이다. 전성기 (2004: 55‒6)는 "번역학과 수사학 접목의 당위성"을, 양태종(2002)은 "수사학이 텍스트 분석의 도구가 될 수 있음"을, 윌리엄스(2004)는 "수사학적 논증방식을 번역평가에 활용할 수 있다는 이론과 실제를 입증"해 보이는 등 번역평가나 비평에 수사학의 활용성을 주장하였다. 번역이론에 수사학을 적용하는 이유는 번역이 ST와 TT의 텍스트를 대상으로 저자의 의도를 목표 언어 독자에게 가장 효율적으로 전달할 수 있는 수단이기 때문이다. 또한 "번역 활동은 ST분석에서 비롯되며, ST분석은 ST의 유형 파악을 전제하며 이에 따라 번역전략을 세울 수 있기 때문이다."(Reiss 1981: 77)

국내 번역 비평 이론의 흐름에 관하여 『번역학연구』에서 김정우(47)는 "국내 번역학 연구에서 비평에 관한 연구 성과는 상당히 축적되었으며, 단순히 오역 사례를 지적하는 데 그치지 않고 오역의 사례를 유형화하여 보다 나은 번역물 생산의 피드백으로 활용할 수 있는 방안을 제시하고 있다."고 평가하였다. 그리고 국내 번역 비평의 실제 사례는 서론에서 제시하였듯이 『안과밖』과 「교수신문」의 고정 지면과 칼럼 등을 통하여 전문 비평가들이 문학 및 비문학 장르의 작품들을 대상으로 비평 활동을 전개하고 있다.

위에서 살펴본 번역 비평 관련 이론들은 초기의 ST 위주의 정확하고 충실한 번역 그리고 등가성 중심에서 벗어나 TT의 목적이나 ST의 논증의 일관성 유지 유무 혹은 '가독성' 위주의 평가방식으로 점점 다변화되어 가고 있다. 또한 오역 위주의 지적에서 벗어나 오역의 사례를 유형화하여 번역물의 생산 전반에 긍정적이며 실질적인 지침을 마련하는 방향으로 변화하였다. 그러나 "각각의 이론들은 서로 번역 텍스트의 품질을 평가하는 잣대가 달라 적용하는 이론에 따라 결과가 달라질 수 있는 한계가 있다."(Williams xiv-xv) 그리고 서론에서 지적하였듯이 이론과 실제 사이에는 상당한 괴리가 있다. 본 논문의 목적은 번역 비평의 활성화를 위하여 보다 용이하게 활용할 수 있는 번역 비평의 형식과 내용의 패러다임을 구축하는 데 있다. 물론 비평가에 따라 분석대상 텍스트를 비평하는 방식과 관점이 다양하게 표출되지만 번역 비평 시 간과해서는 안 될 기본적인 요소들을 중심으로 번역 비평 텍스트의 기본적인 틀을 제시하는 것이다. 다시 말해 이론과 실제의 괴리를 좁혀 보편적으로 적용할 수 있는 이론적인 패러다임을 구축하여 번역학자나 번역가 그리고 독자들도 번역 비평에 참여할 수 있는 실천의 장을 마련한다. 그리하여 한층 타당성과 실용성을 갖춘 이론으로서 기존의 번역 비평 이론과 차별화를 기한다. 이와 관련된 구체적인 사항은 번역 비평의 형식과 내용 및 사례분석과 관련된 장에서 차례대로 논의하기로 한다.

III.

번역 비평

텍스트의 형식

본 장에서는 여러 가지 번역 비평 텍스트를 분석한 내용을 토대로 번역 비평 텍스트의 생산자로부터 수용자에 이르는 과정에서 관계하는 요소들을 중심으로 '번역 비평 텍스트의 형식'에 관하여 논의하기로 한다. 내용 전개에 앞서 본 논문에서 적용하는 분석대상 텍스트의 선정 이유와 범위 등에 관하여 먼저 밝힐 필요가 있다.

본 논문에서 다룰 분석대상 번역 비평 텍스트의 선정 이유는 다음과 같다. 먼저 비평가는 물론 비평대상 번역 텍스트의 번역가와 서지목록 등이 제시된 실명비평 번역 텍스트를 분석대상으로 삼았다. 그리고 비평가와 비평매체의 전문성, 지속성, 그리고 현재성도 고려하였다. 가령, 비평 전문지, 『안과밖』의 <번역을 짚어본다>와 전문신문 「교수신문」의 <최고의 고전 번역을 찾아서>는 전문 비평가들의 번역 비평 텍스트를 싣는 지면이나 칼럼을 장기적이며 고정적으로 할애하는 대표적인 비평매체이기 때문에 중점적인 분석대상 텍스트로 삼았다. 그리고 위의 비평매체에서 발췌한 장르가 각각 다른 19개의 문학비평 텍스트와 12개의 비문학 번역 비평 텍스트를 대상으로 번역 비평 텍스트의 형식 및 내용 그리고 번역의 품질평가 방식 및 텍스트의 내·외적인 용인성 등을 점검하였다. 이러한 점검 요소들은 다음의 대상 텍스트에도 모두 적용된다. 자가 비평번역 분석대상 텍스트로 『번역이란 무엇인가?』, 개별적 혹은 집단적 비평 텍스트로 『문화의 오역』과 『잔혹한 책읽기』, 그리고 총체적 비평 텍스트로 『한국현대번역 문학사 연구 上·下』와 『한국문학의 외국어 번역』 등을 분석대상 텍스트로 삼았다. 그리고 목표 언어는 한국어(혹은 영어)이며, 원천 언어는 문학 장르는 영어(혹은 한국어)에 국한한 반면 비문학 장르는 영어 외에 독일어, 희랍어, 이탈리아어 등도 포함하였다. 이는 원전 번역을 중시하는 풍토 등 번역 텍스트의 용인성과 관련하여 논의할 사항이 많았기 때문이다. '분석대상 번역 비평 텍스트의 서지정보에 대한 목록'은 [부록 3]부터 [부록 6]에 수록하였다.

　'형식'(frame)은 '여러 부분들이 배열되어 하나의 전체를 이루는 양태'로 전체의 모습을 조망할 때 효용가치가 높은 기제이다. 번역 비평 텍스트가 제대로 형식을 갖추려면 장르를 막론하고 여러 가지 요소를 포괄하여야 한다. 번역 비평 텍스트를 분석해 보면 비평가들이 공통적으로 적용하는 번역 비평의 요소들을 발견할 수 있다. 번역 비평 텍스트의 뼈대가 되는 이러한 요소들은 상호 보완적인 관련성이 있다. 특히 비평의 주체와 객체는 물론 비평의 매체와 수용자에 이르기까지 일련의 번역 비평 텍스트의 생성과정에 관계하는 요소들을 중심으로 번역 비평 텍스트의 형식을 살펴보면 다음과 같은 공통점을 발견할 수 있다.

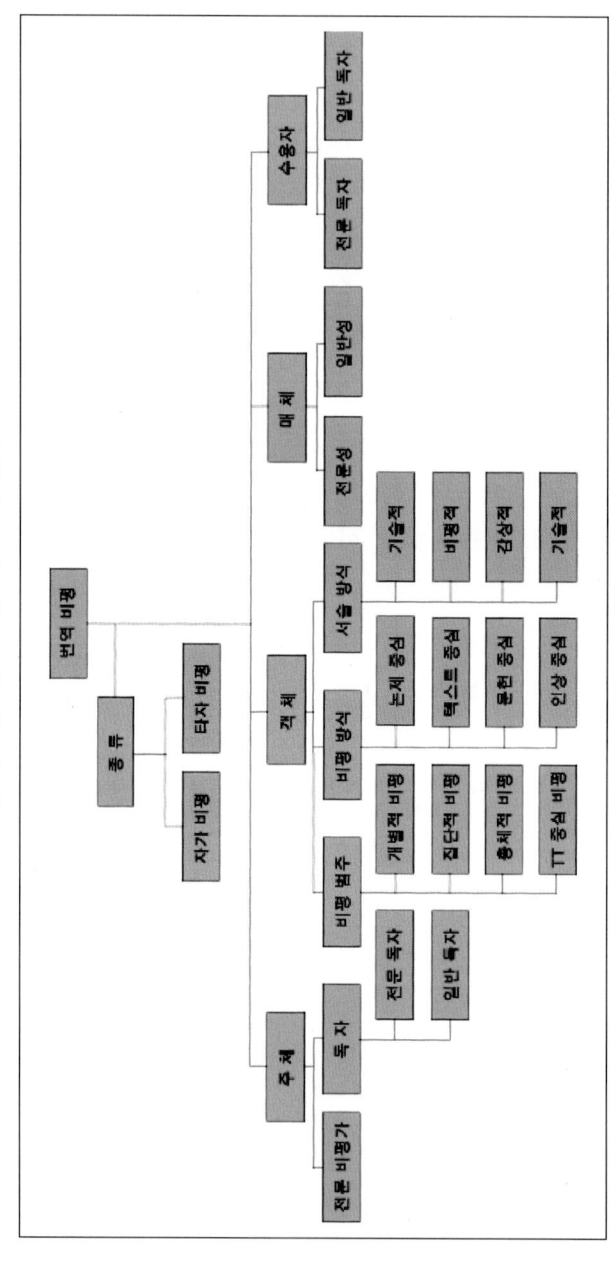

〈표 3-1〉 번역 비평 텍스트의 형식

3.1 번역 비평의 종류

위의 도표에 따르면 번역 비평에는 두 가지 종류가 있다. 번역 비평은 비평가와 번역 비평 대상 텍스트와의 관계에 따라 '자가 비평'과 '타자 비평'으로 나눌 수 있다. 이 두 종류의 번역 비평은 각각 '비평주체', '비평객체', '비평매체' 그리고 '수용자' 등의 요소들과 상호 유기적인 관련성을 갖는다. 이와 같은 번역 비평 텍스트를 구성하는 요소들을 분석하면 번역 비평 텍스트의 형식을 구체적으로 파악할 수 있다. 그리고 그 결과를 체계화하고 규범화하면 실제 번역 비평에 적용할 수 있다. 이를 위하여 번역 비평 텍스트의 형식상의 특성을 하나씩 살펴보기로 한다.

3.1.1 자가 비평(self – criticism)

번역 비평의 종류는 '자가 비평'과 '타자 비평'으로 나뉜다. '자가 비평'(self – criticism)이란 '작가(번역가) 스스로 자신의 번역과정을 기록 관찰하며 번역의 제 현상을 논의하는 비평'이다. 그리고 자가 비평의 결과물을 '자가 번역 비평 텍스트'라 한다. 번역 비평 텍스트를 살펴보면 주로 타자 비평 텍스트가 대부분을 차지한다. 이에 반하여 자가 번역 비평 텍스트는 비평의 주체인 비평가가 동시에 번역가를 겸할 뿐 아니라 자신의 번역과정을 일반인에게 공개하는 행위 자체를 꺼리기 때문에 매우 드물다. 유영란(1995)[16]은 박완서의 단편소설 『엄마의 말뚝 Ⅰ』을 영어로 번역하여 8명의 미국인에게 읽히고 그들의 교정 및 제안에 따라 수정한 과정을 기록하였다. 이 비평 텍스트는 번역과정을 세 가지로 나누어 각 과정에서 단어, 문장, 화법 등의 측면에서 발생하는 문제점을 분석한 내용이 근간을 이룬다.

투리(73)는 "자가 비평을 적용하여 번역본을 비교하는 목적은 번역가가 용인성을 고려하여 번역본의 단계적인 교정과정을 고찰하는데 있다"고 하였다. 번역 텍스트는 여러 단계를 거쳐 출간되며, 통상적으로 번역가는 초벌번역을 한 후 여러 차례 원고를 교정한 후 출판사에 최종 원고를 넘긴다. 이러한 과정에서 발생하는 단계별 교정과정은 번역의 목적을 충족시키기 위한 번역전략의 변화상을 살펴볼 수 있는 소중한 자료가 된다. 박여성(2002: 55)은 "번역물은 궁극적으로 출간된 완성본에 이르기까지 수차례의 교정과 문체 조정 과정을 거치는데, 그 과정이야말로 번역가가 번역과정에서 적용한 복잡한 번역전략과 언어학적 – 문예학적 – 기호학적 처리의 원칙 및 취향을 가늠할 수 있는 가장 신뢰할 만한 원(原)자료로서 매우 소중한 가치를 지닌다"고 하였다. 하지만 연구 시 단계별 번역본을 수집하기가 현실적으로 어렵기 때문에 이 분야에 대한 연구는 상대적으로 미미한 실정이다. 이러한 현실에서 유영란의 자가 번역 비평 텍스트는 존재 그 자체만으로도 충분한 가치를 지닌 소중한 자료이다. 또한, 앞서 언급했듯이 번역 비평(평가도 포함)은 주로 타인의

---

16) 유영란. 1991. 「박완서의 『엄마의 말뚝 Ⅰ』 영역을 중심으로」, 『번역이란 무엇인가?』. 서울: 태학사.

작품을 대상으로 하는 데 비하여 유영란은 자신의 번역과정을 자기 관찰 기록의 형식으로 체계화한 점에서 그 의의가 더욱 크다.

3.1.2 타자 비평(others'‒criticism)

'타자 비평'(others'‒criticism)이란 자가 비평과 달리 '비평대상 작품이 작가(번역가)나 비평가 자신의 작품이 아닌 타인의 작품을 대상'으로 한다. 그리고 타자 비평의 결과물을 '타자 번역 비평 텍스트'라 한다. 자가 비평과 타자 비평은 번역 비평의 형식에 근원적인 차이를 초래하는 분기점의 성격을 지닌다. 따라서 본 논문에서 비평의 형식을 논의하는 방식 역시 크게 자가 비평과 타자 비평을 중심으로 논의하되 타자 비평은 자가 비평의 요소를 모두 포괄하므로 비평 형식의 각 항목에 관해서는 타자 비평에서 자세히 논의한다.

3.2 번역 비평의 주체

번역 비평 텍스트를 분석한 결과 번역 비평의 주체는 비평가의 전문성에 따라 전문 비평가와 독자로 나뉜다. '자가 비평'은 '전문 비평가'가 행하는 반면 '타자 비평'은 '전문 비평가'는 물론 '독자'도 행한다. 자가 비평은 주로 작가(번역가)가 비평가를 겸하는 이중의 역할을 해야 하므로 비평의 주체는 전문 비평가에 국한될 수밖에 없다. 그러나 타자 비평은 비평대상 작품의 범위가 보다 포괄적이며 광범위하기 때문에 전문 비평가뿐 아니라 독자 역시 비평의 주체가 될 수 있다. 그러나 '독자'를 다시 '전문 독자'와 '일반 독자'로 나누는 이유는 분석대상 텍스트와 관련된다. 일반 독자는 번역 비평의 기본 전제인 ST와 TT의 비교 분석을 행하는 대신 주로 TT 중심의 비평을 하기 때문이다. 다음은 비평의 주체를 전문 비평가 군과 독자 군으로 나누어 각각의 특징과 성격에 관하여 보다 자세히 살펴보기로 한다.

3.2.1 전문 비평가

전문 비평가는 '자가 비평'과 '타자 비평'을 모두 행한다. 비평의 주체로서 전문 비평가는 번역 비평 전반에 걸쳐서 주도적인 역할을 하며 이들의 활동과 활동내용을 보여 주는 번역 비평 텍스트는 번역 비평의 문화를 선도하는 지표가 된다. 번역 비평가의 특수성을 감안할 때 번역 비평가는 해당 분야의 전문가로서 모국어는 물론 비평대상 텍스트의 언어에 대한 해박한 지식을 갖추어야 한다. 그리고 두 문화 간의 차이를 인식하고 이해할 수 있는 문화 해독력도 갖추어야 한다. 번역 비평 텍스트를 분석한 결과 장르를 막론하고 번역 비평의 주체로는 주로 대학교수들이 많았고 그 다음으로, 해당 분야의 전문가, 신화 전문가 등으로 구성되어 있었다.

〈표 3-2〉 비평가의 직업 분포 비율

직 업 비 율	전 현직 대학교수	해당 분야 전문가	번역가	합 계
비율	92%	4%	4%	100%

(소수점 첫째 자리에서 반올림)

위의 표는 부록에 첨부된 [부록 7] '비평가의 직업 및 전공 혹은 교수과목'을 기초로 한 비평가의 직업분표 비율을 보여 준다. 분석 대상 번역 비평 텍스트 중 19종의 문학 번역 비평 텍스트에서 모두 대학 교수들이, 13종의 비문학 번역 비평 텍스트 중 11종은 대학 교수가 나머지 두 종은 해당 분야의 전문가와 번역가가 행한 것으로 나타났다. 그리고 『잔혹한 책읽기』를 비롯한 5종의 비평 관련 단행본의 저자 역시 전 현직 교수들로 구성되어 있음을 알 수 있다. 이러한 사례 등을 기준으로 '전문 비평가의 범주'를 '주제 분야의 문헌에 대한 전문적인 지식을 갖춘 학자 및 번역가로서 ST와 TT를 동시에 고려하여 비평하는 집단'이라 규정할 수 있다. 그러나 번역 비평 텍스트를 분석해 보면 지나친 겸손에서 비롯된 부적절한 언급으로 비평가의 전문성을 스스로 낮추는 경우도 있었다.

(1) "번역 비평은 필자가 처음 들어 본 어휘이며, 필자의 비평은 진정한 번역 비평과는 거리가 멀다."[17](유두선 『아들과 연인』: 313)

---

17) 밑줄 친 부분은 필자가 논의의 전개상 관련성을 강조하기 위하여 임의로 사용하였으며, 이는 본 논문의 비평 텍스트 인용 시 공통적으로 적용된다.

그렇다면 비평가의 전문성과 번역 비평은 어떤 관련성이 있을까? 비평가는 번역 텍스트에 용인성을 부여하는 주체로서 그 역할은 비평 텍스트를 통하여 구체적으로 발현된다. 비평가의 관점에 따라 기존의 작가나 번역가 혹은 작품에 대한 위상을 격상 혹은 격하시키기도 한다. 그 결과 동일한 비평대상에 대한 평가가 극단적으로 나타날 수 있으므로 번역 비평가는 비평 행위에 신중을 기해야 한다. 또한 "비평가는 형용사를 나열하여 번역물의 질을 평가하거나 서로 관련 없는 오류를 근거로 번역물을 매도하는 행위는 삼가야 한다."(Douma 1972; Christ 1982; Maier 1990; Hearne 1991) 또한 비평가는 분석 내용이 치밀하지 못하거나 근거가 빈약한 추상적인 비평도 경계해야 한다.[18]

> (2) "이 정도의 번역이면 성실한 번역이라 생각한다."(왕철『거인의 도시』와『흉내』: 304)
>
> "두 번역을 놓고 선택을 하라면 아무래도 나중에 나온 윤혜준의 번역이 역시 한층 낮게 보인다."(이인규『올리버 트위스트』: 259)

위의 사례에서 "이 정도의 번역이면" 혹은 "아무래도 나중에 나온 …… 번역이 역시 한층 낮게 보인다."의 표현은 비평가가 경계해야 할 주관성과 치밀하지 못함을 드러내는 사례이다. 또한 "겸손

---

18) 비평 텍스트의 인용방식은 '비평가『비평대상텍스트』: 해당페이지'로 나타낸다. 단, 「교수신문」의 인용방식은 본문에서 따로 해당페이지를 표기하지 않고 [부록 2]에서 신문의 발행 일자를 명기하였다.

이 훌륭한 덕목임이 틀림없지만 비평가가 시인·작가를 경배하고 그들이 생산한 작품들을 무조건 예찬하는 것도 능사는 아니다."(구모룽)[19]. 따라서 비평가는 치밀한 텍스트 분석에 바탕을 둔 객관적이며 책임 있는 자세로 번역 비평에 임해야 한다. 또한 비평가는 적극적인 독자이며 해석자(작가)의 역할을 동시에 해야 한다.

위의 내용에 근거하여 번역 비평을 하는 전문 비평가가 갖추어야 할 요건을 정리하면 다음과 같다. 첫째, 전문 비평가는 해당 분야의 해박한 전문 지식을 갖추어야 한다. 둘째, 전문 비평가는 모국어는 물론 해당 외국어에 능통한 '이중 언어 사용자'이며 동시에 두 문화에 대한 깊이 있는 '문화 해독력'을 갖추어야 한다. 셋째, 전문 비평가는 비평 시 반드시 ST와 TT를 비교 분석해야 한다. 넷째, 전문 비평가는 타당성 있는 비평 활동을 통하여 적극적인 독자이자 해석자의 역할을 동시에 수행하여 바람직한 방향으로 번역문화를 선도해야 한다.

3.2.2 독 자

전문 비평가 외에 독자 역시 번역 비평의 주체로서 번역 텍스트의 용인성을 검증한다. 독자는 '전문 독자'와 '일반 독자'로 나눌 수 있다. '전문 독자'는 사보리(Savory 1968)가 분류한 네 가지 독자 유형 중 "원천언어(Source Language: SL)와 목표언어(Target Language:

---

19) 비평가의 자세를 지적한 기사: '비평정신: 내가 추구하는 비평'. 「교수신문」. 2005년 4월 25일.

TL)를 아는 학자나 이중 언어 사용자" 군에 속한다. 전문 독자는 전문 비평가가 갖추어야 할 요건과 부합되는 측면도 있지만 본 논문에서 지향하는 '반드시 ST와 TT를 비교 분석해야 한다.'는 요건을 충족하지 못하기 때문에 전문 비평가와 구분된다. 물론 비평 시 ST와 TT를 동시에 고려하여 분석하기도 하지만 TT 중심의 '서평' 분야에서 보다 적극적인 활동을 하므로 본 논문에서는 '전문 비평가'와 차이를 둔다.

다음으로 '일반 독자'는 사보리가 분류한 네 가지의 독자 유형 중 위의 '이중 언어 사용자' 군을 제외한 다음의 세 가지 유형을 모두 포괄한다. "첫째, 원천어는 모르지만 외국 문학에 대한 호기심이나 흥미를 갖고 TT를 읽는 집단이다. 둘째, 원어를 배우는 학생들로 번역을 학습도구로 활용하는 집단이다. 셋째, 과거에 원천어를 알았으나 독서 당시에는 원천어를 잊은 사람들이다."

일반 독자는 보통 작품을 읽은 후 '회상적'(retrospective)인 비평을 하는 특징이 있다. '회상적 비평'이란 '대상작품의 특정한 내용에 독자가 공감 혹은 반감을 가지고 있음을 민감하게 표현하여 반응하는 방식'이다. 따라서 일반 독자는 작품에 대한 충분한 숙고를 거친 후 분석적이며 객관적인 반응을 하는 전문 비평가와 달리 '즉흥적'이며 '감상적'이고 다분히 '실시간적인'(real‑time) 반응을 보이는 경향이 있다. 그리고 일반 독자는 ST와 TT를 대조하기보다는 TT 자체를 분석대상 도서로 삼기 때문에 본서에서 '비평대상 텍스트 선정기준'에서 밝혔듯이 엄밀한 의미에서는 번역 비평보다는 오히려 '서평'(book review)으로 분류한다. '서평'은 본 논문의 중점적인 논의의 대상이 아니라 이 논문에서 깊이 있는 논의는 하지 않는다. 그렇다고 하여 독자들이 출판문화 시장에서 차지하는 위상 자체를 폄하하는 것은 아니다. 주지하다시피 인터넷의 보급으로 종전에 비하여 독자들은 출판물에 대한 의사를 표명할 수 있는 제도적인 장치[20]를 적극적으로 활용하고 있다. 따라서 일반 독자들의 작품에 대한 비평은 전문 비평가들의 비평 행위에 비하면 수적인 우세와 실시간 반응 등으로 무장하여 엄청난 호소력과 대중성을 지닌 막강한 여론을 주도하는 집단으로 성장하였다.

번역 비평과 달리 '문학비평'에서 독자는 이미 확고한 위치를 차지하고 있으며, '독자반응'과 관련된 여러 이론들이 소개되고 있으며, 이들 이론과 독자를 지칭하는 명칭[21]을 통해서 독자의 위치를 충분히 확인할 수 있다.

국내에서 번역 텍스트의 비평가로서 독자의 역할과 독자들의 평

---

20) 교보문고: 리뷰 & 리스트, 영풍문고: 독자서평, 예스24: 회원리뷰, 인터파크, 반디앤루니스: 독자서평 등 독자들의 의견을 공유할 수 있는 고정 콘텐츠가 구축되어 있다.

21) 독자를 중시하는 이론: '수용미학'(Aesthetics of Reception), '수용이론'(Reception Theory), '독자반응 비평'(Reader-Response Criticism), '독자지향이론'(Reader-oriented Theory) 등 독자를 지칭하는 명칭: 반 다이크(Van Dijk)와 한스 야우스(H.R. Jauss)는 '현실 독자'(actual reader), 미카엘 리파테르(M. Riffaterre)는 '초독자'(super-reader), 스탠리 피시(S. Fish)는 '정통 독자'(informed reader), 조나단 걸러(J. Guler)는 '이상적 독자'(ideal reader), 움베르토 에코(U. Eco)는 '모범적 독자'(model reader), 웨인 부스(W.C. Booth)와 볼프강 이저(W. Iser)는 '내포 독자'(implied reader), 브루크(Brooke)와 로즈(Rose)는 '약호된 독자'(encoded reader), 그리고 시몬 레서(C.O. Lesser)와 노먼 홀랜드(N.C. Holland)는 '개인적으로 갈망하고 열망하는 독자'(personally desiring and aspiring reader) 등.(김혜니 2005: 135-6)

가기준에 관한 연구로는 이상원의 「한국 출판 번역 독자들의 번역 평가 규범 연구」(2005)가 있다. 이상원은 "독자들은 6가지 규범, 즉, 기본적 태도, ST와의 관련성, TT의 효율성, 배경지식, 번역윤리 및 정책 등을 준거로 삼아 단어와 표현 구성, 오탈자, 문장구성(TT의 효율성 규범)과 단어 및 표현이해, 문장이해, 첨삭(ST와의 관련성 규범) 등의 하위규범을 주로 번역평가의 잣대로 삼는다"고 지적하였다.

독자를 중시하는 이론과 독자를 지칭하는 명칭, 그리고 번역평가에 대한 독자의 영향력 등의 연구 추세 등을 통하여 향후 번역 텍스트에 대한 독자의 반응과 비평에 관한 보다 심도 있는 논의가 필요하다. 본서에서는 전문 비평가들의 번역 비평 텍스트에 국한하였으므로 논의 대상에서 다소 거리가 있다. 따라서 번역 텍스트의 용인성을 행사하는 주체로서 독자에 관한 연구는 향후 과제로 남긴다.

3.3 번역 비평의 객체

'번역 비평의 객체'란 '번역 비평의 대상 텍스트와 이를 다루는 방식으로 번역 비평 텍스트의 실질적인 내용을 구성하는 요소'를 말한다. 비평가의 비평전략에 따라 번역 비평 대상 텍스트를 분석하는 범주는 물론 비평방식 그리고 서술방식이 달라진다. 이는 분석대상 텍스트의 범주에 따라 비평가는 비평방식과 서술방식 등 전략을 달리해야 한다고 바꾸어 말할 수도 있다. 가령 ST를 기준으로 비평

대상 텍스트의 수가 단수, 복수, 혹은 시대별, 언어별, 작가별 분류 방식에 따른 대상 텍스트 전체, 혹은 ST를 배제하고 TT만을 고려 대상으로 삼을 경우 비평방식과 서술방식을 동일하게 적용할 수는 없다. 본 논문에서는 번역 비평가의 번역전략을 분석한 결과 비평방식과 서술방식은 분석대상 텍스트의 범주에 따라 달라질 수 있음을 확인할 수 있었다. 다음은 분석대상 텍스트를 기준으로 비평가들이 보편적으로 적용하는 번역전략과 차이점을 점검해 보기로 한다. 이러한 과정은 본격적인 번역 비평을 위한 첫 단계로서 번역 비평 텍스트의 골격을 구성하는 절차이기 때문이다.

3.3.1 번역 비평의 범주

번역 비평가는 비평에 앞서 먼저 분석대상 텍스트를 정해야 한다. 김상호(1995: 247)는 "비평대상 도서의 범위에 따라 비평의 종류를 단일 작품에 대한 개별적 비평, 특정 논제 및 저자의 주요 작품에 대한 집난적 비평 그리고 특정 분야의 모든 문헌을 망리하여 평가하는 총체적 비평"으로 분류하였다. 일반 비평을 대상으로 한 김상호의 비평의 종류에 대한 분류방식은 번역 비평의 범주를 분류할 때에도 적용할 수 있다. 번역 비평은 무엇보다도 분석대상 텍스트를 선정할 때 비평동기가 ST 혹은 TT에서 비롯되는 것과 상관없이 본질적으로 ST와 TT를 동시에 분석대상으로 삼아야 한다. 따라서 비평가의 분석대상 텍스트의 범주를 구분할 때에도 반드시 ST와 TT를 동시에 고려해야 한다. 이를 감안하여 본 논문에서는 번역 비평의 범주를 ST의 수를 기준으로 '개별적 비평'(단일 작품), '집단적 비평'(2개 이상의 작품), 그리고 '총체적 비평'(시대별, 언어별, 작가별 등의 평가기준으로 분류한 범주에 속하는 번역 텍스트 전체), 그리고 ST를 배제한 'TT 중심의 비평' 방식 등 네 가지로 나누었다.

그러나 본 논문에서는 'TT 중심의 비평' 방식은 중점적인 논의 대상에서 제외한다. 앞서 밝힌 바와 같이 그 이유는 본 논문에서 적용하는 번역 비평은 본질적으로 ST와 TT의 비교 분석을 전제하기 때문이다. 또한 분석대상 비평 텍스트 역시 주로 전문 비평가의 비평 결과물을 대상으로 하기 때문이다. 번역 비평 텍스트를 분석한 결과 전문 비평가와 일반 독자는 분석대상 텍스트의 범주에서 근본적인 차이를 보였다. 전문 비평가와 전문 독자는 ST와 TT를 비교 분석하는 반면 일반 독자는 TT만을 대상으로 삼는 좁은 의미의 번역 비평을 하는 경향이 있기 때문이다. 이러한 경향은 필자가 적극적인 번역 비평 행위를 하는 독자를 전문 독자 군에 포괄하였기 때문이기도 하다. 다음은 비평가의 분석대상 텍스트의 범주에 따라 분류한 번역 비평의 범주이다.

3.3.1.1 개별적 비평

'개별적 비평'은 '단일 ST에 대한 단수 혹은 복수의 TT를 비평 대상 텍스트의 범주로 삼아 번역의 제 양상을 심층적으로 다루는 비평방식'이다. 번역 비평 텍스트에서 전문 비평가와 일반 비평가 모두 가장 보편적으로 적용하는 비평방식이다. 그 사례를 ST : TT의 비율을 각각 1 : 1 혹은 일 : 다수로 나누어 살펴보면 다음과 같은 양상을 띤다.

강대진은 『잔혹한 책읽기』에서 주로 서양 고전과 신화와 관련된 12개 작품(주제가 다른 경우에도 서양 고전이나 신화와 관련된 내용을 중점적으로)을 중심으로 '번역의 이상한 곳 혹은 틀린 곳'을 중점적으로 다루었다. 그중 ST의 언어가 영어인 비평대상 번역 텍스트의 전체 목록은 [부록 6] '『잔혹한 책읽기』 번역 비평 분석대상 텍스트'에 첨부하였으며 다음은 그중에서 ST : TT를 1 : 1로 비평한 두 가지 예이다.

(3) ST: Thomas H. Carpenter. 1991. *Art and Myth in Ancient Greece*. London.
    TT: 토머스 H. 카펜터. 김숙 옮김. 1998. 『고대 그리스의 미술과 신화』. 시공사.

ST: Nigel Spivey. 1997. *Greek Art*. London.
TT: 나이즐 스피비. 양정무 옮김. 2001. 『그리스 미술』. 한길아트

ST와 TT의 비교 분석대상이 1 : 1의 비평방식을 취하는 강대진의 번역 비평 텍스트는 일 : 다수의 다른 번역 비평 텍스트와 다른 몇 가지 특징이 있다. 먼저, 분석대상 텍스트의 ST에 대한 TT가 비평 당시 모두 한 가지 판본만 존재하였기 때문에 비평대상 작품에 대한 번역 텍스트의 출판이력을 고려할 필요가 없었다. 따라서 이 번역 비평 텍스트는 한 종의 TT에 대한 번역현상을 중점적으로 논의하였다. 강대진은 특히 '번역가의 작품에 대한 배경지식의 부족'에

서 비롯되는 오역의 사례를 집중적으로 논의하였다.

그리고 ST : TT의 1 : 1 비평방식을 택한 또 다른 번역 비평 텍스트는 이재호의 『문화의 오역』에서 『변신 이야기』를 비롯하여 『장미의 이름』과 『*The Ship Bound for Athens*』(아테네 가는 배) 등에 관하여 각각 틀린 고유명사 발음표기, 오역과 오주, 오역 첨가 누락, 작가의 오류, 번역가의 오류로 나누어 비평한 예를 들 수 있다. '중역'과 관련되는 『변신이야기』[22]에 관한 번역 비평 텍스트는 제 Ⅳ장 번역 비평 텍스트의 내용에서 보다 자세히 논의하기로 하고, 나머지 ST와 TT를 1 : 1의 대상으로 한 번역 비평 대상 텍스트의 서지정보[23]는 다음과 같다.

(4) ST: Umberto Eco. 1980. *The Name of the Rose*.
TT: 움베르토 에코. 이윤기 옮김. 1992. 『장미의 이름』. 열린책들.

ST: 정소성. 1990. 『아테네 가는 배』. 고려원.
TT: Jung, So‑sung. Lee, Bo‑kyung(translator). 2000. *The Ship Bound for Athens*. in *KOREAN Literature Today*. Vol.5, No.1. Spring, 2000.

---

22) 『변신이야기』에서 번역가는 라틴어 저본이 아닌 영역본과 일역본을 동시에 참고하여 한국어 번역을 하였다. 이 경우는 다음에 다루게 될 '중역'과 밀접한 관계가 있다. 따라서 엄밀한 의미에서 ST에서 파생된 두 언어로 번역된 TT를 한국어 번역 시 원전으로 사용하였기 때문에 '개별적 비평'의 예외적인 사항으로 보아야 한다.

23) 『문화의 오역』관련 ST와 TT에 대한 부정확한 서지정보는 번역 비평 텍스트에 제시된 내용을 그대로 인용하였음을 밝혀 둔다. 다만 표기방식은 본 논문의 참고문헌 표기방식을 따랐다.

위의 예는 강대진의 비평 텍스트와 마찬가지로 '개별적 비평'의 범주에 속하지만 이재호의 비평 텍스트는 강대진의 비평 텍스트와 달리 ST : TT를 일 : 다수로 비평한 사례들이 많다. 『안과밖』의 <번역을 짚어본다>에서 다룬 번역 비평 텍스트는 거의 모두 원작에 대한 복수의 번역 텍스트를 다룬 비평유형에 속한다. 이 번역 비평 텍스트들은 비평대상 텍스트를 선정할 때 ST에 대한 TT의 번역이력을 수집하여 여러 TT를 상세하게 분석하여 일차적으로 TT에 용인성을 부여하는 방식을 취한다. 이러한 절차는 앞서 살펴본 ST : TT가 1 : 1의 비평방식에서는 TT의 출판이력과 관련된 번역 텍스트의 외적인 용인성에 대한 점검 과정이 없는 점에서 차이가 있다. ST : TT가 1 : 1인 경우 번역 텍스트에 대한 외적인 용인성을 1차적으로 인정한다는 점을 전제하고 내적인 용인성에 주로 집중하는 비평방식을 취한다. 하지만 ST : TT의 비교대상 텍스트의 범주가 1 : 다수로 복수의 TT가 존재하는 경우는 1차적으로 번역 텍스트의 외적인 용인성을 검증한 후 내적인 용인성에 관한 비평을 한다는 점이 다르다. 다시 말해 번역 비평 텍스트에서 분서대상 텍스트의 범주([부록 3] '『안과밖』의 <번역을 짚어본다>에 게재된 번역 비평 분석대상 텍스트' 참조)는 비평의 전개방식과 내용에 깊은 영향을 미친다. 이러한 대조적인 비평 전개양상은 번역 비평 텍스트의 사례 분석에서 더욱 명확하게 나타난다. 먼저 『안과밖』의 <번역을 짚어본다>를 중심으로 ST : TT의 분석대상 도서의 범주 및 비율을 살펴본 후 구체적인 예를 몇 가지 살펴보기로 한다.

〈표 3-3〉『안과밖』의 번역 비평 분석대상 텍스트의 수(ST : TT)와 비율

ST : TT의 수 종수 및 비율	1 : 1	1 : 2	1 : 3-5	1 : 6-10	계
종수	6	5	8	4	23
비율	26%	22%	35%	17%	100%

위의 표에서 보다시피 『안과밖』의 번역 비평 분석대상 텍스트의
비율은 3-5권이 35%로 가장 높게 나타났으며, 비교적 분석대상
텍스트의 범주가 큰 6-10권의 비율도 17%나 차지한다. 이는 ST
에 대한 TT를 분석할 때 분석대상 도서와 관련된 복수의 TT가 있
을 경우 번역 비평가는 TT 상호 간의 번역전략과 번역의 질적 수
준 등의 우열을 가려 독자들에게 알려야 할 번역 비평가의 1차적인
의무와 깊은 관련이 있다. 왜냐하면 번역 비평가는 복수의 TT가 있
을 때 반드시 TT의 판본을 1차적으로 비교 및 검토한 후 집중적인
분석대상 도서를 선정해야 하기 때문이다. 따라서 위의 번역 비평
분석대상 텍스트의 수와 비율 도표는 번역 비평의 목적을 수행하기
위하여 번역 비평가가 중점적으로 고려해야 할 분석대상 텍스트의
범주의 폭이 매우 광범위함을 보여 준다. 다음은 이와 관련되는 번
역 비평 분석대상 텍스트의 범주가 각각 3-5권과 6-10권에 해당
하는 일부 사례들이다.

  (5) ST: Shakespeare, William. 1974. *The Riverside Shakespeare*,
       ed. G.Blakemore Evans. Boston: Houghtton Mifflin.
     TT 1-3: 김재남. 1964 / 1971 / 1995.『셰익스피어 전집』. 을지

서적. 번역본 3정판 중심

ST: Thomas Hardy. 1991. *Tess of the d'Urbervilles*. London: Norton.

TT 1: <u>정인섭</u>. 1974.『테스』. 동서문화사.
    2: <u>이가형</u>. 1987.『테스』. 학원.
    3: <u>김용철</u>. 1989.『테스』. 을유문화사.
    4: <u>정병조</u>. 1996.『테스』. 중앙미디어.

위의 두 가지 사례는 번역 비평 분석대상 텍스트의 범주는 3 – 5 권이지만 비평 시『셰익스피어 전집』은 1인의 번역가, 김재남의 세 가지 번역 판본을 대상으로 한 반면,『테스』는 정인섭 등 4인의 번역가가 번역한 네 가지 판본을 대상으로 한 점에서 접근방식의 차이가 있다. 하지만 두 가지 사례 모두 판본 사이의 시차(20 – 30년)를 고려하여 분석대상 텍스트의 범주를 설정하였다. 이는 다음 장에서 살펴볼 번역 비평 텍스트의 내용 전개와 밀접한 관련이 있다. 비평가는 번역본 간의 시차가 발생할 경우 반드시 '유표적'(有標的, marked) 요소로 인지하여 번역 비평 텍스트에 반영할 의무가 있다.

따라서 독자는 ST : TT의 분석대상 텍스트의 서지정보를 통하여 비평가의 비평전략을 파악할 수 있다. 가령 다음의 사례에서 비평가는 번역본 간의 40년의 큰 시차(1954 – 1994)를 분석대상 텍스트의 범주를 설정할 때 고려하였으며, 10여 종의 분석대상 텍스트의 통시적인 분석을 통하여 시대별 번역전략을 진단하고 번역본 간의 차이를 밝히고자 하였음을 알 수 있다. 또한 1980년대와 1990년대에 출간된 복수의 번역본은 서로 공시적인 '유표성'(markedness)을 고려하여 당시 독자의 '가독성'을 고려한 번역전략과 판본 간의 우열을 판단하고자 한 비평가의 비평전략도 가늠할 수 있다. 다음의 ST : TT의 비율이 1 : 10이나 되는 분석대상 번역 비평 텍스트의 서지 사항을 살펴보면 판본 간의 공시적 혹은 통시적인 유표성이 보다 확연히 드러난다.

(6) ST: Herman Melville. 1967. *Moby-Dick*. New York: Norton.
　　TT 1: 노희엽. <u>1954.</u>『白鯨』. 을유문화사.
　　　2-3: 양병탁. 1960 / 1995.『白鯨』. 을유문화사 / 중앙미디어.
　　　4-5: 오국근. 1974 / 1980.『모비딕』. 삼성출판사 / 태극출판사.
　　　6: 구중서. 1982.『모비딕』. 시대문화사.
　　　7: 이승근. 1986.『모비딕』. 삼성당.
　　　8: 이가형. 1987.『모비딕』. 동서문화사.
　　　9: 현영민. 1993.『모비딕』. 신원문화사.
　　　10: 박영식. <u>1994.</u>『모비딕』. 계몽사.

위의 사례는 비평가가 해당 원작에 대한 외적인 용인성을 부여할 수 있는 복수의 TT 중에서 번역본의 출간일을 기준으로 통시적인 시차(1954-1994년, 40여 년)와 1980년대 출판본과 1990년대 출간본의 공시성을 동시에 고려하여 번역 비평을 행하였다. 만일 위와 같은 분석대상 텍스트에 관하여 비평가가 통시적 혹은 공시적인 유표성을 무시한 채 비평 행위를 하였다면 이는 비평가의 분석대상 텍스트의 범주 설정에 심각한 오류가 있는 번역 비평 텍스트로 간주할 수 있다.

한편 「교수신문」의 <최고의 고전 번역을 찾아서>에 실린 번역 비평 텍스트는 '개별적 비평'의 범주에 속하지만 앞서 예로 든 경우와는 성격이 다른 사례들이 많았다. 특히 저본(底本)이 되는 ST1을 중심으로 생성된 다른 언어로 된 번역본(ST2 혹은 ST3 등)을 우리말로 번역한 텍스트를 비평대상 텍스트로 삼는 경우가 많았다. 엄밀하게 말하면 ST2나 ST3은 저본인 ST1에서 비롯된 TT에 속하지만 본 논문에서는 제2장에서도 밝혔듯이 우리말로 된 번역 텍스트를 TT로 삼는다는 원칙(ST : TT가 영어 : 한국어로 이루어진 *Mother' Stake I*과 *The Ship Bound for Athens*는 제외)에 따라 ST : TT의 비율을 2 : 1 혹은 3 : 1로 이루어진 '개별적 비평'의 범주로 분류한다. 또한 개별적 비평의 범주를 나눌 때 하나의 ST를 기준으로 삼는다는 전제에 따라 ST2와 ST3은 ST1과 다른 별개의 텍스트가 아닌 ST1에서 비롯되었기 때문이기도 하다. 『안과밖』과 마찬가지로 ST : TT의 분석대상 도서의 범주 및 비율을 살펴본 후 구체적인 몇 가지 예를 살펴보기로 한다.

〈표 3-4〉 「교수신문」의 번역 비평 분석대상 텍스트의 수(ST:TT)와 비율

ST : TT 의 수 종수 및 비율	1:1	1:2	1:3	2:1	2:2	2:4	2:9	2:17	4:1	5:1	계
종수	6	2	2	4	1	1	1	1	1	1	20
비율	30%	10%	10%	20%	5%	5%	5%	5%	5%	5%	100%

위의 표에서 보다시피 「교수신문」은 ST:TT의 비율이 1:1에서 5:1
에 이르는 저본인 ST1에서 파생된 다양한 ST가 존재하는가 하면
2:17의 경우에서처럼 ST 저본에서 파생된 한 종의 ST에 대한 중역
본이 17종이나 되는 경우(『군주론』)도 있었다. 이에 관한 자세한 사
항은 [부록 4]의 '번역 비평 분석대상 텍스트'를 참고하고 중역과 관
련된 한 가지 사례를 살펴보기로 한다.24)

(7) ST 1: 플라톤. *Politeia*.. 그리스어 저본.
ST 2: 슐라이어마허. *Politeia*. 독일어 번역본.
ST 3: Paul Shorey. 1930년대 중반. *Politeia*. 영역본.
ST 4: F. M. Cornfored. 1941. *Politeia*. 영역본.
ST 5: S.R. Sling. 2003. *Politeia*. Oxford. 영역본.
TT 1: 박종현 역주. 2005(개정증보판). 『플라톤의 국가. 正體』.
서광사.

위의 예는 ST1－5에 대한 한 종의 TT를 분석대상 텍스트의 범주
로 삼았으며, 그 이유를 간략하게 설명하면 다음과 같다. 문학 텍스
트와 달리 비문학 텍스트, 특히 고전 작품의 경우 저본인 ST의 언
어가 그리스어, 라틴어 등 고어(古語) 혹은 독일어, 이탈리아어 등
해당 언어가 목표 문화권에서 주류언어(major language)가 아닌 비

---

24) 단, 하나의 비평 텍스트 내에서 여러 쌍의 중역에 대한 현상을 진단하는 사례로
인하여 전체 비평 텍스트의 수가 증가하여 부록에 수록한 비평 텍스트의 수와
차이가 발생함(TT는 한국어에 한함. ST1(영어) 저본에 대한 ST2(일어)를 우리
말로 번역했을 때 ST:TT=2:1로 분류하며, ST의 수와 TT의 수가 증가하는 경
우 '개별적 비평'에 해당하지만 숫자상으로는 2:9 혹은 2:17 등으로 나타날 수
있다.)

주류 언어(minor language)인 경우 중역(重譯) 현상이 두드러지게 나타났다. 많은 번역 비평가들은 이러한 현상에 대하여 원전번역의 필요성을 강하게 주장하였다. 중역과 원전번역에 대한 비평가들의 입장 등에 관하여 다음 장에서 자세히 논의하기로 한다.

지금까지 여러 번역 비평 텍스트에 나타난 사례를 중심으로 비평의 범주 중 '개별적 비평'에 관하여 살펴보았다. ST:TT의 비율이 1:1의 경우를 제외하고 비평가는 무엇보다도 분석대상 텍스트의 선정과정을 매우 중시하고 있음을 알 수 있다. 이는 번역 텍스트의 내적인 용인성을 검증하기에 앞서 ST에 대한 TT의 출간이력을 점검하여 각각 ST와 TT를 비교 분석하여 발췌본, 표절본, 중역본 등 번역 텍스트의 외적인 용인성을 부여할 수 있는지 먼저 점검하기 때문이다. 그리고 최종 검토대상 번역본을 대상으로 때로는 1인 번역가의 번역본을 개별적으로 검토하거나 여러 번역가의 번역본을 상호 비교하면서 번역 평가기준에 부합 여부, 오역, 문체, 작가의 의도, 우리말 어법, 부실 교정 등을 ST와 TT를 비교 제시하는 등 텍스트 내적인 용인성을 검증하는 방식으로 번역 비평이 이루어진다. 따라서 '개별적 비평'의 장점은 비평대상 번역 텍스트의 내·외적인 용인성을 다각적으로 점검하기 때문에 독자는 번역 비평 텍스트를 통하여 작품 전반에 대하여 포괄적으로 이해할 수 있는 것이다. 이에 관한 보다 자세한 논의는 번역 비평의 내용에 관한 장과 사례분석에서 보다 자세히 검토하기로 한다.

3.3.1.2 집단적 비평

'집단적 비평'이란 '비평대상 텍스트의 범주를 ST:TT 모두 2종 이상으로 'ST:TT의 비율이 다수:다수'를 대상으로 행하는 비평방식'을 말한다. '집단적 비평'은 앞서 살펴본 '개별적 비평'과 달리 비평대상 ST의 수가 단수에서 복수로 늘어나는 점에서 근본적인 차이가 있다. '개별적 비평'은 ST의 수가 단수에 국한된 반면 '집단적 비평'은 문자 그대로 복수의 ST와 TT를 분석대상 텍스트로 삼는다.

그러나 '집단적 비평'은 '개별적 비평'과 마찬가지로 '논제 중심'과 '텍스트 중심'의 비평방식을 주로 취한다. '논제 중심'의 비평이란 주로 '특정 논제 및 저자나 번역가의 주요 저작'을 대상으로 한다. '개별적 비평'에 비하여 ST의 비평대상 텍스트 수가 많기 때문에 TT의 수 역시 배가 된다. 이재호(2005)는『문화의 오역』에서 문화와 관련된 오역현상을 중심으로 문학 작품, 영화, 미술, 음악 등의 여러 장르에 나타난 어휘(특히 'Queen'), 제목, 표기법 등의 번역현상을 체계적으로 비평하였다. 이 작업에 동원된 작품의 수는 문학 작품만 해도 최소 34종에 이른다.(이재호 2005: 목차) 이러한 비평방식은 특정 논제를 주제로 여러 개의 ST와 TT를 분석대상 텍스트로 삼기 때문에 '집단적 비평'에 속한다. '집단적 비평' 텍스트에서 다음과 같은 양상을 대상으로 '논제 중심'의 비평 텍스트를 전개할 수 있다.

(8) "오역된 제목들
  문학 작품 및 기타 저서의 제목: 위대한 유산(The Great Expecta-

tions) 외 34편.
　영화 제목: 라이언의 처녀(Ryan's Daughter) 외 9편.
　음악 발레 작품 제목: 푸른 옷소매(Green‒sleeves) 외 6편.
　미술 작품 제목: 유럽 쟁탈(L'Enlèvement d'Europe) 외 3편.
　기타 제목: 껍데기를 깨뜨리고(Breaking the Surface) 외 3편."
　　　　　　　　　　(이재호『문화의 오역』: 7‒9)

　한편 '저자나 번역가의 주요 저작'에 대한 '집단적 비평'은 ST
혹은 TT가 복수로 늘어난 점 외에는 '개별적 비평'과 비평의 전개
방식에 있어서 큰 차이는 없다. 특정 논제 중심의 집단적 비평은
논제와 관련된 번역현상이 한 작품에 국한되는 것이 아니라 다수의
작품에 나타나는 보편적인 현상임을 입증한다. 따라서 독자는 논제
와 관련된 현상을 객관적으로 수용하는 것은 물론 유사한 사례를
분석하는 안목도 갖게 된다. '집단적 비평'의 범주에서 논제 중심의
번역 비평 텍스트의 예로 그 제목을 살펴보면 다음과 같다.

(9) "『이윤기의 그리스 로마 신화‒신화를 이해하는 12가지 열쇠』.
　　『이윤기의 그리스 로마 신화‒사랑의 테마로 읽는 신화의 12가
　　　　　지 열쇠』.
　　『이윤기의 그리스 로마 신화‒신들의 마음을 여는 신화의 12가
　　　　　지 열쇠』.
　　『길 위에서 듣는 그리스 로마 신화』.
　　『이윤기, 그리스에 길을 묻다』.
　　중 3‒2 국어 교과서:『길 잃은 태양마차』의 거짓말과 오역.
　　『변신이야기』(*Metamorphoses*): 틀린 고유명사, 발음표기, 오역

과 오주.
『장미의 이름』(*The Name of the Rose*): 오역·첨가·누락."

(이재호『문화의 오역』: 10)

위의 사례에서 8개의 '개별적 비평' 텍스트를 양상별로 조합하면 '집단적 비평' 텍스트의 성격을 갖는다. 가령, 이재호는『문화의 오역』에서 9종의 비평대상 텍스트 중 번역가 '이윤기'의 작품 8종을 대상으로 여러 가지 문화의 오역현상을 진단하였다.『이윤기의 그리스 로마 신화-신화를 이해하는 12가지 열쇠』를 포함한 8종의 번역 비평 텍스트는 각각 '개별적 비평' 텍스트에 속하지만 이들 번역 비평 텍스트를 전체적으로 보면 '집단적 비평' 텍스트의 성격을 지닌다. 왜냐하면, 여러 편의 개별적인 번역 비평 텍스트에서 집중적으로 조명한 번역의 오류현상을 통하여 번역가의 공통적인 번역역량을 파악할 수 있기 때문이다. 그리고 나아가 어휘, 고유명사, 발음표기, 오역, 첨가 누락, 작가의 오류, 번역가의 오류 등 번역현상에 대한 심도 있는 분석을 통하여 번역가의 작품 해독능력과 번역역량 및 사회적 책임감은 물론 비평의 활성화와 독자들의 적극적인 독서태도 등 여러 가지 번역 비평을 행할 수 있는 제반 환경이 조성되어야 할 중요성 등을 가늠할 수 있기 때문이다.

3.3.1.3 총체적 비평

'총체적 비평'은 '해당 분류방식이 포괄하는 범위에 속하는 전체적인 ST와 TT를 비평대상 텍스트로 삼는 비평'이다. 총체적 비평의 분류방식은 시기 및 언어권에 따라 약간의 차이가 있으나 대략 시기별, 언어별, 작가별, 장르별, 번역가별, 그리고 출판지별 등으로 분류한다. 이런 점에서 '총체적 비평'은 번역사(飜譯史)를 조망하는 양상을 띤다. '총체적 비평'과 관련된 대표적인 저작물은 단순한 번역서지 통계 제시에 그치지 않고 비평가의 비평전략에 기초하여 발간된 『한국현대번역문학사 연구 上·下』(1998)와 『한국문학의 외국어 번역』(2004) 등이 있다. 이들 두 가지 저작물은 우리나라에 이입 및 이출된 번역 출판물의 통계적인 자료를 일목요연하게 분석하여 한국 번역출판의 역사와 특징 그리고 추세를 가늠할 수 있는 대표적인 번역 비평 텍스트이다. 이때 분류방식이나 번역서지에 관한 통계는 보는 관점에 따라 그 '내용'과 '의의'가 크게 달라질 수 있다. 통계의 내용과 의의를 점검하기 전에 먼저 위의 두 출판물에서 다룬 서지정보의 분류체계를 살펴보면 다음과 같다.

〈표 3-5〉 총체적 비평의 서지정보 분류방식

요소 서명	시기별	출판지별	언어별	작가별	번역가별
『한국현대번역문학사 연구 상·하』(1998)	1950년대－1980년대 중반	한국	영국, 미국, 프랑스, 러시아, 독일, 중국, 일본, 기타	거장, 인기작가 노벨문학상 수상자	전문가와 비전문가
『한국문학의 외국어 번역』(2004)	1899년－2003년	한국 및 해외	영어, 프랑스어, 스페인어, 독일어, 러시아어, 체코어, 중국어, 일본어	대가 및 거장위주	개별번역과 공역

'총체적 비평' 텍스트는 분석대상 텍스트에 관한 서지정보 분류방식을 통하여 비평가의 비평전략을 가늠할 수 있다. 특히 위의 두 저작물에 대한 "통계수치의 산술적인 면을 자세히 살펴보면, 중복 출간의 문제, 시기별 출간 추이와 출판지별 통계, 원작의 시대별 통계, 장르별 통계, 출판지별 통계, 개별 작품의 장르, 번역가, 작가별 통계, 번역가별 통계는 물론 우리나라 문학 작품의 빈약한 해외출간 및 유통현황, 내수용 영어번역, 노벨문학상과 영어번역 등 SL과 TL 사이의 힘의 논리 등을 통찰할 수 있다."(전현주 2004) 하지만 통계적 서술은 단순히 서지정보를 제공하는 범위를 벗어나 작품의 내적인 면을 분석할 때에는 적용범위가 상당히 제한되므로 번역의 질적 평가, 즉 번역 비평과 연계할 필요가 있다.

또한 개별 작품을 비평할 때 대상 텍스트를 전체 텍스트 속에서 거시적인 안목으로 분석하면 개별 작품의 위상과 번역 작품을 둘러싸고 전개되는 외적인 요소 등을 파악할 수 있다. 또한 개별 작품에 대한 세부적인 번역 비평, 즉 개별 번역본의 내적인 용인성을 검토하기에 앞서 해당 번역 텍스트의 출간현황 및 번역이력을 파악한 후 검토 대상 텍스트의 범위를 정할 때에도 활용할 수 있다. 번역 작품의 외적 요소 파악은 내적 요소 분석 못지않게 번역 비평에서 매우 중요한 점검절차이기 때문이다.

3.3.1.4 TT 중심의 비평

"번역 비평의 가장 기본적인 목적은 ST와 TT를 비교하여 오류를 찾아 그 원인을 분석하고 확인하는 데 있다."(Popopič 161－5) 다시 말해 번역 비평의 전제조건은 일차적으로 비평 텍스트의 범주가 적어도 ST와 TT의 비율이 1:1의 쌍으로 구성되어야 한다. 앞서 언급했듯이 본 논문에서 적용하는 번역 비평 텍스트의 범주는 전문 비평가와 독자들의 번역 비평 행위를 모두 포괄한다. 따라서 ST를 배제한 TT만을 대상으로 하는 번역 비평 행위의 결과물 역시 광의의 번역 비평 텍스트로 용인한다. 하지만 TT만을 대상으로 하는 번역 비평 텍스트는 번역 비평 텍스트의 필요조건은 만족시키지만 충분조건을 충족시키지 못한다. 그러므로 본 논문에서는 전문 독자나 일반 독자들이 행하는 번역 비평 행위 중 ST를 배제한 목표언어 텍스트만을 대상으로 하는 번역 비평 결과물은 번역 비평 텍스트라기보다는 번역서평으로 간주한다.

물론 번역 텍스트를 포함하여 모든 출판물에 대한 독자의 막대한 영향력은 간과할 수 없다. 특히 '독자서평' 등 번역 텍스트에 대한 독자들의 반응을 적극적으로 표출하는 방식이 신문, 잡지는 물론 다양한 인터넷 공간에 존재하므로 이러한 현상을 번역 비평에 포괄하여 체계적으로 분석할 필요성이 있다. 특히, 전문 비평가들의 번역 비평은 대상작품이 전문분야나 작가, 작품, 혹은 번역가 등의 위상을 중심으로 이루어지거나 신작(新作)의 출간 속도를 따라잡지 못하고 고전 비평에 머무는 등 문제점도 상당히 많이 내포하기 때문이다. 이에 반해 독자들의 번역 비평은 학술적인 번역 비평에 비하여 빈도수 측면에서 압도적인 우위를 차지하고 있으며, 당대의 작품을 대상으로 하므로 현재 독자들의 독서경향을 파악할 수 있는 중요지표로 활용할 수 있다. 이와 같은 신속성은 곧바로 베스트셀러와 연관되어 독자들의 비평이 출판계에 미치는 영향력은 가시적 혹은 비가시적으로 날로 거대화되고 있기 때문이다. 이와 같은 출판물과 독자 간의 불가분의 관계를 고려하면 ST를 배제한 TT만을 대상으로 하는 '번역서평'에도 상당한 주목을 할 필요가 있다.

3.3.2 번역 비평 방식

번역 비평 텍스트를 분석해 보면 번역 비평가들의 비평방식이 다양하게 반영되어 있음을 알 수 있다. 그중에서 비평 텍스트의 범주별로 번역현상을 분석하고 비평하는 전개방식이 달라질 수 있는데 크게 '논제 중심', '텍스트 중심', '문헌 중심', 그리고 '인상 중심'으로 나뉠 수 있다. 비평방식은 1차적으로 비평가의 비평전략과 분석대상 텍스트의 범주에 영향을 받는다. 다음에서 그 양상들을 살펴보기로 한다.

3.3.2.1 논제(論題) 중심

'논제 중심'의 비평방식이란 '분석대상 텍스트에 나타난 특징을 한 가지 이상의 주제에 따라 그와 관련된 각종 번역현상들을 중점적으로 비평하는 방식'이다. 이 방식은 주로 전문 비평가들이 '개별적 비평' 및 '집단적 비평'의 범주에서 주로 적용한다. '개별적 비평' 중 논제를 중심으로 비평한 대표적인 경우는 『잔혹한 책읽기』와 『문화의 오역』이 있다. 강대진은 『잔혹한 책읽기』에서 번역가의 배경지식 부족과 관련된 번역현상을 집중적으로 검토하였다. 그리고 이재호는『문화의 오역』에서 문화의 오역이 많은 9개 작품의 번역에 대한 비평을 하였다. 그중 특히 다음의 4가지 비평 텍스트는 '개별적 비평'의 범주에서 논제 중심의 번역 비평의 양상을 잘 보여주는 비평 텍스트의 제목들이다.

(10) "중 3 – 2 국어 교과서:『길 잃은 태양마차』의 거짓말과 오역.
『변신이야기』(*Metamorphoses*): 틀린 고유명사 발음표기, 오역과 오주.
『장미의 이름』(*The Name of the Rose*): 오역 · 첨가 · 누락.
The Ship Bound for Athens(아테네 가는 배): 작가의 오류 · 번역가의 오류."(이재호『문화의 오역』: 10)

논제 중심의 번역 비평 텍스트는 위의 제목에서 보듯 각종 오역 및 오류 그리고 고유명사 표기, 첨가, 누락 등 다양한 번역의 현상을 중점적으로 점검하는 비평방식이다. 이와 같은 번역 비평 텍스트는 독자들에게 각종 오역이 일어나는 현상을 자각하고 인식할 수 있는 안목을 제공한다.『문화의 오역』에서 주로 '틀린 고유명사 발음표기, 오역과 오주'에 관한 논제 중심의 번역 비평을 전개한『변신이야기』의 예를 살펴보면 번역에 대한 독자의 자각을 이끌어 낼 수 있는 측면을 엿볼 수 있다.

(11) " '일리아드'는 그리스어로 '일리아스'(참조: 천병희 번역,『일리아스』, 단국대학교 출판부 발행)이다. 같은 작가의 작품들을 하나는 영어발음, 또 하나는 그리스어발음으로 표기했으니 짝

짝이다."

"『황금당나귀』를 쓴 저자는 <u>아폴로도로스가 아니고 아풀레이우
스(Apuleius)</u>이고, 아폴로도로스는『<u>비블리오테케</u>』(*Bibliotheke*)를
썼다."(이재호『변신이야기』: 262 – 3)

위의 예에서 번역가는 물론 일반 독자들도 근본적인 차이를 제대
로 인식하지 못하고 평상시 '일리아스'와 '일리아드'를 혼용하는 언
어사용 습관과 관련하여 비평가는 우리들이 두 가지 발음을 혼용하
는 이유를 제시하였다. 이를 통하여 독자들은 그 차이를 분명히 자
각할 수 있게 된다. 이러한 비평의 긍정적인 효과는 비평 텍스트와
비평가의 궁극적인 존재 이유와도 관계되는 중요한 소득이다. 비평
가는 이러한 긍정적인 효과를 비평의 목적으로 수용해야 한다.
　한편 '개별적 비평'의 범주에서 '논제 중심'의 번역 비평 텍스트,
『잔혹한 책읽기』에 나타난 비평가의 비평전략을 살펴보면,

(12) "<u>번역가는 <일리아스>의 내용을 잘 모르는 듯하다.</u> 가령 '아
킬레우스가 친구의 죽음을 복수하기 위해 트로이 전쟁에 참가
하려고 하자 ……'에서 아킬레우스는 이미 전쟁터에 와서 9
년간이나 전투를 치렀고 지금은 전쟁 10년째 되는 해인데
…… '전쟁'은 '전투에 참가' 정도로 고쳐야 한다."(강대진『그
리스 미술』: 16)

"<u>옛 건물의 구조에 대한 이해 부족도 실수를 유발한다.</u> 뮈케
나이의 가옥들 방 가운데 불을 피우는 곳이 있었는데, <u>이것을</u>

알지 못하면,(미노아와 뮈케나이 건축의) '가장 핵심적인 차이
는 메가론이라는 회랑이 있는 홀인데, '벽난로'가 놓인 것이
특징이다.'와 같은 오역이 나오게 된다. 방 가운데에 있는 화
덕이라면 '벽난로'가 될 수 없다."(강대진『그리스 미술』: 19)

비평가 강대진은 서사시의 내용이나 옛 건물의 구조에 대한 번역
가의 배경지식 부족에서 오는 오역의 사례를 꼼꼼히 지적하고 대안
을 제시하였다. 강대진의 나머지 번역 비평 텍스트 역시 번역가의
번역역량의 중요성을 중점적으로 부각하였다. 이와 같은 논제 중심
의 번역 비평 텍스트는 특히 비평가에 따라 번역현상을 진단하는
관점이 다르므로 논제의 양상도 달라진다.

한편 논제 중심의 비평은 '개별적 비평'은 물론 '집단적 비평'에
도 적용할 수 있다. 가령 이재호는 위의 예문 (8)에서 제시한 바와
같이『문화의 오역』에서 문화의 오역이 발생한 사례를 중심으로 오
역의 원인을 진단하고 근거자료를 제시하고 처방하는 등 자세히 비
평하였다. 이와 같은 '집단적 비평'의 성격을 지닌 '논제 중심'의 비
평 텍스트를 통하여 독자는 다양한 오역의 현상을 접함과 동시에
실제로 유사한 오역현상을 진단하는 안목도 가질 수 있다. 또한 한
국의 독자들에게 매우 익숙한 오역의 사례를 통하여 독자의 인식을
바로잡으려는 비평가의 의도를 살펴볼 수도 있다.

(13) 誤[25]: 위대한 유산

---

25) 誤, 英, 正, 解 등의 표기는 이재호의『문화의 오역』을 그대로 인용하였음을 밝
혀 둔다.

英: The Great Expectations

正: 막대한 유산, 대유산

解: great는 '위대한'이 아니라 big, unusually large란 뜻이다. great expectations는 '막대한 유산' 혹은 '막대한 유산 상속에 대한 기대(감)'이란 뜻이다.(이재호『문화의 오역』: 64)

誤: 고양이의 요람

英: Cat's Cradle

正: 실뜨기 놀이

解: 미국 소설가 커트 보니커트(1922 -)의 소설 제목으로, ……
Collins ConciseDictionary Plus(1989)에서 a game played by making pattern with a loop of sting between the finger 라고 정의되어 있다.(이재호『문화의 오역』: 70)

비평가 이재호는 위에서 보듯 익숙한 제목에 대한 독자들의 무딘 감각을 일깨워 번역의 현상에 대한 관심을 촉발하여 독자 스스로 번역현상을 진단하도록 동기를 부여하고 실제 진단할 수 있는 능력도 갖게 한다. 그러나 이러한 장점을 지닌 '논제 중심'의 비평은 다음에 논의할 '텍스트 중심'의 번역 비평에 비하여 단편적인 번역현상을 진단하므로 작품 전체의 번역현상을 개관하지 못하는 한계를 지니고 있다.

3.3.2.2 텍스트 중심

'텍스트 중심'의 비평방식은 '비평대상 번역 텍스트의 내·외적인 면을 동시에 고려하여 다양하고 포괄적으로 텍스트의 전체적인 내용을 중심으로 번역과 관련되는 현상을 분석하는 비평방식'이다. 이러한 성격 때문에 '텍스트 중심'의 비평방식은 '개별적 비평'이나 '집단적 비평'의 범주에서 주로 적용한다. 『안과밖』과 「교수신문」의 번역 비평 텍스트는 주로 텍스트 중심의 비평방식을 취하고 있다. 텍스트 중심의 비평에서 ST에 대한 TT의 분석 방식이 작품의 내적 혹은 외적인 면에 치우치거나 내적인 요소 중 어떤 현상을 중점적으로 분석하면 논제 중심의 비평방식이 된다. 혹은 분석방식이 지나치게 산만하거나 무작위로 전개되면 텍스트 중심의 비평방식을 제대로 살릴 수 없어 비평 텍스트로서 필요조건과 충족조건을 만족시킬 수 없다.

『안과밖』과 「교수신문」의 분석대상 번역 비평 텍스트를 분석한 결과 비평가들이 번역 텍스트와 관련하여 주목하는 요소들은 다음과 같다. 가령, ST 및 TT의 작가 및 작품의 위상, ST 출전, TT 출간이력, 번역환경, 번역가의 배경지식, 평가기준, 번역전략, 어휘 및 구문, 문단 나누기, 수사법, 문체, 결속성, 저자의 의도, 우리말 어법, 관용어, 시제, 문법, 역(자)주, 첨가, 누락 및 오식, ST의 오류, 번역가의 착오, 외래어 사용, 한자어 사용, 어조나 화법 등이 있다. 그 외에도 비평가에 따라 번역본에 나타난 오류나 문제점을 지적하는 방식 및 전개방식, 대안제시, ST와 TT의 비평방식, 비평에 임하는 태도 및 전문성 등 다양하게 나타났다.

본서에서는 논의의 초점을 분명히 하기 위하여 비평의 내용과 관련하여 크게 텍스트의 외적인 요소와 내적인 요소로 나눈다. 그리고 번역 비평 텍스트에 나타난 두드러진 번역 텍스트의 내·외적인 양상을 중심으로 번역 텍스트의 용인성을 점검한다. 이러한 방식은 라이스가 "언어내적인 기준(intralinguistic criteria)과 외적인 기준(extralinguistic criteria)에 따라 TT의 충분성(adequacy)을 평가할 수 있는 기준을 제시했을 뿐 아니라(1971: 54－88) 투리가 "텍스트의 내적 요소(intra－textual source)와 외적 요소(extra－textual source)에 기반하여 번역과정에 존재하는 규범을 정리하고 재구성한 방식"(1995: 65)과도 부합된다. 다음은 '텍스트 중심'의 비평 텍스트에서 비평가들이 평가적인 측면(평가 주체와 평가 방법)을 포함한 번역 텍스트의 내·외적인 용인성을 검증할 때 반드시 점검하는 요소들이다.

'텍스트 중심'의 번역 비평 텍스트에서 비평가들이 점검하는 다음 도표에 제시한 항목들은 비평 텍스트를 구성하는 핵심적인 요소들이다. 특히 평가주체인 비평가의 전문성과 객관적인 태도는 물론 비평대상 텍스트의 범위 및 비평방식 그리고 평가기준과 평가방식은 번역 비평 텍스트에서 발견되는 공통적인 요소들이다. 다시 말하여 이러한 공통적인 요소들은 번역 비평 텍스트의 형식과 내용을 구성하는 기본적인 요소들이다.

〈표 3-6〉 번역 비평 텍스트에 나타난 '번역 텍스트의 용인성' 점검 요소

평가주체	비평가의 태도, 전문성, 서술방식		
평가방법	ST:TT의 비교 범위 및 비평방식, 평가기준(충실성, 가독성), 평가방식		
텍스트 외적 요소	ST 및 TT의 작가 및 작품의 위상, ST 출전, TT 출간이력(중역, 표절본, 발췌본 등 점검), 번역환경, 번역가의 작품에 대한 배경지식, 번역전략, 독자반응, 번역가후기, 역주 등		
텍스트 내적 요소	어휘적인 면	어휘, 고유명사, 방언, 관용어, 표기법, 한자어, 외래어 사용 등	
	의미적인 면	저자의 의도, 수사법 등	
	통사적인 면	문법(시제, 어순, 수식, 대명사 등), 문장부호, 번역가의 부주의(첨가, 누락, 탈자, 오식 등)	
	화용적인 면	① 문체: 어투(구어체, 문어체, 고어투, 현대어투, 대우법), 우리말 어법, 서술 기법 등	
		② 결속성: 단락처리, 접속사, 호응관계, 문맥, 등장인물 간의 관계, 인물이나 대상 묘사의 일관성 등	
	형식적인 면	가로쓰기(세로쓰기), 문단 나누기(혹은 합치기), 역주 등	

본격적인 번역 비평에서 논의하는 텍스트의 외적인 요소와 내적인 요소 역시 상호 불가분의 관계를 갖는다. '텍스트 중심'의 비평 텍스트에서 비평가가 비평의 균형을 잃고 텍스트의 외적 혹은 내적인 면에 지나치게 치우치거나 어느 한쪽을 배제하면 반쪽짜리 번역 비평 텍스트에 그칠 수 있다. 따라서 비평가는 평가적인 요소는 물론 텍스트의 내·외적인 면을 동시에 고려하여 평가에 임하여야 한다. 이러한 중요성을 감안하여 실제 번역 비평 텍스트에 나타난 평가적 요소와 텍스트의 내·외적인 요소에 관하여 제Ⅳ장의 '번역 비평 텍스트의 내용' 및 제Ⅴ장의 '사례분석'을 통하여 보다 자세히 논의하기로 한다.

3.3.2.3 문헌(文獻) 중심

'문헌 중심'의 비평방식은 '총체적 비평에서 비평대상 텍스트의 서지정보에 기초하여 번역현상을 종합적이며 거시적으로 분석하는 방식'이다. '총체적 비평'의 근간을 이루는 비평방식으로 번역서지의 범주 및 통계를 보는 관점에 따라 내용과 의의가 달라질 수 있다. 이와 관련된 '문헌 중심' 비평은 3.3.1.1, 4.1.3, 그리고 5.3의 총체적 비평에서 보다 자세히 다룬다.

3.3.2.4 인상(印象) 중심

'인상 중심'의 비평방식은 '번역 텍스트를 읽는 도중이나 읽은 후 독자 자신의 경험이나 인상 혹은 느낌에 기초하여 작품에 관한 평을 하는 방식'이다. 전문 독자를 제외한 일반 독자들은 주로 ST와 TT를 비교하는 과정을 생략하고 TT만을 대상으로 비평한다. 이와 같이 'ST를 배제한 TT 중심의 비평'은 본서에서 분류하는 번역 비평 텍스트의 조건에 부합하지 않아 '서평'으로 분류한다. 따라서 간략하게 '인상 비평'의 현황을 살펴보는 것으로 대신한다.

일반 독자들이 주도하는 '인상 중심'의 비평은 인터넷 상의 '독자 서평'란을 통해 실시간 반응을 하므로 독자들이 선호하는 작가나 작품에 대한 가시성이 높다. 가령, 『마시멜로 이야기』는 '2005년 네티즌 선정 올해의 책'[26]이었던 반면 2006년 10월 현재 번역 텍스트의 외적인 용인성(대리번역)과 관련하여 심각한 문제를 야기한 도

---

26) '[북월드]2005 책을 말하다', 「세계일보」. 2005년 12월 29일자.

서이다. 문제가 발생한 시점을 전후하여 독자들의 극단적인 반응의 양상을 살펴볼 수 있었다. 사례 수집은 인터넷 서점 yes24에서 『마시멜로 이야기』와 관련된 '독자 서평란'27)에서 발췌한 내용들이다.

> (14) "이렇게 재미있게 책을 한번에 끝까지 읽기는 처음이었습니다. …… 자신과 싸움에서 최후에 승자만이 맛볼 수 있는 그 마시멜로를 먹기 위해 오늘도 저는 새벽이 되도록 공부하고 또 공부합니다."(kimtk916 님 2005‐11‐26)
>
> "외국에서는 아무도 모르는 이런 얄팍한 책을 가져다가 근사하게 포장하여 베스트셀러로 만든 건 실로 편집의 승리입니다. …… 이런 책을 덮고 나서도 뿌듯함이 느껴질까요? 책도 한없이 감각적이고 얄팍해져 가는 독자들의 입맛에 맞게 '내용보다는 포장'이 더 중요한 팬시상품이 되는 걸까요? 게다가 엄청난 구설수에도 불구하고 판매는 더 되는 것 같네요. 참, 희한한 현상입니다. ……"(evenmist 님 2006‐10‐25)

위의 두 가지 사례로 독자 전부의 반응을 논할 수는 없으나 분명한 사실은 작품에 대한 용인성이 제기된 이후 부정적인 내용의 서평이 훨씬 더 많아졌다는 사실이다. 물론 작품과 작가 그리고 역자에 대한 호불호를 적극적으로 표현한 사례는 2006년 10월 이전에도 많았으며, 그 이후에도 오히려 독자들의 호기심을 자극하여 꾸준

---

27) 『마시멜로 이야기』 독자서평: http://www.yes24.com/Goods/FTGoodsView.aspx?goodsNo= 1809017&CategoryNumber=001001025001006&ReviewActTp=REVIEW- _VIEW&ReviewListTp=Review#Review 서지정보의 오류를 지적한 사례들

한 판매량을 보이며 긍정적인 서평도 많이 등장하고 있다.

그러나 한편 독자비평의 위험성에 대한 우려도 크다. 특히 인터넷의 속성상 독자는 익명이나 ID로 자신의 신분을 감출 수 있는 반면 작가나 번역가는 그렇지 못하기 때문에, 명확한 비평의 근거도 없이 불공정한 비평이 이루어질 수 있다. 그 결과 군중 심리를 자극할 수 있으며, 실명이 거론된 비평대상 번역가는 일종의 마녀사냥의 희생양이 될 수도 있다. 이런 식의 바람직하지 못한 '인상 중심'의 비평은 사이버상에 난무하는 익명성에 근거한 일종의 댓글로 전락할 수 있다. 따라서 일반 독자들의 '인상 중심'의 비평방식도 일탈을 방지할 수 있는 제도적 장치로 '실명비평'이 이루어질 필요가 있다.

3.3.3 서술방식

스필러(David Spiller 1986: 65)는 서평을 행하는 방식을 '기술적 방식'과 '비평적 방식'으로 나누었다. 필자는 번역 비평 텍스트를 실제로 분석한 결과 스필러가 제안한 두 가지 방식 외에도 '감상적인 방식'과 '시사적인 방식'도 비평의 서술방식에 적용되고 있음을 발견하였다. 따라서 본 논문에서는 번역 비평 텍스트의 서술방식을 네 가지로 분류하여 그 양상을 살펴본다.

3.3.3.1 기술적 서술방식

'기술적 방식'이란 '텍스트의 내용과 형태 등에 관하여 비평가의 주관을 개입시키거나 비판하지 않고 사실 그대로 기술하는 방법'을 의미한다. 이는 평가 대상도서를 다른 도서와 구별하는 데 필요한 서지사항 등을 기술할 때 주로 적용하는 방식이다. 비평가는 '개별적 비평'과 '집단적 비평'에서 분석대상 텍스트의 출간이력과 선정과정 및 결과 등을 기술할 때 주로 이 방식을 적용할 수 있다. '기술적인' 서술방식이 가장 포괄적으로 적용되는 비평의 범주는 '문헌 중심'의 비평방식으로 접근하는 '총체적 비평'이다. '총체적 비평'에서 '기술적인' 서술방식은 비평 시 적용해야 할 기본적인 서술방식이다.

> (15) "1970년대의 특색은 수필전집의 급증이다. 50년대는 전무하였고, 60년대는 5종의 24권, 70년대는 6종의 55권으로 증가하고 있다. 연도별 발간 내역을 살펴보면 아래와 같다."(김병철 「1970년대의 번역문학」, 『한국현대번역문학사연구 上』: 405)
>
> "2003년 1월까지 국내외에서 발간된 한국문학의 영역본은 도합 399종이며, 개별 작품의 수를 헤아리자면 16,099편에 달한다."(봉준수 외 「한국문학의 영어 번역현황」, 『한국문학의 외국어 번역』: 1)
>
> "『모비딕』 번역본 중 가장 오래된 것은 1954년 을유문화사에서 간행된 노희엽 번역의 『白鯨』이다. …… 이어 1959년 양병탁의 완역판 『白鯨』이 출간된다."(김진경 『모비딕』: 73)

위의 세 가지 사례에서 보듯 '기술적인' 서술방식은 비평가의 주관이 개입될 여지가 없이 객관적인 서지정보를 다룬다. 하지만 객관적인 서지정보 자체에 문제가 있는 경우가 있다. 비평가 김병철은 서지정보의 불일치로 인하여 자료 분석 시 어려움을 겪었다고 다음과 같이 토로하였다. "독일 작가 브리기테 슈바이거(Brigitte Schwaiger)의 『소금은 어떻게 바다에 오나?』(Wie Kommt das Salz ins Meer?)[축자역(縮字譯)]를 번역가에 따라 『이혼하기 위하여 결혼한 여자』, 『깨어나 슬픔을 보라』로 달리 제목을 번역하여 번역가의 해설을 본 후 비로소 두 작품이 동일 작품에 대한 번역본이라는 것을 알 수 있었다"(김병철 6)고 하였다. 김병철의 지적대로 『이혼하기 위하여 결혼한 여자』와 『깨어나 슬픔을 보라』와 같은 경우는 서지정보만으로는 동일 작품에 대한 번역본으로 판단하는 데 한계가 있으므로 분석 결과에도 영향을 미치게 된다. 작품명 이외에도 작가의 이름을 표기하는 방식이 달라 서지정보 활용에 문제가 되는 경우가 있다.

(16) "So Jong‑Ju. 김화영, 파트릭 모뤼스 역. 『떠돌이의 시』
(Poèmes du Vagabond).
Sue, Jong‑Jou. 민희식 역. 『붉은 꽃』(La fleur rouge)."(오정숙 「프랑스의 한국문학」: 71)

위의 사례는 동일한 작가 '서정주'의 이름을 표기한 방식이 각각 'So Jong‑Ju'와 'Sue, Jong‑Jou'로 성과 이름을 구분하는 방식과 표기법이 달라 국내 독자는 물론 해외 독자 역시 동일한 원작자로 판단할 수 없도록 이끄는 중대한 결함을 지닌 서지정보이다. 이러한 부정확한 서지정보가 제시되는 경우는 일관성 없는 이름표기 외에도 교정 실수로 인하여 발생하기도 한다.

(17) "김화영: Kim Hwa‑young, Kim Wha‑young
민희식: Mine Hi‑Sik, Min Hi‑sik
Kim‑chmidt Hyunka.『사랑의 뿌리』(Les racines d'amour). Circé.
Ch'oe YUN.『그 노래 다시 부르지 못하네』(Je ne peux plus
chanter cettechanson). Librairie Galerie‑Racine."(오정숙「프
랑스의 한국문학」: 71‑2)

위의 예에서 번역가 '김화영'과 '민희식'의 경우는 동일인에 대한
표기방식이 달라서, '황동규'의 작품을 번역한 'Kim‑Schmidt Hyunja'
는 'Kim‑chmidt Hyunka'로 책의 표지에 잘못 표기(작가 해설에는
바르게 표기)되어 혼동을 초래한 경우이다. 그리고 '이청준'의 작품
을 번역한 '최윤'의 경우 성과 이름이 혼동되어 'Ch'oe YUN'으로
표기되어 있다. 또한 책 표지와 안쪽의 표기나 내용이 다른 경우도
있었다. 가령, '한말숙'의 단편집을 번역한 '이미정'은 표지에는 'LEE
‑MEE JEONG'으로, 책 안에는 'Lee Mee‑Jeong'로 표기되어 있
다. 이와 같은 서지정보 표기와 관련된 오류에 관하여 김상유[28], 김
용민, 권선형[29] 등 많은 비평가들이 문제의 심각성을 지적하였다.
서지정보를 적절히 활용하면 시대별, 장르별, 작가별, 번역가별
혹은 언어별 번역의 양상을 진단할 수 있으며 향후 번역의 나아갈

---

28) 김상유. 2004.「스페인어권에 소개된 한국 문학의 현황연구」,『한국문학의 외국
어 번역』. 연세대학교 출판부. 104.
29) 김용민·권선형. 2004.「독일어로 번역 출판된 한국문학의 현황과 전망」,『위의
책』. 137.

방향도 모색할 수 있다. 하지만 서지정보의 오류는 통계와 분석의 걸림돌로 작용한다. 서지정보의 오류는 1차적으로 번역가와 출판사에서 비롯되므로 '정확성'은 물론 각 언어권에 맞는 표기법을 한 가지로 통일하여 일관성을 유지하도록 유의해야 한다.

3.3.3.2 비평적 서술방식

'비평적' 서술방식이란 '비평가의 주관적인 판단에 기초하여 텍스트의 내용, 형태 등에 관하여 비평하는 방식'이다. 그리고 전문 비평가 행하는 비평방식 중 인상 중심의 비평방식을 제외한 대부분의 번역 비평 텍스트에서 비평적인 서술방식을 적용하고 있다. 문헌 중심의 총체적인 비평을 제외한 번역 비평 텍스트에서 위에서 언급한 기술적인 서술방식과 비평적인 서술방식은 함께 적용되는 것으로 나타났다. 특히 전문성을 띤 학술적인 번역 비평 시 이 두 가지 서술방식은 필수적으로 적용된다. 번역 비평 텍스트의 내용을 분석할 때에도 이 두 가지 서술방식을 중점적으로 점검하여 번역 비평 및 품질의 평가항목을 진단할 수 있다. 비평적 서술방식에 관해서는 제Ⅳ장의 사례분석에서 상세히 다루므로 여기서는 간략하게 비평 텍스트가 갖추어야 할 요건들을 중심으로 논의를 전개한다.

비평가 이현식30)은 "지금의 비평은 오랜 시간 익숙해진 비평의 매너리즘과 선진국 지식계의 트렌드를 좇는 지적유희가 주류를 형성하고 있다. 작품을 해석하고 상찬하는, 그러면서 어쩌다 한 번씩

---

30) 강성민. 2004. 4. 1. "비평가도 안 읽는 비평" …… "문학 외부로 고개 돌려라"의 소장평론가 이현식, '북앤이슈'서 "비평이여 갱신하라" 주장." 「교수신문」.

비판하는 식의 해묵은 비평들이 넘쳐난다. 문학 판에서 한 발짝 물러나 오늘의 비평을 들여다보면 비평을 위한 비평, 지면을 메우기 위한 글들이 너무나 많다."고 비평가와 비평 텍스트에 대한 자기검증의 필요성을 제기하였다. 이와 같은 비평의 현실은 한만수(동국대 교수)[31]의 "문인 1백47명, 출판사 편집자 27명, 전·현직 언론사 문화부 기자 22명을 대상으로 진행한 설문조사에서 응답인원의 72.2%가 비평가의 작품 평을 불신한다."는 분석 결과에도 고스란히 반영되어 있다. 이현식과 한만수가 지적한 비평의 현실은 번역 비평의 현실과 무관하지 않다. 아직 번역 비평의 방법론이 제대로 정립되지 않은 척박한 환경이지만 많은 비평가들의 번역 작품에 대한 꾸준한 비평활동은 매우 고무적이다. 하지만 비평 텍스트를 실제로 분석해 보면 비평 텍스트로서 갖추어야 할 기본적인 요소가 부족한 사례들이 종종 발견된다.

가령, 번역 비평 텍스트이지만 작품에 대한 줄거리나 작가의 위상 등을 중심으로 논의를 전개하여 실제로 비평적 성격은 매우 퇴색되어 버지니아 울프가 지적한 비판의식 없이 책의 내용을 요약하는 소위 '거팅'(gutting)방식 혹은 출판 평론가 표정훈[32]이 지적한 '배경 설명형' 비평에 그치는 사례가 있다. 또한 분석대상 텍스트의 여러 가지 번역현상을 열거하되 문제를 지적한 이유나 해법을 제시하지 않거나, 실제 사례는 제시하지 않고 분석대상 텍스트의 번역의

---

31) 위의 기사에서 인용 발췌.
32) 강성민. 2004. 5. 3. "진단: 우리 시대 학술서 서평의 유형과 문제점 변죽만 울리는 '리뷰'들 …… 성실한 책 읽기와 개성적 서술로 승부해야." 「교수신문」.

수준을 문제 삼아 장황한 설명으로 그치는 경우가 있다. 이런 경우의 비평은 철저히 독자들을 배제한 비평가의 이기적인 지적향유에 불과하다.

또 다른 번역 비평의 유형으로 핵심을 벗어나 지나치게 지엽적인 번역의 오류현상에 집착하여 번역 텍스트의 전체적인 수준을 통째로 폄하하는 경우가 있다. 그리고 번역 비평 텍스트에서 비평가의 주관이 지나치게 개입하여 비평인지 감상인지 모호하게 서술하여 전체적인 비평 텍스트의 수준을 스스로 낮추는 경우가 있다.

다음으로는 비평 텍스트 내에서 논의의 초점이 흐릿하거나 일관성이 없어 비평의 핵심을 놓치는 경우가 있다. 번역 비평의 선행조건은 무엇보다도 분석대상 텍스트에 대한 꼼꼼한 읽기를 통한 철저한 분석을 바탕으로 해야 한다. 그리고 논의의 일관성을 유지하고 객관적이며 타당한 사안을 중심으로 전체와 부분을 조화하여 문제 제기에 대한 이유와 해법을 분명히 명시하여 번역문화를 선도하고 독자의 안목을 고양시키는 데 일조해야 한다.

3.3.3.3 감상적 서술방식

'감상적 방식'이란 '주로 일반 독자들이 작품을 읽는 도중이나 읽은 후에 느끼는 감상을 다른 독자들과 공유하기 위하여 즉흥적 혹은 일회성으로 소회를 표현하는 방식'이다. 따라서 독자의 주관적인 판단이나 경험 혹은 작품을 읽게 된 동기, 등장인물과 사건에 대한 느낌 등을 정형화된 양식에 구애받지 않고 자유롭게 표현한다. 감상적인 서술방식은 다분히 회상적인 성격이 강하다. 그러나 인터넷과

통신기술의 발달로 인하여 개인의 주관적인 감상이 더 이상 개인에 국한되지 않고 사이버 공간과 인터넷 서점의 서평 관련 사이트 등을 통하여 공개적으로 공감대를 형성하고 활발한 의견 교환이 이루어져 여론을 형성하는 주도적인 서술방식으로 부상하고 있다.

일반 독자들이 주도하는 '감상 중심'의 비평은 인터넷상의 '독자 서평'란을 통해 실시간 반응을 하기 때문에 독자들이 선호하는 작가나 작품에 대한 가시성이 높은 반면 독자 비평의 위험성에 대한 우려도 크다. 특히 인터넷의 속성상 독자는 익명이나 ID로 자신의 신분을 감출 수 있는 반면 작가나 역자는 익명성이 보장되지 않기 때문에, 명확한 비평의 근거도 없이 불공정한 비평이 이루어질 수 있다. 그 결과 군중 심리를 자극할 수 있으며, 실명이 거론된 비평 대상 역자는 일종의 마녀사냥의 희생양이 될 수도 있다. 이렇게 바람직하지 못한 '감상 중심'의 비평은 사이버상에 난무하는 익명성에 근거한 일종의 댓글로 전락할 수 있다. 따라서 일반 독자들의 '감상 중심'의 비평도 일탈을 방지할 수 있는 제도적 장치로 '실명 비평'이 이루어질 필요가 있다.

다음은 '감상 중심' 비평 방식의 사례이다. 사례 수집은 인터넷 서점 yes24에서 『마시멜로 이야기』와 관련된 '독자 서평란'[33)]에서 발췌한 내용들이다. 『마시멜로 이야기』는 2006년 10월 현재 번역 텍스트의 외적인 용인성(대리번역)과 관련하여 심각한 문제를 야기

---

33) 『마시멜로 이야기』 독자 서평: 발췌한 인터넷 사이트 주소
   http://www.yes24.com/Goods/FTGoodsView.aspx?goodsNo=
   1809017&CategoryNumber=001001025001006&ReviewActTp=
   REVIEW_VIEW&ReviewListTp=Review#Review

한 도서로서 문제가 발생한 시점을 전후하여 독자들의 극단적인 반응의 양상을 살펴볼 수 있는 사례를 발견할 수 있으리란 가정에서 출발하였다. 하지만 독자들의 반응은 외부의 민감한 사안으로 인한 영향을 받기보다는 독자적인 반응을 보였음을 알 수 있었다.

 (18) "이렇게 재미있게 책을 한번에 끝까지 읽기는 처음이었습니다. …… 자신과 싸움에서 최후에 승자만이 맛볼 수 있는 그 마시멜로를 먹기 위해 오늘도 저는 새벽이 되도록 공부하고 또 공부합니다."(kimtk916 님 2005 - 11 - 26)

  "부담 없게 느껴지는 쉬워 보이는 책이라고 생각했다. 호기심에 한 장씩 펼쳐 보다가 이내 시선이 고정되고 말았다. 식사 전에 읽기 시작하여 드디어는 식사하면서도 보게 되었다. 다 읽기 전에는 손에서 놓지 않았다. 결국 감동을 한 아름 담아서 책을 내려놓는다."(영혼의 여행 님 2005 - 11 - 10)

  "친구의 추천으로 한 번 읽어 보기는 했습니다만, 책을 읽은 후에는 아무 느낌도 나지 않아서, 마치 백지를 2시간 동안 들여다 본 것 같았습니다."(hjl821 님 2006 - 08 - 02)

  "책에 내가 말한 그 한 문장을 제외하고는 뭐 별다른 실천법이라든지 새로운 내용이 전혀 없다. …… 이런 책은 지금 시중에 너무 많이 나와 있다. 새로운 내용을 가지고 있지 않으면서 광고만 거대하게 하는 그런 책은 좀 그만 나왔으면 좋겠다. 이런 종류의 책들은 나오자마자 쉽사리 베스트셀러를 하곤 한다. 슬픈 현실이다. 정 보고 싶다면 사지 말고 빌려 보는

게 좋을 것 같다."(포스TM 님 2006 - 05 - 28)

독자들의 감상적인 비평은 해당 서적의 판매량에 상당한 영향을 미칠 뿐 아니라 번역의 품질과 내용의 진위 등에 관한 의견수렴도 이루어져 독자는 물론 출판 관계자들은 이들의 의견에 매우 민감하게 반응한다. 그러나 만일 독자들의 의견에 대하여 출판사가 미온적인 태도를 보이면 독자들은 적극적으로 권리를 행사한다. 가령, "『도스토예프스키전집』(전 25권)의 경우 독자들은 출판사 '열린책들'의 홈페이지에 작품의 오역 문제를 제기하였으나, 적극적인 반응이 없자 '뚜껑열린책들'이라 출판사를 정면으로 비난하며 불매운동을 벌였다. 그러자 출판사는 급기야 '번역 정오표'(正誤表)를 작성하여 교정 작업에 들어가 사태 수습"(박명욱 2001: 61 - 2)을 하였다. 이와 같이 독자들의 감상적인 방식의 번역 비평은 향후 보다 적극적이며 선도적인 독자들의 활약으로 새로운 소비자 문화를 형성해 갈 것으로 보인다.

3.3.3.4 시사적 서술방식

'시사적 서술방식'이란 '신문이나 잡지 등에 신간서적 위주로 그 내용이나 작가 혹은 번역가, 출간 당시의 시대상, 번역계기 혹은 내용요약 등의 정보를 제공하는 서술방식'이다. 일반 학술 전문지의 번역 비평 대상 텍스트가 당시의 독자들이 읽고 있거나 향후 읽을 거리보다는 비평대상 텍스트로서의 위상을 고려하여 고전작품이나 인지도 높은 작가, 번역가, 출판사 등 대표작 위주로 비평이 이루어지는 것이 관행이다. 이와 달리 '시사적인 서술방식'의 비평대상 텍스트는 보통 작품 출간시점을 전후하여 비평이 이루어지므로 시차 (timelag)가 거의 발생하지 않는다. 시사적인 서술방식은 독자들에게 신간서적에 대한 새로운 정보를 제공하고 당시 독자들의 독서 경향과 출판경향 등을 반영한다. 따라서 시사적인 서술방식의 번역 비평은 그 성격이 서평에 가깝다 할 수 있다.

실제 번역 비평 텍스트에서 작품출간과 번역 비평이 이루어지는 시점과의 시간적 차이, 즉 '시차'가 발생한 현황을 점검하였다. 그 결과 [부록 8] '작품별 번역 비평시점 및 최종 출간본의 시차표'에 근거하여 문학 및 비문학 번역 텍스트의 최종 출간일과 비평 텍스트 공개의 시차 발생 수와 비율은 다음과 같이 나타났다.

〈표 3-7〉 번역 텍스트의 최종 출간일과 비평 텍스트
공개의 시차 발생 수와 비율

장르	수와 비율	0-1년 이하	2-3년 미만	3-5년 미만	5-10년 미만	10년 이상	계
문학	수	8	5	1	8	1	23
문학	비율	35%	22%	4%	35%	4%	100%
비문학	수	3	1	1	1	4	10
비문학	비율	30%	10%	10%	10%	40%	100%
계	수	11	6	2	9	5	33
계	비율	33.3%	18.2%	6%	27.3%	15.2%	100%

(단, 분석 시 비평대상 작품이 복수일 경우 번역 비평 대상 텍스트는 최종 출간본이 발행된 연도를 기준으로 하였다.)

위의 표에서 문학 장르의 시차는 최소 0에서 17년, 비문학 장르는 0에서 26년까지 다양하게 나타났다. 전반적으로 문학은 1년 이하(35%), 2 - 3년 미만(22%)을 차지한 반면 비문학 분야는 해당 시차에 해당하는 작품의 비율이 각각 30%와 10%로 문학 장르에 비하여 비문학 장르의 시차가 다소 크게 나타났다. 또한 5 - 10년 미만의 시차를 보인 작품은 문학 장르가 35%와 4%를 차지한 반면 비문학 장르에서는 10%와 40%로 비문학 장르에서 시차가 더 크게 나타났다. 다시 말해 시차는 장르에 따라 달리 나타나며 문학 장르가 비문학 장르에 비하여 시차가 좁게 나타난다 할 수 있다. 이는 비문학 분야에서 원전 번역의 부재 혹은 중역의 현실 등으로 ST에 대한 TT의 수가 상대적으로 적었던 사실이 시차를 발생시키는 원인으로 작용하였기 때문이다.

이와 같이 전문 비평가들의 번역 비평 텍스트의 발표시점이 번역 텍스트의 출간시점 사이에 발생하는 시차는 "불과 1주일 정도에 불과한 일간지에 발표되는 서평의 시차"(김상호 2002b: 228)를 감안하면 매우 큰 차이를 보인다. 비평과 서평의 근본적인 차이는 물론 학술적인 성격의 비평과 시사 및 보도적 성격의 서평의 차이를 감안하더라도 비평 텍스트의 수용자를 고려하여, 번역 비평 텍스트를 생산하는 비평가는 고전물과 현대물을 골고루 안배하여 시차를 융통성 있게 적용하여 독자들과 동시대를 호흡하는 번역문화를 선도해 갈 필요가 있다.

3.4 번역 비평의 매체

번역 비평의 매체는 비평가의 전문성, 번역 비평 텍스트의 내용과 성격, 비평 텍스트의 수용자에 따라 발표하는 매체가 달라진다. 종류는 학술지, 전문 비평지, 전문 신문, 단행본, 신문, 인터넷, 잡지 등이 있다.

학술지는 "학회(한국번역학회)나 학술단체(영미문학연구회 등)에서 발행하는 정기간행물로 특정 학문의 연구 성과를 해당 분야의 연구자들이 발표하고 공유하는 매체이다. 따라서 학회나 학술단체가 아닌 출판사에서 발행하는 정기간행물은 상업적 목적을 가지고 있기 때문에 학술지가 아니다."(고부응 284) 또한 학술진흥재단에서 학술지를 선정하는 중요한 기준은 학회나 학술단체에서 발행하는 간행물이어야 하며 논문 심사과정이 객관적이고 선별적이어야 한다. 학회에서 발행되는 학술지에 실린 논문이 학술논문이 되고 그렇지 않은 경우 학술논문이 되지 않는다는 원칙은 시중에서 유통되는 일반 정기간행물의 논문을 학술담론에서 배제하는 작용을 한다.

그럼, 학술진흥재단에서 심사하는 학술지 선정 요건을 수용하여 비평 텍스트의 발표 매체인 『번역학연구』를 중심으로 게재된 번역 비평 텍스트의 현황을 살펴보기로 한다. 『번역학연구』는 1999년 가을에 창립된 '한국번역학회'(The Korean Association of Translation Studies)[34])에서 1년에 두 번씩 발행하는 전문 학술지이다. 2000년

---

34) 한국번역학회: http://www.kats.or.kr/

창간호를 발행한 이후 2006년 현재 제8호의 출간을 앞두고 있으며, 그동안 번역학의 다양한 분야에 관한 이론과 실제를 다룬 100여 편의 논문이 발표되었다. 그중 실제 번역 텍스트를 대상으로 한 번역 비평 텍스트 형식의 논문을 살펴보면 다음과 같다. 김효중(2002)은 키스터(D. A. Kister)의 시를 영역(英譯)한 정지용의 번역 현상에 대해 어휘, 문장, 의미, 사회문화적 배경 등 번역 비평적 시각으로 다각적으로 분석하였다. 김효중(2005)은 또한 「윤태웅의 릴케시 번역 연구」에서 1940년대 릴케의 독일 시를 번역하면서 활발한 활동을 벌인 윤태웅을 새롭게 조명하면서 형식과 내용의 일치를 도모하고 우리말의 정취를 살리려고 노력한 번역가의 작가정신을 높이 평가하였다. 본 논문의 번역 비평 텍스트의 필요조건을 충족하는 번역 비평 텍스트는 위의 두 가지가 거의 전부로서, 그간의『번역학연구』의 발행 부수에 비하면 지나칠 정도로 비중이 낮다고 할 수 있다. 이는 번역학 연구 분야에서 번역 비평에 관한 연구의 현실을 말해준다. 이러한 현실은 사실 본 논문에서 분석대상 텍스트로 학술지보다는 번역 비평 전문 서적과 전문 신문 그리고 단행본을 중심으로 발췌한 번역 비평 텍스트를 선정하게 된 배경과도 무관하지 않다.

현재 우리나라에서 번역 비평이 이루어지는 공식적인 통로는 서론에서 언급하였듯이 번역이론 및 실제를 연계한 한국번역학회의『번역학연구』와 한국국제회의 통역학회의『국제회의 통역과 번역』과 같은 학술지 형식의 번역 비평 매체가 있다. 그리고 영미문학연구회에서 발행하는 전문 비평지,『안과밖』의 <번역을 짚어본다>와 전문신문, 「교수신문」의 <고전번역 비평> 코너 등이 있다. 또한 번역 비평 관련 단행본으로는 이재호의 『문화의 오역』, 강대진의 『잔혹한 책읽기』, 유영란의 『번역이란 무엇인가?』, 영미문학연구회 번역평가사업단의 『영미명작 좋은 번역을 찾아서』 등이 있다. 그리고 우리나라에 소개된 번역 작품의 총체적인 서지정보를 중심으로 시대별 번역특징을 다루어 우리나라의 번역사를 한눈에 조망할 수 있는 김병철의 『한국 현대 번역 문학사연구 上·下』와 우리나라 작품의 외국어 출판현황과 특징을 심도 있게 분석한 유럽문화정보센터의 『한국문학의 외국어번역』 등이 있다. 이외에도 번역 작품이란 관점을 거의 배제하고 출판도서에 대한 단순 서평을 싣는 주요 일간지의 서평관련 북섹션과 한국간행물윤리위원회가 발간하는 계간지 「서평문화」 외에 서평지 형식의 「도서신문」, 「독서신문」, 「출판저널」, 「북앤이슈」, 「북텍스트」 등이 있다. 그리고 당해의 번역 출판물을 서지정보와 간략한 서평 위주로 편집하여 번역 출판물의 현실과 미래를 총체적으로 점검하려고 시도했으나 두 번의 단행본 출간으로 그친 『미메시스 창간호와 2000』 등이 있다.

이외에도 신문이나 일반 잡지에는 번역 비평보다는 서평의 성격을 지닌 고정칼럼을 통하여 화제도서, 신간도서를 소개하는 목적으로 서지사항과 간략한 내용만을 소개한다. 서평의 경우 여러 주제의 다양한 자료를 종합적으로 다루며 출간시점과 서평의 시차가 거의 없으므로 독자들에게 읽을거리에 대한 정보를 실시간으로 제공한다. 또한 서평은 주로 해당 분야의 권위자나 학자 등 전문 비평가는 물론 일반인의 견해도 게재하므로 다양한 계층의 폭넓은 의견을 수렴할 수 있는 장점이 있다.

그러나 일반적으로 서평은 학술성이나 전문성보다는 상업성이 농후한 '광고성 서평'의 비중이 높다. 물론 사회과학, 자연과학, 예술 등 각 분야의 도서를 유형별로 나누어 전문 서평자들의 서평도 싣지만 신문이나 잡지 등의 경우 지면의 제약이 있으므로 학술지만큼 깊이 있는 논의가 이루어지지는 않는다. 또한 서평이 지닌 가장 중요한 결점은 번역 비평 텍스트가 갖추어야 할 기본적인 요소로 ST와 TT의 비교 분석이 아닌 TT 중심의 비평이 주로 이루어진다는 데 있다. 실제로 공식적인 번역 비평 논문과 번역서평을 제외하면 보통 "분석대상 도서가 번역서라는 사실조차 밝히지 않고 있다."(Munday 9장) 이와 같이 일종의 "번역(자)의 불가시성 (invisibility)"(Venuti 1995)은 서평을 본 논문에서 분석대상 비평 텍스트에서 제외하는 이유와도 부합한다. 그리고 서평과 번역 비평은 서로 공통점도 있지만 이들은 각기 서로 다른 층위에서 다루어야 할 대상으로 간주하기 때문이다.

3.5 번역 비평의 수용자

번역 비평 텍스트의 수용자는 일반적으로 전문 독자와 일반 독자로 나눌 수 있다. 비평 텍스트의 수용자는 번역 비평의 객체 및 매체와 깊은 관련성을 맺고 있다. 특히 학술지나 비평 전문지 혹은 전문 신문 등의 대상독자는 단행본이나 신문 잡지 혹은 기타 매체에 비하여 수용자가 매우 제한적이다. 가령, 학술지 『번역학연구』의

2005년 봄 호에 게재된 '한국번역학회 회원주소록'을 분석한 결과 다음과 같이 구체적인 수용자들의 현황을 확인할 수 있었다.

먼저, 학회 회원의 직업별 현황을 살펴보면, 총 680명(단체회원 제외)의 회원 중 번역회원 77명, 과학기술원 1명, 국사편찬위원회 1명, 학술회원 2명, 특별회원 1명, 미상 4명, 그리고 나머지 594명은 대학 소속의 교수 및 강사들로 구성되어 있다. 그리고 이들의 전공 분야는 영어 471명, 일본어 62명, 중국어 25명, 불어 27명, 독일어 15명으로 나타났다.35) 다시 말해서, 『번역학연구』의 주체이자 수용자는 교강사 및 번역회원이 전체의 87%와 11%를 각각 차지하며, 전공외국어는 영어 69%, 일본어 9%, 중국어 3.7%, 불어 4%, 독일어 2%를 차지하고 있다. 이러한 직업 및 전공 외국어 분포는 『번역학연구』를 통해 발표되는 논문의 저술언어 및 주제 언어의 구성비와도 연관성이 있어야 한다. 조사결과 발표논문의 저술언어는 영어 10편(11.5%), 한국어 105편(88.5%)이며, 주제관련 언어는 일본어 9편(7.8%), 중국어 2편(1.7%), 아랍어 1편(1.7%), 만주어 1편(1.7%), 나머지는 영어 103편(89.5%)으로 나타났다. 이는 학회회원 중 영어 관련 전공자가 69%를 차지하는 사실에 비추어 볼 때, 저술언어로 영어가 차지하는 비중이 11.5%에 그친다는 사실은 번역

---

35) 그 외에도 국어 3명, 포르투갈어 2명, 러시아어 2명, 베트남어 2명, 이탈리아어 3명, 미얀마어 2명, 서반아어 3명, 아랍어 3명, 태국어 1명, 스페인어 2명, 말레이인도네시아어 1명, 한문 1명, 남아시아 1명, 중앙아시아 1명, 행정 1명, 간호 1명, 법 3명, 철학 2명, 조리 1명, 통상협력 1명, 경제통상 1명, 관광경영 1명, 교양 1명, 신방 1명, 비서 1명, 조리 1명, 미상 49명 등 다양한 전공자들로 구성되어 있다.

비평 학술지의 수용자 측면에서 재고할 필요가 있다. 왜냐하면 국내의 대표적인 번역 학술지 『번역학연구』에서 발표되는 논문이 내수용에 그칠 수 있는 한계점을 표출하기 때문이다. 저술언어는 영어를 비롯한 보다 다양한 외국어 사용을 지향하는 반면, 주제 관련 언어는 영어의 편향성을 탈피하여 다양한 언어와 관련되는 번역의 제 현상 등을 논의할 수 있도록 수용자를 고려한 언어의 다각화를 모색할 필요가 있다.

IV. 번역 비평

텍스트의 내용

번역 비평 텍스트의 내용은 앞 장에서 제시한 번역 비평 텍스트의 형식에 관한 패러다임에 기초하여 번역 비평의 범주(개별적 비평, 집단적 비평, 그리고 총체적 비평, TT 중심 비평)를 중심으로 전개된다. 내용과 형식은 불가분의 관계이며 상호 보완적인 관계이므로 반드시 함께 고려해야 할 대상이다. 하지만 번역 비평 텍스트의 내용과 관련하여 비평의 범주별로 ST:TT의 다양한 비평방식은 물론 비평의 평가기준 및 평가항목에 대한 자세한 논의가 필요하다. 따라서 다양한 내용을 포괄해야 할 논의의 전개상 불가피하게 번역 비평 텍스트의 형식과 내용을 따로 분리하여 다루게 되었음을 밝혀 둔다.

본 논문에서 인용하는 번역 비평 텍스트는 앞서 밝혔듯이 모두 실명비평을 대상으로 하였다. 비평 텍스트를 살펴보면 비평가의 이름이나 직업은 물론 비평대상 텍스트의 서지정보 및 번역가의 이름을 구체적으로 밝힌 후 ST와 TT를 비교 분석한 내용을 토대로 독자에게 추천할 수 있는 번역본(『안과밖』, 「교수신문」)이 제시되기도 한다. 작가와 작품에 대한 칭찬 일변도의 일반 비평과 달리 번역 비평은 적어도 번역가를 무조건 옹호하기보다는 가감 없이 신랄한 비평을 하여 긍정적인 충격을 주는 풍토가 마련되어 있다. 그러나 실명 비평의 전제는 TT의 오류나 문제점 지적에 대한 이유와 명확한 근거를 밝혀야 한다. 실명비평의 객관화와 신뢰성 확보 및 활성화를 위해서는 실명비평의 방식에 대한 검토가 선행되어야 할 것이다.

4.1 ST:TT의 비평방식

"번역 비평 텍스트의 분석 모델은 아직 확립되어 있지 않다."(Munday 157) 먼데이는 번역 비평 모델 확립의 필요성을 제기하면서 "야우스(Jauss 1982)의 분석 방법을 적용하여 공시적(synchronic) 또는 통시적(diachronic)으로 비평을 분석한 사례를 소개한 적이 있다."(Munday 157‒160) 그리고 투리(1995: 72‒3)는 "개별 번역본의 용인성을 점검하는 방법으로 같은 시기에 한 언어로 번역된 여러 번역본의 비교 연구, 한 작품에 대한 시기별 번역본의 비교 연구, 한 번역본의 단계별 교정과정 비교, 그리고 서로 다른 언어로 번역된 여러 번역본의 비교 연구방법 등 기술 번역학(DTS)의 초기 단계의 4가지 번역본의 비교 유형을 제시"하였다. 또한 박여성(2002: 53)은 "번역물을 상호 비교할 때 번역 패러다임에서 가장 중요한 변수로 인적 요소(personal factors: 번역가와 다른 번역가들), 시간적 요소(time‒interval factor: 시간차를 두고 산출된 번역물) 및 텍스트 간 요소(intertextuality factor: 다른(언어) 텍스트들 사이에서 생기는 상관관계)를 중심으로 분석할 것을 제안하였다."

먼데이, 투리, 그리고 박여성이 제시한 내용을 종합하면 번역본의 용인성을 점검하려면 '텍스트적 요소'(ST와 TT), '인적 요소'(ST의 원저자와 TT의 번역가), '시간적 요소'(여러 TT의 공시적 출간 혹은 통시적 출간), 그리고 '언어적 요소'(ST와 TT에 관여하는 최소 2개 언어) 등 4가지 요소의 유기적인 관련성에 주목할 것을 제안한 것으로 받아들일 수 있다. 이들 4가지 요소의 결합 양상에 따라 ST

와 TT의 비평방식은 물론 번역 텍스트의 전개방식과 내용 등 전반적인 구성이 달라진다. 다음은 여러 번역 비평 텍스트를 분석한 결과 위에서 언급한 4가지 요소에 따라 나타나는 다양한 ST와 TT의 비평방식을 나타낸 도표이다

〈표 4-1〉 ST:TT의 비평방식 분류표

비평 요소		텍스트적 요소					인적요소		시간적 요소		언어적 요소		
비평 범주	ST:TT의 비평 유형	1:1	1:다수	다수:1	다수:다수	총합:총합	단수	복수	공시적	통시적	1개	2개	3개 이상
개별적 비평	단일 TT	√					√		√			√	
	1인 역자의 공시적 TT		√				√		√			√	
	1인 역자의 통시적 TT		√				√			√		√	
	다수 역자의 공시적 TT		√					√	√		√		
			√					√	√			√	
	다수 역자의 통시적 TT		√					√		√	√		
			√					√		√		√	
	1인 역자의 중역본			√			√		√				√
	다수 역자의 공시적 중역본			√				√	√				√
	다수 역자의 통시적 중역본			√				√		√			√
집단적 비평	1인 역자의 공시적 ST와 TT				√		√		√			√	
	1인 역자의 통시적 ST와 TT				√		√			√		√	
	다수 역자의 공시적 ST와 TT				√			√	√			√	
	다수 역자의 통시적 ST와 TT				√			√		√		√	
총체적 비평	공시적 번역사					√		√	√			√	√
	통시적 번역사					√		√		√		√	√

(읽어 두기:
1. 텍스트적 요소는 'ST:TT의 수'를 기준으로 하며, ST의 수를 기준으로 비평의 범주가 구분된다. 그리고 TT는 한국어에 한함. 가령, ST1(영어) 저본에 대한 ST2(일어)를 우리말로 번역했을 때 ST:TT=2:1로 분류한다.
또한, ST:TT=총합:총합은 ST와 TT의 서지정보를 일정 시기별, 장르별, 작가별 등으로 나누어 총괄적으로 분석하는 의미에서 '총합'이란 용어를 사용한다.
2. 언어적 요소는 'SL과 TL의 합'을 기준으로 한다.
3. 번역본의 시차와 관련하여 편의상 공시성은 TT 간의 출간일이 0-10년까지, 통시성은 10년 이상 으로 삼았다. 이는 김병철의 『한국 현대 번역 문학사연구 上·下』(1998)에서 한국 현대 번역사 분류방식이 10년 단위로 이루어졌음에 근거하였음을 밝혀 둔다.)

위의 <표 4-1>에서 보다시피 번역 비평 텍스트를 분석한 결과 비평으로는 ST:TT의 비평방식에 따라 10가지 양상의 '개별적 비평', 4가지 양상의 '집단적 비평', 그리고 2가지 양상의 '총체적 비평'을 발견할 수 있었다. 이는 ST를 배제한 TT만을 대상으로 하는 비평방식을 제외하였음을 다시 한 번 밝혀 둔다. 단 표절본 유무를 가리기 위한 과정에서 TT만을 대상으로 하는 비평방식은 ST를 분석대상에 포함하는 점을 전제하므로 예외사항으로 인정한다. 비평가가 번역 텍스트의 내용을 평가하기에 전에 먼저 ST:TT의 비평방식을 선정하는 과정은 번역 비평 대상 텍스트의 규모 선정과 밀접한 관련이 있기 때문에 번역 비평의 초기 단계에서 매우 중요한 위치를 차지한다.

투리(1995)는 "번역본의 용인성을 검증하려면 맨 먼저 번역본을 찾는 작업에 주력해야 한다"고 하였다. 여러 번역 비평 텍스트를 살펴보면 공통적으로 비평대상 텍스트를 선정하는 경위와 과정에 관하여 상세한 설명이 제시되어 있다. 이러한 작업은 보통 서지정보를 활용하여 분석대상 ST에 대한 TT가 출간된 번역이력을 총체적으로 점검하는 데서 시작한다. 번역이력을 파악하면 출판시기, 번역가, 출판사, 초판, 개정판의 발간여부는 물론 ST와 비교 혹은 번역본끼리 상호 대조하여 완역본, 중역본, 표절본, 발췌본 등을 검증할 수 있다. 비평가들은 보통 번역본의 이력을 검증한 결과를 토대로 비평대상 TT를 선정하므로 이러한 과정은 번역 비평에서 선행되어야 할 기본적인 단계에 속한다. 지금부터 위의 표에 의거하여 번역 비평의 범주별로 ST:TT의 비교유형에 따라 나타나는 각각의 양상에 대하여 보다 자세히 살펴보기로 한다.

4.1.1 개별적 비평

'개별적 비평'이란 앞서 번역 비평 텍스트의 형식에서 밝힌 바와 같이 ST:TT의 비평방식이 1:1 혹은 일:다수로 한 가지 원전에 대한 단수 혹은 복수의 번역본을 대상으로 하는 번역 비평 방식이다. 번역 비평 시 ST:TT의 비평방식은 분석대상 텍스트를 한 종의 ST로 전제했을 때, 단일 번역가 혹은 여러 명의 번역가들이 번역한 번역본을 비슷한 시기 혹은 시간차를 두고 비교하는 방식이 주도적으로 작용한다. 그 결과 번역 비평 텍스트에 나타난 여러 가지 비평방식을 인적 요소를 기준으로 다음과 같이 1인의 번역가 혹은 2인 이상의 번역가와 관련되는 ST:TT의 비평방식을 각각 4가지와 6가지로 나눌 수 있다. 개별 양상을 살펴보면 다음과 같다.

4.1.1.1 1인 역자와 관련되는 ST:TT의 비평방식

단일 ST에 대해 '1인 역자와 관련되는 ST:TT의 비평방식'은 다음과 같이 4가지의 양상이 있다. 먼저, 해당 원전에 대한 한 종(種)의 번역본을 대상으로 하는 '단일 TT', 같은 시기에 출간된 2종 이상의 번역본을 대상을 하는 '1인 역자의 공시적 TT', 다른 시기에 출간된 둘 이상의 판본이 다른 번역본을 대상으로 하는 '1인 역자의 통시적 TT' 그리고 원전 번역이 아닌 다른 언어로 된 번역본을 다시 번역하는 '1인 역자의 중역본' 등이 있다. 그중에서 '1인 역자의 공시적 TT'에 대한 비평은 이론상으로는 가능하지만 현실적으로 불가능한 측면이 있으므로 논의의 대상에서 제외한다. 왜냐하면 하나의 ST에 대한 동일 번역가의 2개 이상의 번역본이 출간되려면 최소한의 시차가 발생하기 때문이다. 다시 말해서 두 번역본 사이에 발생하는 최소한의 시차는 이미 공시성의 범위를 벗어난 통시성의 범위에서 다루어야 할 사항이기 때문이다.

'단일 TT'에 대한 비평은 '대략 해당 원전에 대한 번역본이 한 종(種)밖에 없거나 복수의 TT가 있지만 한 종의 TT만 분석대상으로 삼는 경우의 비평방식'이다. 1인 역자의 '단일 TT'에 대한 비평 텍스트의 예를 살펴보면 다음과 같다.

(1) ST: Nigel, Spivey. 1997. *Greek Art*. London.
　　　TT: 나이즐 스피비. 양정무 옮김. 2001. 『그리스 미술』. 한길아트.(강대진 『잔혹한 책읽기』)

　　　ST: E. F. Bleiler. 1966. *Three Gothic Novels*. Dover.
　　　TT: 하태환. 1998. 『오토란토 성』. 황금가지.
　　　　　(신현욱 『오토란토 성』, 『안과밖』 18권)

사실 1인 역자의 '단일 TT'에 대한 비평은 분석대상 텍스트의 규모 면에서 타 비평방식에 비하여 비평과정이 비교적 단순할 수 있다. 대신 비평가는 1인 역자의 한 종의 TT를 대상으로 비평하므로 보다 철저하게 텍스트를 분석할 수 있는 장점이 있는 반면 타 번역가나 다른 번역 텍스트와의 비교 과정을 통해 얻을 수 있는 비평의 장점을 놓치는 단점이 있다.

다음으로 '1인 역자의 통시적 복수의 TT'에 대한 비평은 해당 ST에 대한 둘 이상의 판본이 다른 번역본에 대한 비평을 하는 방식이다. 투리는 이 방법을 적용하여 번역본을 비교하는 목적은 "번역가가 용인성을 고려하여 단계적으로 번역본을 교정하는 과정을 고찰할 수 있지만 연구 시 단계별 번역본을 수집하기가 현실적으로 어렵다"(1995: 73)고 하였다. 그리고 박여성은 "번역물은 궁극적으로 출간된 완성본에 이르기까지 수차례에 걸친 교정과 문체조정을 거치는데, 그 과정이야말로 번역가가 번역과정에서 적용한 복잡한 번역전략과 언어학적–문예학적–기호학적 처리의 원칙 및 취향을 가늠할 수 있는 가장 신뢰할 만한 원(原)자료라고 하였다. 통상적으로 번역가가 완성원고를 출판사에 넘기기 전까지 초역, 재교, 3교를 보는 것이 관행적으로 요구되며, 출판사로 넘긴 후에도 다시 번역가와 출판사의 다양한 편집지침을 통하여 몇 차례의 추가적인 교정을 거치는 것이 일반적이다. 한편 동일한 작품이라도 상이한 번역가가 동시에 또는 순차적으로 번역하는 경우도 있으며, 동일 번역가에 의한 번역본의 추가적인 개정판 및 증보판도 뒤따른다"(2002: 55)고 하였다.

번역본의 단계별 교정과정을 살펴보면 초기단계에서 최종단계로 변화할 때 추이사항을 점검할 수 있다. 따라서 이러한 방식을 적용하면 동일 번역가의 여러 판본 간의 차이를 명백하게 구별할 수 있다. 이 방식을 적용한 '1인 역자의 통시적인 TT'에 대한 비평 텍스트의 예를 살펴보면 다음과 같다.

(2) ST: William Shakespeare. 1974. *The Riverside Shakespeare,*
    ed. G. Blakemore Evans. Boston: Houghtton Mifflin.
 TT 1-3: 김재남. <u>1964 / 1971 / 1995</u>.『셰익스피어 전집』. 을지서
    적.(서경희『셰익스피어 전집』,『안과밖』1권)
 ST: 박완서.『엄마의 말뚝 Ⅰ』.
 TT 1-3: 유영란.『Mother's Stake Ⅰ』. <u>version 1-3.</u>
    (유영란.『번역이란 무엇인가?』)

위의 예에서 비평가 서경희는『셰익스피어 전집』에 관한 번역 비평 텍스트에서 30여 년의 시차가 발생한 번역가 김재남의 세 번역본의 변화상을 중점적으로 조명하였다. 그리고 유영란은 자신이 번역한 *Mother's Stake I*의 세 가지 영역본의 단계별 추이과정을 중점적으로 조명하여 자가 비평을 하였다. 동일 번역가의 동일 원전에 대한 여러 번역본을 비교하는 비평방식은 번역가의 번역전략과 시기별 언어습관 그리고 변화상을 비교하는 데 매우 유리하다. 그리고 "단계별 교정과정을 살펴보면 마지막 단계로 접어들수록 원본보다는 TL의 환경을 고려하며, TL 문화에서의 용인성이 교정에 큰 영향을 끼치고 있음을 알 수 있다."(Toury 73)

다음으로 '1인 역자의 중역본'에 대한 비평은 원전 번역이 아닌 다른 언어로 된 번역본을 다시 번역한 중역본을 비평할 때 적용하는 ST:TT의 비평방식이다. '1인 역자의 중역본'에 대한 비평 텍스트의 사례는 다음과 같다.

(3) ST 1: *Sigmund Freud.Die Traumdeutung.* 독일어 저본.

　　ST 2: *The Standard Edition of the Complete Psychological Works of Sigmund Freud.* 영역판.

　TT: 김기태. 1988 / 2002. 『꿈의 해석』. 선영사.(이덕하 『꿈의 해석』)

위의 예에서 번역가 김기태는 『꿈의 해석』의 독일어 저본을 번역한 것이 아니라 저본의 영어 번역본을 대상으로 번역하였으므로 원전 번역이 아닌 중역을 하였다. 이런 경우 동일 작품에 대한 ST의 수가 둘 이상으로 늘어날 수 있으며, 중역본을 비평할 때 이와 같은 ST:TT의 비평방식을 적용하면 TT의 원전 번역 여부 즉 중역 여부를 파악하는 데 용이하다.

4.1.1.2 2인 이상 역자와 관련되는 ST:TT의 비평방식

'2인 이상의 역자와 관련되는 ST:TT의 비평방식'은 대략 다음과 같이 6가지로 나눌 수 있다. 먼저, '다수 역자의 공시적 TT'에 대한 비평은 동시대에 출간된 해당 원전에 대한 여러 역자의 번역본이 다수 존재할 때 적용할 수 있는 번역본의 비평방식이다. 따라서 ST와 TT를 비교하기 전에 먼저 번역본끼리 비교하여 표절본 여부를 가리는 방식이다. 이 방식을 적용하면 독립적인 번역본의 유무는 물론 참조본의 경로나 표절의 정도를 가늠할 수 있다. 그러므로 이 방식은 주로 비평가들이 분석대상 번역 텍스트의 외적인 용인성을 검증할 때 활용하면 용이하다. 본 논문의 분석대상 번역 비평 텍스트에서 '다수 역자의 공시적 TT'와 관련된 표절 작품 비평과 합치하는 사례가 없어 부득이 필자가 분석대상 텍스트를 선별하여 인용하였음을 밝혀 둔다. 그럼 '다수 역자의 공시적 TT'에 대한 표절 작품 비평의 예를 살펴보면 다음과 같다.

> (4) 조민영. 양우당. 『셜록홈스의 모험』. <u>1986년 3월 20일 출간.</u>
>   허문순. 自由時代사. 『셜록홈스의 모험』. <u>1986년 5월 15일 출간.</u>
>   허문순. 일신서적공사. 『셜록홈스의 모험』. <u>1986년 7월 25일</u>
>   <u>초판 발행, 1989년 재간본.</u>

위의 사례에서 조민영, 허문순 그리고 조민영과 조영만의 공역본의 표절관계를 보다 분명히 밝히기 위하여 판본의 발행일을 확인할 필요가 있었다. 왜냐하면 허문순의 초간본과 같은 해에 출간된 조민영(趙敏英)(양우당 1986)의 번역본을 상호 대조한 결과 누가 봐도 똑같은 판본임을 알 수 있을 정도로 약간의 토씨와 문단처리 그리고 접속사의 전환 등을 제외하고 심각한 표절 번역이 이루어졌기 때문이다. 엄밀한 의미에서는 통째로 표절된 중복 출간본의 성격을 지녔기 때문에 부분적인 표절본의 경우처럼 사례를 들 필요도 없는 정도이다. 그러나 사정이 어찌됐건 출간일을 기준으로 삼으면 조민영의 번역본이 가장 빨리 출간되었으므로 조민영의 판본을 중심으로 이후 출간된 허문순의 번역본은 표절본으로 간주할 수 있다. 이와 같이 동시대에 발간된 2인 이상 역자의 표절본 관계를 밝힐 필요가 있을 때 혹은 표절의 정도가 심할 때에는 원전을 참고하지 않고 먼저 번역본끼리 대조하여도 진위를 밝힐 수 있다.

다음, '다수 역자의 통시적인 TT'에 대한 비평은 앞의 경우와 달리 2인 이상 역자들이 출간한 번역본이 시차를 두고 이루어진 상호 표절관계를 규명할 때 적용할 수 있는 비평방식이다. 이 방식 역시 위의 경우와 마찬가지로 번역 텍스트의 외적인 용인성을 검증하기 위하여 처음에는 TT만을 대상으로 상호 비교하여도 표절 여부를 밝힐 수 있다. '다수 역자의 통시적인 TT'에 대한 표절 작품 비평의 예는 다음과 같다.

> (5) "박영의의 번역판이 지닌 가장 큰 문제점은 1996년이라는 비교적 최근에 나온 이 번역이 작품에 대한 새로운 번역이 아니라 20년도 더 된 오석규(1974)의 번역을 거의 그대로 옮겨 놓다시피 했다는 것이다. 이것은 실제로 아무 데나 뒤적여 임의로 한 부분을 골라 두 번역판을 비교해 보면 금방 드러난다."(이인규 『올리버 트위스트』: 258)

이인규는 『올리버 트위스트』에 관한 비평에서 "20년도 더 된 번역을 그대로 옮겨 놓다시피 하여, 아무 데나 뒤적여도 금방 그 실상이 드러난다."고 표절 번역의 심각성을 지적했다. 그리고 비평가 유두선은 『아들과 연인』의 표절관계를 확인하기 위하여 김재남 외 세 번역가의 번역본을 원전과 비교한 결과 네 가지 번역본의 시차가 약 40년이나 되는 상황에서 약간의 차이 외에는 4가지 역본이 거의 똑같을 정도로 꾸준히 표절 번역이 이루어졌음을 밝혔다.[36]

---

36) 구체적인 사례는 Ⅴ장의 5.1.2 비문학 번역 비평 텍스트에 제시.

비평가들은 표절 번역에 대한 강한 반감의 표시로 해당 텍스트에 대한 외적인 용인성을 박탈한다. 비평가들의 표절본에 대한 적극적인 대처방식은 비평대상 텍스트에서 배제하거나 "번역 텍스트의 품질의 등급을 부여할 때 아예 등급 외로 분류"(영미연 2005: 24)하기도 한다.

다음으로 '다수 역자의 공시적 TT'에 대한 비평은 '해당 원전에 대한 2인 이상 역자가 동시대에 출간한 번역본을 대상으로 ST와 TT를 비교하는 방식'이다. 투리는 "이 방법은 가장 간단한 비교 유형으로 변수(variable)가 적어 설득력이 있다."(1995: 72)고 하였다. 이 방법으로 번역본을 비교하면 같은 텍스트에 대한 번역의 이력, 번역가마다 다른 번역이 나오는 이유, 개별 번역본의 번역의 품질 및 번역전략 및 타 번역본과의 차이, 동시대의 번역 특징 등 다양한 번역현상을 파악할 수 있다. 이는 아마 "번역 결과물에는 현대 번역학이 주제로 삼는 현상의 대부분이 반영되어 있기"(박여성 2003: 261) 때문일 것이다.

그리고 이 방식은 보통 표절본이나 중역본 등을 제외한 텍스트 외적인 용인성을 1차적으로 검증한 분석대상 도서를 대상으로 이루어진다. 그 결과 당시 번역가들의 번역전략이나 번역가의 역량 혹은 분석대상 텍스트 간의 우열 혹은 특성을 가릴 수 있다. '다수 역자의 공시적 TT'에 대한 비평 사례는 다음과 같다.

   (6) ST: James Joyce. 1968. *A Portrait of the Artist as a Young Man*. ed. Chester G. Anderson. New York: Viking Press.

TT 1: 홍덕선. 1997. 『젊은 예술가의 초상』. 문학과지성사.
TT 2: 이상옥. 2001. 『젊은 예술가의 초상』. 민음사.
(이종일 『젊은 예술가의 초상』: 224 - 5)

비평가 이종일은 10여 종의 『젊은 예술가의 초상』 번역본 중에서 위의 두 비평대상 분석 텍스트에 대하여 "두 번역본은 모두 꼼꼼한 작품 읽기를 바탕으로 한 성실한 해석의 결과를 개성적인 문체에 싣고 있다. ……"는 평가를 내렸다. 그리고 두 번역본을 ST와 상호 비교하면서 텍스트 내·외적인 용인성을 모두 포괄하는 치밀한 비평을 하였다. 다만 두 번역가의 공시적인 두 번역본에 대한 비평에서 '공시적 특성'을 엿볼 수 있는 내용은 거의 없었다. 이는 "근년에 지명도 높은 출판사에 의해 출간된 무게 있는 학자의 번역본 두 권"(이종일 『젊은 예술가의 초상』: 224)을 분석대상 비평 텍스트로 선정했기 때문에 비평시점(2001년)과 번역본의 출간시점과의 시차(4년 혹은 없음)가 비교적 짧은 데도 원인이 있다.

가장 흔히 적용되는 ST:TT의 비평방식으로 '다수 역자의 통시적 TT'에 대한 비평을 들 수 있다. 다수의 역자와 관련되므로 역자 간의 번역전략이나 역량 혹은 특징이나 우위를 파악할 수 있다. 뿐만 아니라 시차가 발생한 번역본의 경우 목표 언어 사회의 독자의 '가독성'을 고려한 번역전략의 변화상을 점검할 수 있다. 가령 시차가 큰 번역 비평 텍스트를 분석해 보면 출간시점이 현재에 가까울수록 한자어 사용의 감소추세 등을 파악할 수 있다. 다음은 '다수 역자의 통시적 TT'에 대한 번역 비평 텍스트에서 분석대상 텍스트로 삼은

ST와 TT의 서지정보이다. 어떤 경우에는 TT의 제목만 살펴도 출간 시점에 따른 한자어의 사용추세를 알 수 있다.

(7) ST: Herman Melville. 1967. *Moby-Dick.* New York: Norton.
  TT 1: 노희엽. <u>1954.</u>『白鯨』. 을유문화사. 축약본.
  TT 2: 양병탁. <u>1960</u> / 1995.『白鯨』. 을유문화사 / 중앙미디어.
  TT 3: 오국근. <u>1974</u> / 1980.『모비딕』. 삼성출판사 / 태극출판사.
     이하 중략
  TT 11: 유한준. <u>1996.</u>『흰고래 모비 딕, 일명, 백경』. 대일출판사.
     (김진경『모비딕』: 72-3)

위의 예에서 비평가 김진경은 여러 번역본의 출간시점이 최대 40 여 년의 시차가 발생하는 데 주목하고 우선 작품명,『모비딕』의 변화상에 대하여 언급하였다. 1950년대의 최초의 출간본과 1960년대 출간본에는 한자어 제목『白鯨』을 사용한 반면 1970년대에는 한글 제목의『모비딕』을 사용하다가 1990년대로 접어들어 한글세대의 '가독성'을 고려하여 지나칠 정도의 친절한 제목,『흰고래 모비 딕, 일명, 백경』의 사례를 제시하였다. 이와 같이 시차가 큰 2인 이상 번역가의 번역본을 비교하면 시대별로 '가독성'을 고려하는 번역전략을 파악할 수 있다. 만일 위의 사례에서 1996년에 사용한 한글 제목을 1950년대나 1960년대에 적용했다면 당시 독자들의 '가독성'에 제대로 부응하지 못한 제목으로 평가되었을 것이다.

이와 관련하여 투리(1995: 73)는 한 작품의 시기별 번역본을 연구할 때 주의해야 할 사항을 다음과 같이 지적하였다. "첫째, 비교

시 언어의 끊임없이 변화하는 특성을 반드시 고려해야 하며, 둘째, 두 번역본 간에 시차가 클수록 더욱 주의할 필요가 있다."고 하였다. 검토대상 도서인 『모비 딕』의 번역이력을 살펴보면 비평가가 한 작품의 시기별 번역본을 비평할 때 텍스트의 외적인 용인성을 검증하기 위하여 어떤 과정을 거쳤는지 짐작할 수 있다.

> (8) "번역가는 20여 명 정도가 있으며 비평 당시 서점에서 유통되는 번역본은 10여 종 정도 된다고 하였다. 가장 오래된 작품은 1954년 을유문화사에서 발간한 노희엽의 『白鯨』으로 완역본이 아닌 축약본이다. 1956년 일본 사조사에서 출간된 일역판이 우리나라에 소개되었고, 1959년 양병탁(최초의 완번역가)의 완역판 『白鯨』이 출간된다. 이후 1995년 중앙미디어 판에 이르기까지 여러 편의 개정판을 내놓았다. 양병탁은 『모비 딕』 번역사의 산증인이다. 1970년대 이가형, 오국근, 1980년대 이가형, 오국근의 재판 및 이승근, 박영식, 구중서, 김준민, 1990년대 이승근, 백승철, 봉현선, 황현민 등이 있다. 그중 축약본을 제외한 시대별 대표적인 판본을 대상으로 비평가는 위에서 제시한 바와 같이 분석대상 도서를 선정하였다. 그리고 필요시에는 부분적으로 위에서 언급한 도서도 비평 사항에 포함하였다."(김진경 『모비딕』: 72 - 3)

이렇게 자세히 분석대상 비평 텍스트 선정과정을 제시한 이유는 TT 간의 시차가 클 때 비평가는 반드시 '통시성'을 '유표성'으로 인식하여 비평 텍스트에 그 특성을 반영해야 한다는 중요성을 강조하기 위함이다.

다음으로 번역의 외적인 용인성을 저해하는 요소 중 '중역본'을 가리기 위한 ST:TT의 비평방식으로 '다수 역자의 공시적 중역본'에 대한 비평이 있다. '다수 역자의 공시적 중역본'에 대한 비평에서 적용한 서지정보의 예를 살펴보면 다음과 같다.

(9) ST 1: *Sigmund Freud. Die Traumdeutung.* 독일어판(저본).

ST 2: *The Standard Edition of the Complete Psychological Works of Sigmund Freud.* 영역판.

TT 1: 김양순. 1991. 『꿈의 해석』. 일신서적. 원전 번역.

2: 서석연. 1992 / 1996. 『꿈의 해석』. 범우사. 원전 번역.

3: 김인순. 1997 / 2003. 『꿈의 해석』. 열린책들. 원전 번역.

4: 조대경. 1993. 『꿈의 해석』. 서울대출판부. 원전번역.

(이덕하 『꿈의 해석』)

비평가 이덕하는 『꿈의 해석』 관련 비평 텍스트에서 1990년대 출간된 "여러 한국어 번역본을 독일어판 저본과 영역본을 비교한 결과 모두 완역본이며 독일어판을 대본으로 삼은 원전 번역본"이었다는 분석 결과를 밝혔다. 중역본에 대한 비평가들의 시각차는 제Ⅴ장의 사례분석에서 보다 자세히 다루기로 한다. 다만, 원전에 대한 번역본을 토대로 다시 우리말로 번역하는 중역 현상을 점검하려면 최소한 세 가지 이상의 언어적 요소(위의 예에서는 독일어, 영어, 한국어)가 개입한다. 그리고 이와 같은 언어적 요소를 고려한 ST:TT의 비평방식은 중역본 여부를 밝힐 때 활용할 수 있는 유용한 비평방식임을 밝혀 둔다.

다음으로 '다수 역자의 통시적 중역본'에 대한 비평과 관련하여 앞서 언급한 '다수 역자의 공시적 중역본'에 대한 비평 방식과 시간적인 요소의 개입방식을 제외하고는 같은 특성을 갖는다. 이덕하는 『꿈의 해석』의 중역본 유무를 규명하기 위하여 위에서 예로 든 번역 텍스트 외에도 다음 두 역자의 번역본도 함께 고려하였다. 이들 두 역자의 번역본은 1980년대에 출간된 점에서 위의 번역본과는 약 20년의 시차가 발생한다. 따라서 시차가 발생하는 2인 이상 역자의 번역 텍스트에 대한 검토과정을 거쳤으므로 비평가는 공시적인 비평 방식은 물론 '다수 역자의 통시적 중역본'에 대한 비평 방식도 동시에 적용하였다. '다수 역자의 통시적 중역본' 비평에 동원된 번역본의 서지정보는 위의 번역본 외에도 다음의 두 번역본이 추가되었다.

(10) (9)의 여섯 가지 분석대상 도서 외에 다음 번역본 포함.
  TT 7 – 8: 김기태. <u>1988 / 2002</u>.『꿈의 해석』. 선영사. 원전 번역.
     9: 장병길. <u>1983.</u>『꿈의 해석』. 을유문화사. 원전 번역.
                         (이덕하『꿈의 해석』)

한편, '다수 역자의 통시적 중역본'에 대한 비평과 관련하여 <표 4 – 1> 'ST:TT의 비평방식 분류표'에는 제시하지 않았으나 다음과 같이 '우리말 번역을 다시 우리말로 번역하는 중역의 기현상'을 발견할 수 있었다. 위에서 언급한 중역 현상은 최소 3개의 언어적 요소가 개입되지만 이 경우는 ST와 TT의 언어, 2개의 언어적 요소가 개입되는 특이한 현상이다. 이 현상은 우리나라 번역가와 출판

관계자들의 윤리적인 불감증의 실상을 보여 주는 예이다. '다수 역자의 통시적 중역본'에 대한 비평 중 2개의 언어적 요소가 개입된 비평에 적용된 ST를 제외한 분석대상 텍스트의 서지정보는 다음과 같다.

(11) TT 1: 장남수. 1989.『어려운 시절』. 푸른산.(초판)
　　 TT 2: 장남수. 1994.『어려운 시절』. 푸른산.(개정판)
　　 TT 3: 박정만. 1996.『힘겨웠던 날들』,『크리스마스 캐럴』.
(이인규『어려운 시절』: 269)

비평가 이인규는 "『어려운 시절』은 두 명의 번역가가 있지만 실제로 번역본은 한 가지밖에 없다."고 하였다. "박정만의 번역은 제대로 된 번역이 아니라 장남수의 번역판을 도용한 것에 불과하며 …… 조금만 들여다보면 장남수의 번역을 살짝 바꾼 사실이 드러난다. 말하자면 우리말 번역을 다시 우리말로 중역한 꼴이다."(이인규『어려운 시절』: 269) 비평가 이인규의 '중역'에 관한 지적은 앞서 언급한 표절본의 사례와 중첩되는 면이 없지 않으나 근본적으로 번역본을 다시 번역했다는 점에서 본 논문에서는 '중역'의 범주에 포괄한다. 다만 보통의 중역은 원전 번역이 이루어지지 않아 ST에 대한 타 언어로 번역된 텍스트를 저본으로 삼아 우리말로 번역하는 현상과 관련되므로 "우리말 번역을 다시 우리말로 번역한 중역"(이인규『어려운 시절』: 269)과는 다소 차이가 있음을 밝혀 둔다.

4.1.2 집단적 비평

'집단적 비평'이란 앞서 살펴본 '개별적 비평'과 달리 복수의 원전을 대상으로 비평하므로 번역 비평 대상 텍스트의 범주는 ST:TT의 비율이 각각 2종 이상인 다수:다수로 늘어난다. 여러 개의 ST와 TT를 대상으로 관련되는 번역현상을 규명하므로 '개별적 비평'에 비하여 보다 보편성을 지닌다. 그 내용을 1인 역자 및 2인 이상 역자와 관련되는 ST:TT의 비평방식으로 나누어 살펴보면 다음과 같다.

4.1.2.1 1인 역자와 관련되는 ST:TT의 비평방식

분석대상 번역가 1인을 대상으로 비슷한 시기에 출간된 2개 이상의 ST와 TT를 비교 분석하는 '1인 역자의 공시적 ST와 TT'에 대한 비평방식을 적용하면 해당 번역가의 번역전략과 번역역량 및 전문성 등을 점검할 수 있다. '공시성'의 범위를 너무 좁게 설정하면 현실적으로 1인 역자의 복수의 ST와 TT를 짝 짓기가 어려울 수 있다. 따라서 비평가는 ST와 TT의 비교대상을 선정할 때 '공시성'에 대한 기준을 먼저 설정한 후 번역 비평에 임하는 것이 보다 바람직하다. 앞서 <표 4-1>에서도 밝혔듯이 김병철은 『한국현대번역문학사연구 上·下』에서 10년 단위로 '공시성'을 설정하여 우리나라의 현대 번역 문학사의 현황과 경향을 분석하고 진단하였다. 이재호는 『문화의 오역』에서 <문화의 오역이 많은 책들>의 사례로 이윤기의 그리스 로마 신화와 관련된 여러 작품의 번역 비평을 하였다. 2000

년에서 2003년 사이에 출간된 이윤기의 5개 작품에 대한 번역 비평은 각각 '개별적 비평'에 속하지만 <문화의 오역이 많은 책들>로 따로 편집하였으므로 '집단적 비평'으로 간주할 수 있다. 다만 번역가 이윤기는 '번역', '역'(譯), 혹은 '옮김'이 아니라 '지음'으로 5개의 작품을 출간하였기 때문에 해당 ST를 밝힐 수 없어 번역 비평 텍스트로 간주하는 데 자체적인 결함이 있음도 미리 밝혀 둔다. 이와 관련하여 투리가 지적한 "TT에 대한 원천 텍스트를 찾는 과정에서 문제점이 생길 수 있는 사례"(1995: 74-5)를 언급한 내용을 적용해 볼 수 있다. 그중 이윤기의 번역 텍스트는 "여러 원천 텍스트를 필요에 따라 조금씩 발췌하여 편집했을 가능성"이 있다. 왜냐하면 이재호가 여러 판본의 그리스 로마 신화, 여러 가지 그리스로마 사전, 『새 그리스 비극사전』(A New Companion to Greek Tragedy)(1983), 신화 사전 등을 동원하여 오역의 사례에 대한 해법을 제시한 과정에서 그 이유를 찾을 수 있다. 따라서 이윤기의 그리스 로마 신화 관련 번역서는 원전을 확정할 수는 없지만 명백한 번역 텍스트에 해당하므로, 다음의 분석대상 텍스트의 서지정보에 관한 사례는 '1인 역자의 공시적 ST와 TT'에 대한 비평 방식으로 볼 수 있다.

(12) TT 1: <u>이윤기</u>. <u>2000.</u> 이윤기의 『그리스 로마 신화 - 신화를 이해하는 12가지 열쇠』. 웅진닷컴.
　　 TT 2: <u>이윤기</u>. <u>2002.</u> 이윤기의 『그리스 로마 신화 - 사랑의 테마로 읽는 신화의 12가지 열쇠』. 웅진닷컴.

TT 3: <u>이윤기</u>. <u>2004.</u> 이윤기의 『그리스 로마 신화 - 신들의 마음을 여는 신화의 12가지 열쇠』. 웅진닷컴.

TT 4: <u>이윤기</u>. <u>2002.</u> 『길 위에서 듣는 그리스 로마 신화』. 작가정신.

TT 5: <u>이윤기</u>. <u>2003.</u> 이윤기, 『그리스에 길을 묻다』. 해냄.

비평가 이재호는 이윤기의 그리스 로마 신화 관련 여러 번역 텍스트를 검토한 후 "…… 이 정도면 그의 지식의 깊이를 넉넉히 짐작하고도 남음이 있을 것이다.", 혹은 "……에서 아들딸 여섯이라고 썼다가, 뒤에 가서 열둘이라고 왔다 갔다 하는 걸 보면 기본적인 지식이 약한 것이 드러나 보인다."(이재호 2005: 139)는 등 번역가의 배경지식에 관한 아쉬움을 표명하였다. 이와 같이 1인 번역가의 복수의 번역 텍스트를 분석하면 번역가의 번역전략이나 배경지식 혹은 번역역량 등을 가늠할 수 있다. 특히 위의 사례에서 보듯 한 가지 주제에 대한 번역 텍스트 분석은 비평주제에 대한 특징이 더욱 두드러지게 나타난다.

다음으로 '1인 역자의 통시적 ST와 TT'에 대한 비평을 살펴보면 시간적인 요소 외에는 위에서 살펴본 비평의 특징과 거의 비슷하다. 다만 여러 쌍의 분석대상 ST와 TT의 시차를 고려하므로 해당 역자의 번역이력을 한눈에 조망할 수 있을 뿐 아니라 전문영역, 번역전략 및 역량, 그리고 보편적으로 발생하는 번역오류의 유형 등을 전반적으로 파악할 수 있다. 관련 사례는 앞서 언급한 번역가 이윤기의 번역물에 대한 이재호의 비평 텍스트가 있다. 위의 그리스 로마 신화와 관련된 다섯 가지 작품 외에도 시차가 있는 번역 작품에 대한 비평 텍스트가 추가되어 있으므로 비평가 이재호는 '통시성'과 '공시성'을 동시에 고려한 분석방식을 적용하였음을 알 수 있다. '1인 역자의 통시적 ST와 TT'에 대한 비평 텍스트의 예는 다음과 같다.

(13) (12)의 ST와 TT
　　　ST: Ovid. *Metamorphoses*. 라틴어 저본.
　　　TT 6: 오비디우스. 이윤기 옮김. 1998. 『변신이야기』. 민음사 세계문학전집 1, 2권. 민음사.
　　　ST: Umberto Eco. 1980. *The Name of the Rose*.
　　　TT 7: 움베르토 에코. 이윤기 옮김. 1992. 『장미의 이름』. 열린책들.

4.1.2.2 2인 이상 역자와 관련되는 ST:TT의 비평방식

'다수 역자의 공시적 ST와 TT'에 대한 비평과 '다수 역자의 통시적 ST와 TT'에 대한 비평은 '개별적 비평'에 비하여 분석대상 도서의 수가 양적으로 늘어나기 때문에 여타의 비평방식에 비하여 사례로 삼을 만한 번역 비평 텍스트가 적은 편이다. 그리고 양적으로 범위를 확장하면 '총체적인 비평'에 속할 수도 있기 때문에 사례를 찾기가 더욱 쉽지 않다. 이와 관련된 드문 사례로 『번역학연구』에 발표된 김효중(2004)의 「한국 시문학파의 번역」에 관한 비평 텍스트가 있다. 김효중은 1930년대 한국 시 번역의 현상을 주목하여 세 명의 원작자의 시를 번역한 세 명의 번역가의 번역 내용을 중심으로 각 번역가들의 번역전략을 집중적으로 조명하였다. 분석대상 텍스트는 다음과 같다.

(14) ST 1: <u>R. M. Rilke, Werke.</u> 1966. '*Herbst*', in Einleitung von Beda Allemann, Band 1‒1, Frankfurt: Gedichte ‒Zkylen, Insel Verlag. p.156.

    TT 1: <u>박용철</u>(시문학사). <u>1939.</u>『박용철전집 I』. 동광당서점. p.318‒9.

    ST 2: M. L. Rosenthalm. 1986. *W. B. Yeats*. New York: Macmilan PublishingCompany. p.27.

    TT 2: <u>김영랑</u>(시문학사). <u>1930.</u>『시문학』 2호. p.34‒5.

    ST 3: A. Kazin. 1979. *The Portable Blake*. Penguin Books. p.67‒8.

    TT 3: <u>김학동</u>. 1989.『정지용전집』. 민음사. p.173.: 블레이크의 초기시집『순수의 노래』(Song of Innocence. 1789)에 수록된「小曲1」(『대조』. <u>1930</u>),「봄에게」(『시문학』. <u>1930</u>),「초밤별에게」(『시문학』. <u>1930</u>) 등 5편이 수록되어 있다.

위의 사례에서 밑줄 친 1930년대에 번역된 박용철, 김영랑, 그리고 정지용의 시를 중심으로 당대의 문단이나 독자들의 취향을 고려하고 독자의 이해를 위한 TT 중심의 번역현상 등을 집중적으로 검토하였다. 이러한 '다수 역자의 공시적 ST와 TT'에 대한 비평방식을 적용한 '집단적 비평'은 '개별적 비평'에 비하여 여러 역자의 다수의 번역물을 대상으로 하므로 당대의 번역경향을 보다 객관적으로 진단할 수 있는 장점이 있다.

4.1.3 총체적 비평

'총체적 비평'이란 'ST와 TT의 서지정보를 일정 시기별, 언어별, 작가별, 번역가별 등으로 나누어 총괄적으로 분석하는 문헌 중심의 비평방식'이다. 문헌 중심의 '총체적 비평' 텍스트의 대표적인 사례는 김병철의 『한국현대번역문학사 연구 上·下』(1998)와 봉준수 외의 『한국문학의 외국어 번역』(2004)이 있다. '총체적 비평'의 기반은 정확한 서지목록의 작성에서 비롯된다. 김병철은 자료입수 및 열람 등을 제외하고 비평가 단독으로 방대한 량의 자료를 분류 및 분석하였으며, 봉준수 외는 각 언어권의 전공자로 구성된 연구진이 대거 참여하여 각 언어권별로 '한국문학 번역서지 목록'을 작성하였다. 이는 언어권별 수용현황을 총괄적으로 파악하여 번역학적 관점에서 그 문제점을 분석하고, 번역 지원정책의 수립을 위한 제안 및 향후 번역문학의 나아갈 방향을 가늠하기 위하여 이루어졌다.

『한국현대번역문학사 연구 上·下』는 1945년부터 1985년까지의 소설, 시, 희곡, 수필, 논설, 전기, 회상 및 기타 장르에 대한 시기별, 언어별, 작가별, 번역가별 등 번역문학의 현황과 추이를 진단하였다. 그리고 『한국문학의 외국어 번역』은 '한국문학 번역원'과 '연세대학교 국제학 특성화 연구단(문화연구팀)'의 지원을 받아 조사가 가능한 언어권을 총망라하여 26개 언어권에서 번역된 작품을 직접 구입하여 구축한 데이터베이스를 분석하여 1차년도(2000년 8월-2003년 7월)의 연구결과를 모아 가장 많은 번역서를 출간한 8개 언어권을 중심으로 개별 언어권에서 한국문학 작품이 어떤 번역, 출판의 과정을 거쳤으며, 창작시기, 번역시기, 장르, 작가, 번역가, 출판사, 출판시기 등의 관점으로 분석하였다.

　다양한 관점을 반영한 서지정보를 분석하는 방법으로 본 논문에서는 '총체적 비평'의 비평방식을 번역사적인 측면을 중심으로 다음과 같이 '공시적 번역사'와 '통시적 번역사'로 나누어 살펴보고자 한다. 시차를 반영한 분석방식은 앞서 제시한 <표 4 - 1> 'ST:TT의 비평방식 분류표'에 나타난 바와 같이 인적, 언어적, 텍스트적 요소를 모두 포괄하기 때문이다. 또한 번역사적 비평 텍스트는 분석자료가 방대하므로 단행본의 형식으로 출판되는 경우가 많다. 따라서 단행본에서 다룬 내용의 특성상 시간적 요소를 횡적인 면과 종적인 면으로 나누어 분석하였으므로 동일 단행본에서 번역사의 공시적인 면과 통시적인 면을 동시에 포괄하고 있다. 따라서 '총체적 비평'과 관련하여 분류한 다음의 두 가지 방식은 필자가 본 논문의 목적에 맞게 분류하여 분석하였음을 밝혀 둔다.

4.1.3.1 공시적인 번역사(飜譯史)에 대한 비평

　'공시적인 번역사'에 대한 비평은 주로 '번역사를 다루는 번역 비평서에서 일정 시기에 이루어진 번역의 현황과 특성을 진단할 때 적용하는 번역 비평 방식'이다. 분석대상 자료의 규모가 워낙 방대하기 때문에 앞서 살펴본 '개별적 비평'과 '집단적 비평'과 달리 개별 텍스트보다는 서지정보를 집중적으로 점검하는 문헌 중심의 번역 비평 방식이 이루어진다. 가령, 김병철은 『한국현대번역문학사 연구 上·下』(1998)에서 1945년부터 1980년대 중반까지의 한국의 번역 문학사를 조망하였다. 그중 '번역문학의 절정기'(김병철 387)인 1970 년대를 예로 들면, 당시의 번역 관련 서지정보를 장르별(시, 소설, 수필, 희곡, 전집류 등), 출판사별, 언어별 혹은 국가별(영국, 미국, 프랑스, 러시아, 중국, 일본, 독일 기타 등), 작가별, 번역가별로 나누어 우리나라 번역 문학사를 진단하였다. 자세한 내용은 제V장의 사례분석에서 다루므로 '공시성'과 관련된 대목만 간단하게 언급하기로 한다.

김병철은 1970년대의 번역현상 중 당시 우리나라의 정치적인 상황을 반영한 '반공 작품 위주의 번역현상', 번역물의 양적인 팽창이 가장 심화된 '한국 번역문학의 절정기', '제3세계 작품의 번역 시도', '추리소설과 전집 및 선집 등 출판물의 홍수' '거장과 노벨 문학상 수상자 작품 위주의 편중된 번역 출판현상' 등의 특성을 진단하였다. '공시적인 번역사'에 대한 비평은 당대의 번역문화의 특성과 경향을 진단할 수 있으며, 전 시대와의 차이점 그리고 향후 번역문화의 나아갈 방향을 가늠할 수 있는 장점이 있다. 다만 자료의 분석방법이 서지정보를 중심으로 이루어지므로 텍스트의 외적인 면에 치중하므로 번역 텍스트의 내적인 면을 고려할 수 없는 단점이 있다. '공시적인 번역사'를 시대별로 조합하면 '통시적인 번역사'에 대한 비평 텍스트가 된다. 시간적인 요소를 제외하면 '공시적인 번역사'와 거의 유사하다.

130

4.1.3.2 통시적인 번역사(飜譯史)에 대한 비평

'통시적인 번역사'에 대한 비평은 주로 '번역사를 다루는 번역 비평서에서 시기별 번역의 현황과 특성을 진단할 때 적용하는 번역 비평 방식'이다. '공시적인 번역사'를 다루는 비평은 한 시대의 번역현황을 집중적으로 검토하지만 '통시적인 번역사'는 문자 그대로 여러 시대를 망라하여 총체적인 번역 비평을 행한다. '통시적인 번역사'의 시기별 범주는 바벨탑 이후부터 현재에 이르기까지 인간의 역사를 통째로 다루는 범위에서부터 고대, 중세, 현대 혹은 각 시대별, 국가별 세분화 혹은 역사적인 큰 사건이나 사상 혹은 이론 등을 중심으로 이전 혹은 이후 등 다양한 범위를 적용할 수 있다. 그러나 구체적인 예를 살펴보면 그 특징을 보다 분명히 파악할 수 있다.

봉준수 외(2004)는 「한국문학의 영어 번역 현황」 - 통계를 '읽는' 몇 가지 시각 - 에서 1899년부터 2003년까지의 번역 텍스트의 서지 정보를 중심으로 '출판지별'(해외, 국내, 해외 및 국내), '원작의 시대별'(고전과 현대) 통계, '장르별'(시, 소설, 장르혼합, 희곡, 기타 등) 통계, '원작의 시기, 장르, 출판지별' 통계, '개별 작품의 장르, 번역가, 작가별 통계' 등으로 나누어 한국문학의 영어 번역현황을 총체적으로 점검하였다. 그 결과 중복 출간의 문제, 공역의 필요성 (ST:TT가 한국어:영어이므로), 고전과 현대 문학의 번역을 비교할 때 한문의 해독능력을 변수로 고려해야 할 필요성, 낮은 빈도의 희곡 번역, 시조 번역의 어려움, 높은 빈도의 시 번역, 소수 번역가들이 번역 독식현상, 주류 작가 위주의 번역, 빈약한 해외출간과 유통, 내수용 영어번역, 노벨 문학상과 영어번역의 치중현상 등을 지적하였다. 통시적 번역 비평은 공시적 번역 비평에 비하여 분석대상 범위가 폭넓고 광범위한 번역현상을 전체적으로 포괄하므로 번역과 관련된 제 현상을 보다 다양한 관점에서 개관할 수 있는 장점이 있다. 다만 "양적인 자료에 기초하여 번역현상을 분석하므로 질적인 면을 충분히 고려하지 못하며, 주류 현상을 중심으로 번역현상을 진단하므로 번역문학의 개별성과 작품의 진가가 왜곡될 수 있다."(전현주 179). '통시적 번역 비평'의 상세한 내용은 제Ⅴ장의 사례분석에서 보다 자세히 검토하기로 한다.

지금까지 번역 비평 텍스트의 범주에 관하여 제 양상들을 살펴보았다. 그 결과 번역 비평 텍스트의 내용은 무엇보다도 ST:TT의 비평방식과 밀접한 관계가 있음을 알 수 있었다. 번역 비평의 범주를 규정짓는 ST:TT의 비평방식은 인적 요소, 텍스트적 요소, 그리고 언어적 요소와 시간적 요소가 상호 관련성을 갖고 달리 구성된다. 이러한 요소들은 비평가들이 실제로 번역 비평을 할 때 번역 텍스트의 외적인 용인성을 검증하는 과정에서 주도적인 역할을 할 뿐 아니라 번역 비평 텍스트의 내용을 구성하는 틀의 역할을 한다. 또한 비평가들은 번역 텍스트의 내적인 용인성을 검증할 때 ST:TT에 대한 비교 평가기준을 적용한다. 번역의 평가기준은 번역가의 번역 전략과 부합할 수도 있고 그렇지 않을 수도 있으므로 ST:TT에 대한 비평방식은 분석대상 번역 텍스트에 대한 평가 결과와도 밀접한 관련이 있다. 따라서 비평가는 번역 비평의 선행단계로 분석대상 텍스트를 선정할 때 텍스트적 요소, 인적 요소, 시간적 요소 그리고 언어적 요소 등 유표적인 특성을 충분히 고려한 후 ST:TT의 비평 방식을 정해야 한다. 이러한 번역 비평의 선행단계를 거친 후 비로소 본격적인 번역 비평을 할 수 있다. 다음은 번역 비평 시 적용해야 할 ST와 TT의 평가기준 및 TT의 번역의 품질을 평가하는 방식을 번역 비평의 범주를 중심으로 살펴보기로 한다.

4.2 ST:TT의 평가기준

"번역의 질을 평가하는 객관적인 기준은 없다."(김효중 1998: 252) "번역 비평은 번역 비교를 통한 결과로서 번역 비평가 자신이 타당하다고 생각하는 나름대로의 이론적 원칙을 설정하고 그것을 기조로 번역의 규범에 의거해야 한다."(K. Reiss 1971) 다시 말해 "번역 비평은 번역 전반에 걸쳐 긍정적인 면과 부정적인 면을 동시에 고려하면서 가능한 객관적으로 질적 평가를 내리는 데 그 목표가 있다."(김효중 1998: 248 - 5)

번역 평가기준의 양대 산맥은 원전 중심 혹은 번역본 중심의 번역현상을 두고 축어적 번역 혹은 자유 번역, 충실한 번역 혹은 '가독성'을 고려한 번역, 외연적 번역 혹은 내연적 번역 등 각기 다른 용어로 지칭하지만 모두 비슷한 의미로 이해할 수 있다. 원전 중심의 번역과 관련하여 이재호는 번역 비평 텍스트의 평가기준을 '가독성'보다는 '정확성'에 비중을 두었다. 그 이유에 대하여 "번역에는 100% 정답이 있을 수 없으므로 원문에 가까운 번역을 지향해야 한다"(이재호 2005: 278)고 밝힌 사실에서 비평가가 어떠한 입장을 취해야 할지 알 수 있다. 한편 뉴마크(1991)는 번역가가 갖추어야 할 첫 번째 자격 요건으로 모국어 쓰기 능력을 꼽았다. 즉, "모국어로 간결하고, 자연스럽게, 그리고 재주 있게, 그 주제와 상황에 맞는 다양한 언어사용역(register)을 사용하여 '평범한37)' 언어로 글을 쓸 수 있는 능력"이라고 하였다. 다시 말해 독자의 '가독성'을 최대한 추구하는 번역을 할 줄 아는 것을 번역가가 갖추어야 할 역량으로 보았다. 그런가 하면 "번역 비평에서 중시되어야 할 사항은 텍스트이며, 그 구성, 기능, 수용 사이의 의존 관계가 분명히 파악되어야 한다. 따라서 번역은 텍스트 유형학과 유관하며 번역가의 언어 수행능력도 문제시된다."(김효중 1998: 249)

베누티(Venuti 1995)는 독자 중심의 번역에 관하여 '자국화'(自國化, domestication) 개념을 도입하였다. '자국화'는 TL 독자에게 낯선 ST의 문화 및 언어적 요소 등을 TL 문화와 관습에 맞추는 번역 전략으로, "독자는 그대로 두고 저자를 독자에게 데려간다."고 슐라이어마허(Schleiermacher)가 언급한 내용과 일맥상통한다. '자국화'의 방법으로는 TL 문화에 익숙한 표현으로 쓰기, TT 관행 따르기, ST의 번안(adaptation), 부연설명, 삽입 등이 있다.

'자국화'의 상대적인 개념으로 '이국화'(異國化, foreignization)는

---

37) Newmark(1991)는 '평범한'이란 정직하고 직설적이고 분명하고 꾸미지 않고, 진지하고 부드럽게 단순한 특징을 지니며, 다른 언어를 1:1로 고스란히 번역하기는 어렵다고 하였다.

TT 독자가 번역문을 읽으면서 번역문이라는 느낌이 확연히 드러나고 ST 문화의 이질감을 느끼도록 하는 전략으로 슐라이마허가 언급한 "저자는 그대로 두고 독자를 저자에게 데려간다는"(Venuti 1995) 내용과 동일한 맥락이다. 가령, 일부러 ST의 통사구조를 그대로 드러낸다든지 TL 규범에 맞는 자연스러운 번역을 하지 않는 등의 TT의 언어적, 텍스트적 관행을 따르지 않는 것, ST적 요소들을 드러내는 것, TL의 고어를 사용하는 것 등의 방법이 있다. '친숙하게 하기'와 '낯설게 하기'는 서로 상대적이며 매우 폭넓게 적용되는 개념으로, 베누티는 "이 두 가지 전략은 시간과 장소에 따라 상이하게 나타난다."고 하였다. 다만 번역을 통해 외국의 텍스트를 얼마나 TT 문화에 친근하게 느끼도록 동화시키는가, 혹은 이질적인 것으로 두는가 하는 구분은 항상 존재한다는 것이다.

다음은 필자가 지금까지 논의한 ST:TT의 평가기준과 관련하여 번역학의 일반적인 개념 등을 포괄하여 기존의 비평 텍스트 분석에 기초하여 번역 비평 텍스트의 실질적인 내용을 주도하는 개별적 비평, 집단적 비평, 그리고 총체적 비평의 ST:TT의 평가기준을 다음과 같이 정리하였다.

〈표 4-2〉 번역 비평 텍스트의 내용: ① 개별적/집단적/총체적 비평의 평가기준

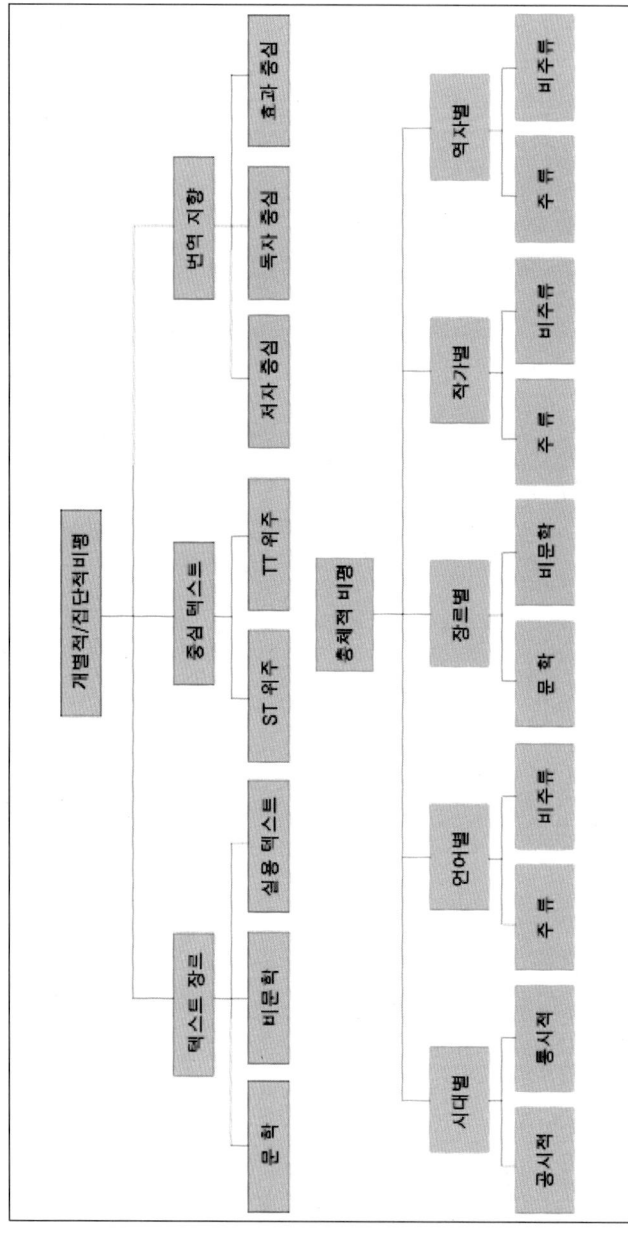

위의 표는 각 범주별 평가기준으로 개별적 비평과 집단적 비평은 텍스트 장르, 중심 텍스트, 그리고 번역 지향을, 총체적 비평은 시대별, 언어별, 장르별, 작가별, 역자별 등의 요소를 포괄하였다. 이와 관련된 자세한 사항은 다음과 같다.

4.2.1 개별적 비평 및 집단적 비평

윌리엄스와 체스트먼(Jenny Williams & Andrew Chesterman 8 - 9)은 번역의 품질을 검증하는 접근법을 다음과 같이 세 가지로 나누었다. "첫째, ST와 TT의 관계를 중심으로 분석하는 '원전 위주'(source-oriented) 접근법, 둘째, TT와 TL의 관계를 중심으로 분석하는 '번역본 위주'(target-oriented)의 접근법 그리고 번역의뢰자, 교육자, 비평가 및 독자들에게 미치는 영향력을 평가하는 '번역효과'(translation effects) 중심의 접근법"이 있다. 윌리엄스와 체스트먼의 번역 품질 평가방식은 본서에서 접근하는 비평방식과 비교하면, 주로 번역 텍스트의 내적인 용인성을 검증하는 방식으로 이루어져 있다. 이는 단일 텍스트를 기준으로 번역물의 품질을 평가하며 기존의 비교대상 텍스트의 존재를 전제하지 않기 때문이다.

실제로 번역 비평 텍스트를 분석한 결과 비평가들은 번역 텍스트의 내적인 용인성과 관련하여 위의 세 가지 접근법 중 원전 중심의 '충실성'과 '정확성'을 중시하는 부류와 번역본 중심의 '가독성'을 중시하는 부류로 크게 나누었다. 이는 분석대상 텍스트가 주로 문학 작품과 비문학 작품에 국한되었기 때문에 번역효과를 중시하는 평가기준은 상대적으로 중요성이 낮게 나타났다. 하지만 번역본의 '가독성'은 번역의 효과를 포괄하므로 이러한 견지에서 보면 위의 세 가지 평가기준이 실제 번역 비평 텍스트의 내적인 용인성을 검증할 때 모두 적용된다 할 수 있다. 가령 저자의 의중이나 ST의 의미를 중심으로 번역의 '충실성'과 '정확성'을 평가하거나 여러 번역 텍스트를 비교하여 어색한 표현과 모국어의 어법에 맞는 자연스런 글쓰기, 그리고 한자어 사용 등을 고려하여 '가독성'을 평가하기, 그리고 번역 의뢰자와 모국어 독자의 요구사항에 부응하여 번역 텍스트의 기능 및 의사소통 정도 혹은 독자의 호응도 등을 평가하는 행위 등을 들 수 있다. 다음은 『안과밖』과 「교수신문」의 번역 비평 텍스트에 나타난 번역 텍스트의 내적인 용인성에 대한 평가기준이다.

〈표 4-3〉 번역 텍스트의 내적인 용인성을 점검하는 평가기준표

장르	분석대상 작품명	평가기준	장르	분석대상 작품명	평가기준
『안과밖』	『월든』	가독성, 의역	「교수신문」	『국가』	충실성, 가독성
	『테스』	가독성			
	『아들과 연인』	온전성, 정확성, 충실성			
	『싸일러스 마너』	충실성, 가독성			
	『걸리버여행기』	충실성, 가독성			충실성
	『프랑켄슈타인』	충실성, 가독성		『정치학』	충실성

장르	분석대상 작품명	평가기준	장르	분석대상 작품명	평가기준
『안과 밖』 .. 문학	『모비딕』	번역 현실 점검 향후 방향 모색	『교수신문』 .. 비문학	『시학』	가독성
	『젊은 예술가의 초상』	충실성		『군주론』, 『로마사 논고』	정확성과 적절성(개념어와 상용문구 확인), 가독성, 주석의 정확성, 해석의 적절성
	『거인의 도시』, 『흉내』	가독성, 충실성, 오역최소화		『통치론』	정확성
	『올리버 트위스트』, 『어려운 시절』, 『위대한 유산』	온전성, 정확성, 가독성, 등가성		『자유론』	충실성, 가독성, 해제와 역주의 유용성
	『제인에어』	충실성		『공리주의』	충실성, 가독성
	『무기여 잘 있거라』	정확성, 가독성, 오역의 빈도와 지속성		『자본론』 1-3	정확성, 가독성
	『비러비드』, 『재즈』	정확성, 가독성		『비극의 탄생』	충실성, 가독성
	『앨리스』	정확성, 가독성		『꿈의 해석』	충실성, 가독성
	『오토란토 성』	번역의 혼선이 빚는 문제점 점검			
	『뉴욕 3부작』	번역가의 문화 해독력			

위의 표를 보면 비평가들은 '충실성'과 '가독성'을 각각 혹은 동시에 고려하며 그에 덧붙여 여러 가지 평가기준을 적용하였다. 가령

TT가 ST의 형식을 따르는지 점검하는 온전성과 번역가의 번역역량과 관련하여 문화 해독력, 오역의 빈도와 지속성, 해제와 역주의 유용성, 그리고 번역의 현실 점검 등이 있다. 그중 온전성, 오역의 빈도와 지속성에 관한 평가기준은 ST에 대한 '충실성'에 포괄되며, 번역가의 문화 해독력, 해제와 역주의 유용성은 TT의 '가독성'에 포괄된다. 그리고 번역의 현실점검은 텍스트의 내·외적인 용인성을 동시에 점검하는 경우로 볼 수 있다. 따라서 위의 도표를 기준으로 우리나라 번역 비평가들은 주로 ST에 대한 '충실성'과 '정확성' 및 TT의 '가독성'을 번역 텍스트를 평가하는 기준으로 적용한다 할 수 있다.

번역 텍스트의 내적인 용인성을 검증하는 ST:TT의 평가기준과 관련하여 '영미문학연구회'는 다음과 같은 평가기준을 적용하였다. '영미문학연구회'의 소속 학자로 구성된 번역 평가 사업단(이하 영미연)은 해방 이후부터 2003년 7월 31일 사이에 발간된 고전적인 영미명작 36편의 완역본을 대상으로, 수집 가능한 모든 번역본에 대하여 일종의 '질적 평가'를 수행하여 번역현황을 정리·진단하여 원본에 대한 번역 텍스트로서 신뢰할 수 있는 번역본을 선별하여 공개적인 용인성을 부여하였다. 영미연의 작업은 본격적인 번역 비평이라기보다는 비평의 대상으로 삼을 만한 번역본을 걸러 내는 수준의 '평가'라 할 수 있다. 영미연이 적용한 번역 비평의 범주와 기준을 살펴보면 "정확성, 적절성을 평가하는 '충실성', 적합성을 평가하는 '가독성', '문장 차원의 누락이나 첨가', '필요한 추가 정보 제공 여부', '표기법과 단락 구분의 정확성', '변용이 많은 번역본 평가' 등이 있다. 그리고 평가에 반영하지는 않았으나 검토와 서술에 포함한 사항으로는 '구식 어투'와 '원전 명기'와 '해설 여부'이다." (영미연 2005: 21-4) 다양한 평가 관련 요소를 요약하면, 번역 텍스트가 갖추어야 할 가장 기본적이면서 근본적인 요건인 원문에 대한 '충실성'과 번역 텍스트로서의 '가독성'을 평가의 기준(영미연 2005: 4-7)으로 삼았음을 알 수 있다.

영미연의 다양한 평가기준을 본서의 비평기준과 비교해 보면 텍스트의 내적인 측면에서 공통점이 많다. 특히 '충실성'과 '가독성' 위주의 평가방식은 위에서 언급한 <표 4-4> '번역 텍스트의 내적인 용인성을 점검하는 평가기준표'와 비교하면 이러한 사실은 더욱 분명해진다. 그러나 영미연은 위에서 언급한 기준에 따라 "TT와 ST를 상호 대조 검토하여 최종적인 등급을 부여했다. 그리고 등급을 판정할 때 모든 오역 건수를 경중의 구분 없이 계량적(計量的)으로 판정하는 것이 아니라 부정확, 부적절, 누락 등 그 오류의 정도가 심각한 경우의 수를 기본적으로 고려하고 기타 사항 등을 종합적으로 감안하여 등급별 수준을 1등급부터 6등급으로 최종 판정하였다. 추천본은 1등급(★★★)과 2등급(★★☆)을, 3-4등급은 신뢰성이 높지 않은 번역본으로, 5-6등급은 전혀 신뢰할 수 없는 번역본으로 범주를 설정하였다."(영미연 2005: 24)[38]

---

38) 영미연의 번역 텍스트의 품질에 대한 등급별 세부사항과 검토 대상 도서의 등급 현황은 다음과 같다.(영미연 2005: 24-5)
  ① 1등급: 충실성이 아주 높고 가독성이 뛰어나 독자적인 번역 작품으로 읽기에 손색이 없는 거의 완벽한 번역본, 심각한 문제가 있는 번역을 찾기 어려운 경우.

영미연의 번역 텍스트에 대한 등급별 판정 결과를 별표(★)로 표시하는 방식은 위의 인용문에서 '계량적인 판정을 하는 것이 아니다'라는 내용과 상호 모순된다. 왜냐하면 등급 간 기준을 설정할 때 무엇보다도 '한 면당 오류의 빈도를 고려한 방식'을 포함한 접근 방식은 계량화를 시도한 결과로 인식되기 때문이다. 물론 "언어와 문학에 대한 고도의 독해력과 감각을 갖춘 전문가집단의 조직적인 협동 작업"(영미연 2005: 15)의 결과를 토대로 독자들에게 "신뢰할 만한 번역본"(같은 책: 5)을 시각적으로 추천하고자 한 시도로 볼 수 있다. 그리고 번역의 ISO 인증절차 마련 등(Williams 2004: xiii) 체계적인 번역품질 관리방안을 활발하게 모색하는 세계적인 추세를 감안하면 번역 텍스트의 품질평가에 대한 계량화는 필요하다.

그러나 계량화에 치중하면 불가피하게 부작용을 수반할 수 있다. 가령, 한 면당 오역의 개수(정확성)와 비문(非文)의 개수(가독성)를 평가기준으로 삼으면 오역과 비문이 적은 번역본에 후한 점수를 부

---

② 2등급: 오류가 아주 드물지는 않지만 충실성과 가독성이 상당히 높아 신뢰할 수 있는 추천 가능한 번역본. 심각한 오류가 발견되는 기준은 원문 기준으로 5면당 1개 정도로 다른 요소도 종합적으로 고려하여 판정.

③ 3등급: 줄거리 파악에는 지장이 없으나 오류가 일관되게 나타나 신뢰성에 문제가 있으며 번역본만으로는 작품 이해에 장애가 있어 추천하기에는 미흡한 번역본. 1차적 기준은 심각한 오류가 1면당 1개.

④ 4등급: 심각한 오류의 빈도가 높아 신뢰성이 낮고 번역만으로 원작 이해를 하기 매우 미흡한 번역본. 1차적 기준은 심각한 오류가 1면당 2-3개.

⑤ 5등급: 충실성이나 가독성 모두 혹은 그중 하나에 심각한 오류의 빈도가 매우 높아 전혀 신뢰할 수 없는 번역본.

⑥ 신뢰성 여부를 따질 여지가 없는 번역본. 원문을 이유 없이 축약 또는 생략하거나 기본적인 오류가 너무 많아 원문의 대강의 취지와 동떨어진 번역이 매우 빈번하게 나타나는 경우.

여하게 된다. 물론 후한 점수를 받은 번역본이 좋은 번역본이 될 가능성은 높다. 하지만 "이러한 기준은 부실하지 않은 번역본을 선정하는 기준은 될지언정 적극적인 의미의 좋은 번역을 선정하는 기준은 될 수 없다. 이는 비문 없는 글이 반드시 좋은 글이라 할 수 없기 때문이다."(정영목 228 - 9) 그리고 '정확성'과 '가독성'의 명확한 기준이나 경계도 모호하기 때문이다. 따라서 번역의 품질 평가를 할 때 '정확성'과 '가독성' 위주의 단편적인 잣대보다는 번역 텍스트의 내·외적인 용인성을 포괄적으로 평가할 수 있는 평가항목을 구축할 필요가 있다. 그리고 기 구축된 평가항목을 모든 텍스트에 공통적으로 적용할 수는 없으므로 총론과 각론으로 구분하여 실제 적용하여 각 항목별 효용성을 검토하는 작업이 활발하게 이루어지면 보다 현실성 있는 도구로 자리할 것이다.

4.2.2 총체적 비평

'총체적인 비평'은 주로 '번역사를 다루는 번역 비평서에서 번역의 현황과 특성을 진단할 때 적용하는 번역 비평 방식'이다. 분석대상 텍스트와 관련된 자료의 규모가 워낙 방대하기 때문에 앞서 살펴본 '개별적 비평'과 '집단적 비평'과 달리 문헌 중심의 번역 비평을 하므로 평가기준 역시 달라진다. 필자는 우리나라의 대표적인 총체적 비평 텍스트인 김병철의 『한국현대번역문학사연구 上·下』(1998)와 봉준수 외의 『한국문학의 외국어 번역』(2004)을 분석한 결과 ST:TT의 평가기준을 주로 다음과 같이 적용하고 있음을 알 수 있었다. ST와 TT의 서지정보를 중심으로 시대별(공시적, 통시적), 언어별(주류, 비주류), 장르별(문학, 비문학 외), 작가별(주류, 비주류), 번역가별(주류, 비주류) 등으로 나누어 번역과 관련된 제 현상과 경향 그리고 특성을 계량적으로 진단하였다.

이러한 여러 가지 평가기준을 적용하여 비평가들이 "통계적 윤곽이 어떤 문화적 함의를 지니는지 논의하고자 하는 비판적 시각"(봉준수 외 6)을 엿볼 수 있다. 뿐만 아니라 "한국 문학의 외국어 번역 현상을 문화적 맥락에서 혹은 출발어[39](원천 언어)와 도착어(목표 언어) 사이에 작용하는 힘의 논리에서 검토하려는 의도"(봉준수 외 6) 역시 확인할 수 있다. 이와 같은 총체적인 비평 텍스트의 평가기준과 비판적인 시각 및 의도를 다중체계 이론(Polysystem Theory)의 측면에서 분석해 볼 수 있다. "번역 작품은 주어진 환경에서 사회적, 문화적, 역사적, 문학적 관련체계의 총체적 조직망과 연결되어 서로 장르, 학파, 사조를 뛰어넘어 주도적인 위치를 차지하기 위하여 투쟁하는 다중체계의 영향을 받는다. 그 결과 번역 작품 선정은 물론 그 결과 생산된 텍스트는 새로운 체계로 다중체계 내에서 다시 여타의 시스템과 상호 작용하며 진화를 거듭"(전현주 179)하여 오늘의 번역 현실에 이르렀음을 알 수 있다.

가령 우리나라 문학 작품을 외국어로 옮기는 작업과 관련하여

---

39) '출발어'와 '도착어'는 비평 텍스트의 표기 방식을 인용하였으므로 해당 비평가의 용어를 그대로 옮겼으나 본 논문에서는 각각 '원천 언어'와 '목표 언어'로 표기하므로 따로 괄호 속에 명기하였다.

"해당 외국어가 소위 국제무대에서 어느 정도의 '힘'을 지니느냐에 따라 실제적 의의가 달라진다. 다시 말해서 "영어와 마케도니아어 사이의 언어(학)적 우열을 가릴 수는 없어도, 전자가 후자보다 정치 · 문화적으로 더 많은 힘을 가진다는 점에 이의를 제기하기는 어렵다."(봉준수 외 26) 따라서 한국의 문학 작품이 영어로 번역될 때와 영어로 된 작품을 한국어로 번역할 때 서로 동일한 힘의 논리가 작용한다 할 수 없다. 한국의 문학 작품이 영어로 번역될 때의 현상과 관련하여 "'내수용 영어번역', '애초부터 국제무대에서의 경쟁과는 거리가 먼 영어에 능한 사람들의 여기(餘技)' 혹은 '제 바닥에서의 허세', '자가 출판'(self-publishing), '과시 출판'(vanity publishing) 등"(봉준수 외 26-8)의 바람직하지 못한 사례들은 목표 문화권에서 한국어의 열등한 위상과 무관하지 않다.

번역현상과 힘의 논리 작용의 상관성은 위에서 사례로 든 언어적인 평가기준 외에도 다양하게 나타난다. 번역가별 평가기준과 관련하여 비평가는 「한국문학의 영어 번역 현황」에서 "네 명의 번역가들(김재현, 케빈 오루어크, 피터 H. 리, 고창수)이 분석대상 번역 작품의 51%를 번역한 현상"(봉준수 외 22-3)을 주목하였다. 소수의 유능한 번역가들이 번역을 독식하는 현상은 결코 바람직하지 못하지만 주류의 번역가일수록 주류 작가의 주류 작품을 번역할 가능성이 크다. 그렇다고 이러한 가시적 혹은 비가시적인 힘의 논리가 작용하고 있는 현실을 전적으로 차단할 수는 없다. 다만 이들 번역가들의 번역 작품에 대한 객관적인 비평을 통해 번역의 질을 점검할 필요가 있으며, 주류에 속하지는 않지만 잠재력과 능력을 겸비한 새로운 번역가들이 활동할 수 있는 환경이 조성될 수 있도록 열린 태도를 적극적으로 도입할 필요가 있다.

이와 같이 간략하게 살펴본 총체적인 비평의 평가기준을 통하여 지나치게 힘의 논리가 적용되는 현실은 유감스럽지만 번역문화의 현주소를 가감 없이 파악할 수 있었다. 우리나라 번역 작품의 영어 번역 출간현황과 관련하여 '내수용 영어번역', '자가 출판', '과시 출판' 등의 고통스러운 현실을 과감하게 수용하고 현재 영어가 누리는 특권과 그 현상을 방관자적 입장으로 더 이상 일관해서는 안된다. 향후 우리나라 번역 출판의 나아갈 방향과 장기적이며 적극적인 대책을 수립하여 그들의 특권을 우리가 향유할 수 있는 특권으로 전환시켜야 할 것이다.

4.2.3 ST : TT의 평가항목

앞서 제시한 분석대상 번역 비평 텍스트를 분석한 결과 비평가들은 '개별적 비평'과 '집단적 비평' 텍스트에서 다양한 텍스트 외적 요소와 내적 요소를 골고루 적용하여 평가하는 것으로 나타났다. 그리고 '총체적 비평' 텍스트에서는 ST와 TT의 서지정보를 활용한 시대별, 언어별, 장르별, 작가별 그리고 번역가별 통계를 통하여 번역사 개관, 작가나 작품의 위상점검, 번역 혹은 오역에 관한 논쟁점검, 국내외 번역 출판경향 진단, 독자반응 및 의의 검토 등 번역 텍스트를 둘러싼 제 여건 등을 고려하여 평가한다.

"평가항목의 분류 범주에 대한 명확한 기준을 설정하기 어렵기 때문에 유형화 작업에 어려움이 있다."(Raabe 1980: 74f) 그래서 본 논문에서는 비평가들이 주목하는 번역 텍스트의 평가항목들은 크게 텍스트의 외적인 면과 내적인 면으로 나누었다. 이는 본서에서 다양한 번역 비평 텍스트를 분석한 결과 비평가들이 텍스트의 내·외적인 면을 다양하게 고려하여 번역 텍스트의 용인성을 점검하고 있음을 고찰하였기 때문이다. 이러한 방식은 투리가 텍스트 내적 요소(intra‑textual source)와 텍스트 외적 요소(extra‑textual)에 기반하여 번역과정에 존재하는 규범을 정리하고 재구성(1995: 65)한 방식과도 부합된다. 번역 비평 텍스트에 나타난 비평가의 '번역 텍스트의 용인성'을 점검하는 요소는 제Ⅲ장의 <표 3‑6>에 제시하였으나 논의의 편의상 다시 한 번 살펴보면 다음과 같다.

〈표 3-6〉 번역 비평 텍스트에 나타난 '번역 텍스트의 용인성' 점검 요소

평가주체	비평가의 태도, 전문성, 서술방식	
평가방법	ST:TT의 비교 범위 및 비평방식, 평가기준('충실성', '가독성'), 평가방식	
텍스트 외적 요소	ST 및 TT의 작가 및 작품의 위상, ST 출전, TT 출간이력(중역, 표절본, 발췌본 등 점검), 번역환경, 번역가의 작품에 대한 배경지식, 번역전략, 독자반응, 번역가 후기, 역주 등	
텍스트 내적 요소	어휘적인 면	어휘, 고유명사, 방언, 관용어, 표기법, 한자어, 외래어 사용 등
	의미적인 면	저자의 의도, 수사법 등
	통사적인 면	문법(시제, 어순, 수식, 대명사 등), 문장부호, 번역가의 부주의(첨가, 누락, 탈자, 오식 등)
	화용적인 면	① 문체: 어투(구어체, 문어체, 고어투, 현대어투, 대우법), 우리말 어법, 서술 기법 등
		② 결속성: 단락처리, 접속사, 호응관계, 문맥, 등장인물 간의 관계, 인물이나 대상 묘사의 일관성 등
	형식적인 면	가로쓰기(세로쓰기), 문단 나누기(혹은 합치기), 역주 등

위의 표에 명시한 내용 중 번역 비평의 평가 주체와 평가방법에 관해서는 제Ⅲ장에서 이미 언급하였다. 그러므로 본 장에서는 번역 비평 텍스트의 내용을 구성하는 텍스트의 외적 요소와 내적 요소를 중심으로 번역 텍스트의 평가항목을 요약하면 다음과 같다. 다만 텍스트 내·외적 요소는 위의 표에 제시한 바와 같이 다양하지만, 번역 비평 텍스트의 분석 시 비평가들이 주목하는 대표적인 요소를 중심으로 명기하였다.

〈표 4-4〉 번역 비평 텍스트의 내용:
② 개별적 / 집단적 / 총체적 비평의 평가항목

평가항목 번역지향	개별적 / 집단적 비평							
	텍스트 외적 요소				텍스트 내적 요소			
	TT의 출판이력	번역 전략	역자의 역량	독자 (의뢰인) 반응	어휘적	의미적	통사적	화용적
저자중심	√	√	√	√	√√	√√	√	√
독자중심	√	√	√	√	√	√	√	√√√
효과중심		√	√	√√√	√	√	√	√√

총체적 비평					
텍스트 외적 요소					
번역사 개관	언어, 장르, 작가, 역자별 TT 출간이력 및 양상 점검	독자 반응	국내 번역, 오역 논쟁	국내외 출판 경향 진단	기타
√√	√√√	√	√	√√	√

(단, 평가항목과 관련하여 체크표시(√)의 개수를 달리 표현한 것은 번역 비평 텍스트
에서 나타나는 비평가의 분석 선호도를 가정하였음을 미리 밝혀 둔다.)

4.2.3.1 번역 텍스트의 외적인 용인성

번역 텍스트의 외적인 용인성을 점검하기 위하여 실제 번역 비평
텍스트를 분석한 결과 비평가들이 주목하는 양상 중 가장 빈도가
높게 나타난 TT의 출간이력, 번역가의 작품에 대한 배경지식, 그리
고 번역전략 등을 중심으로 살펴보기로 한다.

투리(1995: 70-2)는 "번역본의 용인성을 검토하기 위해서 맨 먼
저 번역본을 찾는 작업에 주력해야 한다"고 하였다. 비평 텍스트를
분석한 결과 비평가들은 분석대상 TT를 선정하기 전에 TT의 용인

성을 먼저 검증하는 것으로 나타났다. ST에 대한 TT의 서지정보를
활용하여 TT의 출간이력을 전체적으로 파악한 후, 번역의 질을 논
하기 전에 먼저 ST의 서지정보 명기 여부, 번역가, 출판사, 판본의
이력 등을 점검한다. 이 과정에서 최초의 출간본 혹은 최근 출간본,
동일 번역가의 여러 판본 유무, 판본 간의 차이점, 동일 판본의 여
러 출판사 출간 유무 등을 가린다. 그 결과 표절본, 중복 출판본,
중역본, 발췌본, 요약본 등을 제외한 '완역된 독자적인 번역본'에
일차적인 용인성을 부여하고 비평대상 텍스트로 삼는다. 번역가와
출판사의 윤리를 현격하게 떨어뜨리는 번역행태[40]에 대하여 비평가
들은 가차 없이 번역 텍스트의 용인성을 박탈한다. 또한 비평가들은
표절본이나 중복 번역본 등 번역가와 출판사가 지켜야 할 윤리적인
면을 집중적으로 지적한다. 이 과정에서 1차적으로 ST와 TT의 서

---

40) 김병철(1998: 230)은 우리나라 번역 문학을 개관하면서 양적인 팽창에 비례하여
   부정적인 측면이 있음을 다음과 같이 지적하였다.
   ① 다른 번역가가 번역한 일역 오역을 그대로 전사하는 경우.
   ② 매명 행위(賣名 行爲): 돈에 팔려 번역은 하지 않고 번역가 명의만 빌려 주
      는 행위.
   ③ 감수 행위(監修 行爲): 번역은 맡되 제자 등에게 부분적으로 분할하여 맡긴
      후 수합하여 자기 명의로 책을 내는 행위.
   ④ 전매 행위(轉賣 行爲): 번역물을 여러 출판사에 파는 행위.
   ⑤ 임대 행위(賃貸 行爲): 자기가 번역한 작품을 판권을 자기가 갖고 일회 출판
      사용료 얼마를 받고 여러 출판사에 빌려 주는 행위.
   ⑥ 표절행위.
   ⑦ 무국적 번역 행위: 일본어를 무기로 싼 원고료로 닥치는 대로 전 세계의 작
      가 시인의 작품을 번역하는 행위.
   ⑧ 변조 행위(變造 行爲): 장편의 몇 군데만 옮겨 놓는 행위.
   ⑨ 저자명 교환 행위: 똑같은 작품을 두 사람이 번역했을 경우 번역가명을 합의
      교환하여 다시 판매하는 행위.

지정보를 기초로 삼는다. 서지정보 명기의 중요성은 아무리 강조해도 지나치지 않다.[41] 따라서 번역가와 출판 관계자들은 번역본의 출간 시 외적인 용인성을 확보할 수 있는 1차적 요건으로 '윤리적인 문제가 없는 독자적인 번역본' 작업에 임해야 하며 'ST는 물론 TT의 서지정보를 정확하게 명기할 필요'가 있다.

비평가들이 번역 텍스트의 용인성을 점검하는 텍스트의 외적 요건 중 '번역가의 작품에 대한 배경지식'을 포함하는 '번역가의 번역역량'에 관하여 많은 지적을 하였다. 번역가의 번역역량은 작품의 번역의 질을 판가름하기 때문이다. 번역가는 ST에 나타난 가치관과 생활양식 및 민족성 등을 추론하여 역어 문화권과 비교할 수 있는 능력을 지녀야 한다. 이러한 능력은 "간문화 능력"(김효중 2004: 59) 혹은 "문화 해독력"(cultural literacy)(유정완 227)으로 번역의 질적 향상을 보장하는 밑거름이 된다. 비평가들이 주목한 번역가의 배경지식과 관련된 사례를 살펴보면 다음과 같다.

번역가가 ST를 감당할 만한 배경지식이 부족한 경우 '문화적 문맹자'로 전락할 수 있으므로 번역가가 자신의 번역 작품의 용인성을 확보하기 위해서는 ST의 저자와 작품에 정통해야 한다. "번역가는 해당 외국어에 능통해야 하며 언어적 감각과 성실성은 물론 전문성을 갖추어야 한다. 전문성이란 번역을 생업으로 삼는 것이 아니라 해당 문학 작품에 대한 '전문적인 지식'을 갖춘다는 의미이다."

---

41) "표절본 관계를 정확히 알아내려면 각 번역본의 초판본 연도를 확인"해야 하지만 "표절 대목이지만 분명한 판단을 내리기 애매한 경우 혹은 어느 판본을 밝힐 수 없는 때도 있다."(황정아 『무기여 잘 있거라』: 243-4)

(김순원『프랑켄슈타인』277 - 8) 따라서 번역 텍스트의 외적인 용인성을 확보할 수 있는 두 번째 요건으로 대상 번역 텍스트에 있어서 '번역가의 총체적인 역량'을 발휘할 수 있는 '전문번역가'가 되어야 한다.

비평가들이 번역 텍스트의 외적인 용인성을 점검하는 세 번째 요소로 '번역전략'을 주목한다. 작품 전체의 번역의 향방을 설정하는 번역가의 번역전략은 전통적으로 '충실한 번역'과 '가독성을 고려한 번역'으로 나눌 수 있다. 이 두 가지 번역전략은 시대와 이론에 따라 서로 우위를 점하기 위하여 경쟁하며 분화하여 현대의 번역이론은 "가능한 '충실한 번역'을 하지만 필요에 따라 '가독성을 겸비한 번역'"을 권장하는 상호 보완적인 번역전략으로 발전하였다. 가령, 베누티는 번역 텍스트가 목표 문화에서 읽히는 전형적인 경향을 다음과 같이 설명하였다.

(15) "<u>번역 텍스트는 장르를 막론하고 유창하게 읽히며</u>, ST의 언어적 특성이나 문체상의 특성이 두드러지지 않고 그대로 반영되어(transparent), <u>ST 작가의 개성이나 의도 혹은 ST의 의미를 그대로 반영</u>한 듯한 느낌을 줄 때, 대부분의 출판 관계자, 비평가 그리고 독자로부터 용인할 수 있는(acceptable) 텍스트로 평가받는다. 이러한 텍스트는 TT가 아닌 ST의 외관(appearance)을 지니고 있다."(Venuti 1995: 1)

베누티가 지적한 '유창하게 읽히며'는 '가독성'을, 'ST 작가의 개성이나 의도 혹은 ST의 의미를 그대로 반영'은 '정확성'을 뜻한다.

다시 말해 번역본은 원전의 파생물로서 'ST다운 TT'가 될 것을 주문한다. 'ST다운 TT'가 되려면 '가독성'과 '정확성'을 상호 보완적으로 지향하는 번역전략을 적용해야 한다. 번역 비평 텍스트를 살펴보면 비평가는 대체로 ST에 충실한 TT를 작품분석의 전제조건으로 출발하지만 독자를 고려하지 않는 '충실성'은 '가독성'을 잃기 쉬우므로 '충실성'과 '가독성'을 동시에 고려하는 것으로 나타났다. '원문의 내용을 충실하게 반영하였으나 우리말 어법이 부자연스럽다'는 평이 바로 이런 경우다. 물론 비평가에 따라서 번역 텍스트를 평가하는 기준으로 '충실성' 혹은 '가독성'을 각기 우선적으로 고려하는 경우도 있다. 다음은 비평가들이 주목하는 번역전략의 유형에 관한 예로서 '충실성'을 우선적으로 고려하는 경우이다.

> (16) "김인순 역본과 조대경 역본은 상대적으로 오류가 적다. 하지만 27쪽에 20여 개의 오류가 있다는 것은 <u>두 번역본이 결코 충실한 번역이 아님을 말해 준다.</u> …… 『프로이트 전집』의 여러 번역본을 <u>원문과 대조한 결과 충실한 번역본은 하나도 없었다.</u>"(이덕하 『꿈의 해석』)

위의 사례에서 비평가 이덕하는 오류의 개수를 구체적으로 제시하였는데 실제 번역 비평 텍스트를 살펴보면 이에 대한 예가 그리 많지 않다. 이러한 계량적인 비평방식은 비평내용에 대한 충분한 사례와 문제 지적에 대한 상세한 설명을 제시하지 않으면 신뢰성과 타당성을 낮추는 자체적인 결함을 지닐 수 있다. 그러나 밑줄 친 부분은 물론 비평 텍스트 전반에서 '충실성'을 우선적으로 적용하여 번역의 질을 평가하려는 비평가의 의도를 충분히 확인할 수 있었다. 다음은 '충실성'과 대조를 보이는 '가독성'을 우선적으로 고려하는 비평의 경우이다.

> (17) "TT는 ST의 자구를 해석하는 차원을 벗어나 완전히 자연스러운 자국어로 쓰인 작품으로 여겨질 수 있도록 최선을 다해야 한다."(조철원『월든』: 173)

밑줄 친 부분에서 '완전히 자연스러운'의 정도는 비평가의 주관에 따라 달라질 수 있는 한계가 있는 표현이다. 한편 지나친 '충실성'과 '가독성' 위주로 번역했을 때의 폐해를 지적하는 경우도 있었다.

> (18) "직역은 '원본에 대한 지식이 없이 읽어도 ST의 의미가 충분히 전달된다.'(259) 그러나 '학자적인 고지식함을 가지고 있는 그대로 번역하여 읽기가 껄끄럽다.'(269) 한편 '의역은 말을 조금씩 바꾸어 쉽고 편안하게 읽히는 자연스러움이 있다.'(269) 그러나 '과잉번역이 될 수 있다.'(270)" (김순원『프랑켄슈타인』)

'충실성'과 '가독성'이 지나치면 '과잉번역'이 될 수 있는 폐해가 발생하므로 다음의 예는 '충실성'과 '가독성'을 동시에 고려하는 것이 바람직하다는 비평가의 견해이다.

> (19) "문학 작품 번역의 목표는 가장 원본에 가까운 가장 자연스러

운 우리말로 번역이 이루어져야 한다."(김진경 『모비딕』: 88)

"고전 번역의 완전성을 평가하는 기준은 무엇보다도 원전의
충실성과 가독성이라고 여겨진다."(박찬국 『비극의 탄생』)

앞에서 제시한 분석대상 번역 비평 텍스트의 평가기준을 제시한
<표 4-2>에서 살펴보았듯이 대부분의 비평가들은 문학과 비문학 텍
스트에서 '정확성'(충실성)과 '가독성'을 동시에 충족시키는 번역 텍스
트에 용인성을 부여하고 있음을 알 수 있다. 그러나 '정확성'과 '가독
성'에 관한 비평가들의 평가기준은 명확한 경계가 없이 주관적인 판
단과 양식에 따라 이루어지는 경향이 있다. 따라서 비평가는 이 두
가지 기준의 객관성 여부 및 양극화의 폐해 등을 항상 염두에 두어야
한다. 왜냐하면 번역이란 ST의 문자뿐 아니라 의미와 문화를 동시에
옮겨야 하기 때문이다.

4.2.3.2 번역 텍스트의 내적인 용인성

비평가들은 어휘적, 의미적, 통사적, 화용적, 그리고 형식적인 면
을 골고루 고려하여 번역 텍스트의 내적인 용인성을 점검한다. 특히
분석대상 번역 비평 텍스트를 분석한 결과 많은 비평가들이 어휘,
문장과 문단 그리고 번역가의 부주의로 인한 첨가, 누락, 탈자, 오
식 등 다소 표면적인 현상에 매우 주목하고 있음을 발견할 수 있었
다. 이들 요소는 타 요소에 비하여 가시성이 높아 텍스트의 내적인
용인성을 검증할 때 가장 보편적으로 적용할 수 있는 요소들이기

때문이다.

번역 텍스트의 내용을 점검할 때 비평가들은 무엇보다도 어휘번역에서 발생하는 오류를 가장 많이 지적하는 것으로 나타났다. 특히 비평가들은 비문학 텍스트 비평에서 개념어나 핵심어와 관련된 어휘의 번역에 주목했다. 그리고 문학 텍스트와 비문학 텍스트에서 어색한 한자어나 번역가의 배경지식 부재로 인한 부적절한 어휘번역 등의 사례를 많은 비평가들이 공통적으로 지적하였다.

(20) "번역이 얼마나 정확하고 적절하게 이루어졌는가는 개념어와 상용문구의 번역을 상호 대조하면 그 윤곽의 일단을 가늠해 볼 수 있다."(곽차섭 『군주론』)

"개념의 부정확한 번역은 그 자체로 오류이면서 저술가의 의도를 왜곡하는 결과를 초래한다."(정달현 『통치론』)

"핵심 번역어부터 오류로 얼룩진 프로이트의 가장 중요한 저작"(이덕하 『꿈의 해석』)

위의 사례에서 보듯 비문학 텍스트를 번역할 때 번역가는 작품 이해의 밑거름이 되는 개념어와 핵심어 번역에 더욱 유의해야 한다. 왜냐하면 비문학 텍스트, 특히 본서의 분석대상 텍스트처럼 독자들의 적극적인 독서행위를 요하는 고전작품들은 개념어나 핵심어가 잘못 번역되면 독자들의 독서행위를 상당히 방해하기 때문이다. 뿐만 아니라 잘못된 어휘번역으로 작품 전체의 분위기가 달라지는 경우도 있다. "『킬리만자로의 눈』에는 주인공 해리가 죽음을 기다리는 장면에서 'cot'라는 대단히 중요한 소도구가 작품 전반에 걸쳐 나온다. 그런데 번역본에 따라 '침대', '침상', '베드' 등으로 번역되어 있는데, 실제로 주인공의 제한된 세계를 상징하는 절망의 'cot'는 '야전 침대' 혹은 '간이침대'나 '막침대'를 뜻한다. 이 때문에 작품 속에서 아프리카인 심부름꾼들은 무거운 '침대'를 끌고 왔다 갔다 하는 신세가 되었고 죽음을 기다리는 주인공이 '더블베드'를 황량한 들판에 내놓고 누워서 죽음을 기다리는 엉뚱한 장면을 연출하였다."(안정효 2000: 171) 이와 같이 번역가는 번역 대상 텍스트에 나오는 어휘는 어느 하나도 소홀히 다루어서는 안 된다. 독자들의 '가독성'과 관련하여 어휘번역 외에도 어색한 한자어 사용의 문제를 지적하는 비평가들이 많았다.

(21) "'질서의 단초'라는 구절에서 '질서'는 낯익은 말이지만 '단초'라는 한자어는 생경하기 그지없다."(왕철 『홍내』: 311)

"양병석의 번역에 '비보통(非普通)학교'는 'the uncommon school'을 직역한 것으로 강승영처럼 '성인들을 위한 학교'가 더욱 자연스런 우리말로 독자에게 다가올 것이다."(조철원 『월든』: 187)

"같은 작품이라도 시대가 바뀌면 언어와 감수성이 변하므로 …… '폐적(廢嫡)당한(disinherited)'이나 '근골이 뒤를 이을 자가 없어진'(이승근 23)의 표현은 '상속권을 박탈당한'(김승순 5)보다 정확하지만, 평상시 잘 쓰이지 않는 어려운 한자말이다. …… 한글세대로 하여금 영미의 고전을 더욱 가까이 접할 수 있게 하려면 이런 어려운 한자어 표현은 가능하면 피하는 것이 바람직하다."(한애경『싸일러스 마너』: 292)

위의 밑줄 친 부분 중 특히 '질서의 단초', '폐적당한', '근골' 등 사용 빈도가 매우 낮은 한자어는 한글세대에게 작품의 '가독성'을 떨어뜨리는 중요한 요인이다. 시대에 따라 독자의 언어에 대한 감수성과 수용성이 달라지므로 번역가는 번역 텍스트에서 지나친 한자어 사용은 지양해야 한다. 독자의 가독성에 부응할 수 있는 대안으로 작품을 재번역할 필요성을 제안하는 비평가들이 있다. 가령, "오래된 번역본은 한자어 사용이 빈번하고 세로쓰기 등으로 가독성이 떨어지며, 최근 독자들의 감각에 부응하지 못하므로 새로운 번역을 할 필요가 있다."(조철원『월든』: 171 – 73) 혹은 "80년대 이후 ST에 기초한 새로운 TT 출간이 이루어지지 않았다. 20년 동안 한글 사용 방식이 변화하였으므로 신세대 감각에 맞도록 다시 번역할 필요가 있다."(장정희 외『제인에어』: 171) 그러나 한자어 사용을 자제하기 위하여 한자어가 지닌 표현의 함축미를 희생해 가면서 무조건 쉬운 우리말로 풀어써야 한다는 뜻은 아니다.

한편 '가독성'보다는 '정확성'과 관련하여 번역가의 배경지식 부재로 인한 부적절한 번역의 문제점을 지적하는 비평가들이 많았다. 특히 어휘적 측면의 문제점을 지적한 예들은 다음과 같다.

(22) "한기찬의 번역본에서 'The Times Square Shuttle'를 '『타임스』스

퀘어펀'으로 처리해서 타임스퀘어 순환선 지하철 노선을 엉뚱하게 신문이나 책 이름으로 바꾸어 놓았다."(유정완 『뉴욕 3부작』: 244)

"『군주론』 헌정사 첫머리에 "Nocolaus Machiavellus Magnifico Laurentio Medict iuniori salutem"에서 국역본 모두 '위대한(훌륭하신, 공적이 높으신) 로렌초 전하(각하)께 바침'으로 옮겼다. 위대한 …… 전하'에 해당하는 Magnifico는 르네상스 도시공화국에서 실권자이기는 하나 귀족 칭호를 받지 못한 인물에 대한 존칭이었다. 따라서 그의 권력이 아무리 크다 해도, 왕이나 공작을 가리키는 '전하'라는 칭호로 부를 수 없다."(곽차섭 『군주론』)

"'편안한 연기자'로 번역한 'Snug the joiner'는 『한여름밤의 꿈』(A Midsummer Night's Dream)의 극중극에서 사자 역을 맡은 '가구장이 스너'의 착오이다."(신현욱 『오토란토 성』: 215)

번역가의 배경지식은 '충실한' 번역의 전제조건으로 해당 텍스트의 번역과정 전반에 걸쳐 주도적인 요소로 작용한다. 번역가의 풍부한 배경지식의 필요성은 "번역가는 백과사전이 되어야 한다."(안정효 2000: 28)는 의미로 받아들여도 무방하다. 왜냐하면 '지하철 노선을 잡지명으로', '존칭을 전하로', 그리고 '가구장이 스너이 편안한 연기자'로 돌변하는 사태는 적어도 벌어지지 않을 것이기 때문이다. 번역가는 이와 같이 어휘 하나까지도 세심하게 유의하여 원작의 의미를 정확하게 전달하도록 최선을 다할 필요가 있다.

많은 비평가들은 번역가가 ST의 문장이나 문단을 자의적으로 연결하거나 나누어 번역하는 전략을 간과하지 않는다. 특히 ST의 길이가 길 때 번역가가 적용한 번역전략을 ST와 꼼꼼하게 비교 분석하여 비평한다. 비평가에 따라 문장이나 문단처리와 관련하여 번역가의 자의성을 허용하는 범위가 다르게 나타난다. 다음은 각각 번역가의 자의성을 허용하는 경우와 불허하는 경우의 예이다.

> (23) "…… 밑줄 친 부분을 보면 ……에서 친절하게 쉼표 두 개를 사용하여 주어와 목적어, 술부로 나누어 <u>원문에는 충실하지만 문장이 길어 거의 요령부득이며</u>, ……에서는 <u>한 번 끊어 해석하였으며</u>, ……은 <u>번역은 무난하나 원문대로 아홉 줄이나 되는 긴 문장을 한 문장으로 붙여 번역하여 찬찬히 읽지 않으면 문장의 구조를 파악하기 힘들다.</u> 이 부분은 <u>이해하기 쉽도록 문장을 좀 더 나누어 번역하거나 쉼표를 좀 더 사용하는 것이 낫다.</u>"(한애경 『싸일러스 마너』: 286)

위에서 비평가 한애경은 번역문의 가독성을 고려하여 원문의 길이가 길 경우 번역가가 자의적으로 문단을 나눌 것을 주문하였다. 그러나 "영어는 관계대명사나 접속사의 발달 및 구(句)와 절(節)의 다양한 구사가 가능하므로 문체를 중시하는 작가의 경우, 작가가 의도적으로 쉼표 등을 사용하여 문장의 길이를 길게 혹은 짧게 조절한다. 그런데 번역가나 편집자가 이를 무시하고 멋대로 원문을 첨삭해서는 안 된다"(안정효 2000: 88-9)는 이유로 원문과 작가에 대한 '충실성'을 주장하는 학자들도 많다. 다음의 사례에서 김순원은 번역가가 자의적인 문단 나누기를 하여 원문의 문체는 물론 의미까지 왜곡시켰다고 강력하게 비판하였다.

> (24) "번역가는 다분히 문어적이고 각종 관계 대명사와 접속사, 수많은 세미콜론(;)으로 연결된 긴 문장을 어떻게 최대한 그 느낌을 살리면서 현대 독자에게 쉽게 읽히는 매끈한 문장으로 번역할까 고민할 것이다. 번역가들은 문장을 짧게 자르고 문단까지 나눔으로써 문제를 해결하려 한 것 같다. …… 원문의 하나의 문단이지만 번역본은 이를 넷으로 나누어 놓았다. 원본과 번역본을 대조할 때 번역본이 문단을 자의적으로 나누는 점이 의아했다. 필자는 문단 나누기는 원칙적으로 번역본은 원본을 따라야 한다고 본다. …… 가독성만 염두에 두고 호흡이 길고 생각이 중첩되는 작가 원래의 문체를 그대로 옮기지 않았을 뿐 아니라 의미까지 왜곡시켰다."(김순원 『프랑켄슈타인』: 265-6)
>
> "강승영과 양병석 모두 번역문에서 문장과 문단을 자주 나누었는데 그 기준이 무엇인가 밝혀 주는 것이 좋을 것 같다."(조철원 『월든』: 187)

예문 (23)과 (24)의 상반된 사례에서 보듯 문장과 문단의 길이와 관련된 번역가의 자의성의 정도는 비평가마다 시각이 매우 다르게 나타난다. 번역가는 가능한 ST의 형식을 따라야 하지만 '가독성'을 고려하여 문장은 어느 정도 분할이 가능하지만 문단은 원문의 구분을 존중할 필요가 있다. 이러한 전략은 '가독성'과 '충실성'을 동시에 충족시킬 수 있기 때문이다.

마찬가지로 비평가들은 번역가가 원문의 의미를 극대화하기 위하여 의도적으로 원문을 첨가 혹은 누락시키는 번역전략을 구사할 때 절대 관대하지 않다. 비평가들은 원문에 대한 첨삭 등의 행위는 번역가의 부주의한 행위로 간주하며 번역 텍스트의 내적인 용인성이 낮다고 평가한다. 번역 텍스트의 '첨가', '누락', 혹은 '오식' 등에 대하여 비평가들은 매우 단호한 태도를 보인다.

> (25) "그는 '방적기가 …… 어디에서나'(23면)는 <u>본문에 없는 밑줄 친 부분의 설명을 첨가하는 과잉 친절을 베풀고 있다.</u> …… 이렇게 <u>원문에 없이 첨가된 부분들은</u> …… <u>문학 작품에서는 필요 없는 군더더기이다.</u>"(한애경 『싸일러스 마너』: 288)

> "거의 모든 문단에 이런 <u>어휘를 첨가하거나 중복적으로 열거하는 방식</u>은 독자의 이해를 돕는 데 유용하고 좋은 번역이라 볼 수도 있지만 대부분의 경우 자칫 <u>원문의 간결성과 긴장감을 해치는 데 기여</u>할 수 있다."(유정완 『뉴욕 3부작』: 237)

ST에 없는 내용을 TT에 첨가한 현상에 대하여 비평가들은 '필요 없는 군더더기' 혹은 '원문의 긴장감과 간결성' 등을 이유로 부정적인 시각을 드러냈다. ST의 내용을 누락한 번역현상 역시 위의 '첨가' 현상과 마찬가지로 비평가들은 결코 너그럽지 않다.

> (26) "조대경 역은 <u>원문에 있는 참고문헌을 상습적으로 생략했다.</u>"

162

"『이론과 실천』 판에서 '<u>사회적</u>'이 <s>빠져</s> 있다. …… <u>누락은</u>
<u>오역과 다름없다</u>."

(홍영두 『자본론』: 303)

"사소하게 보일 수 있지만 간혹 <u>원문의 일부가 번역본에서 누</u>
<u>락된 경우</u>도 있다. 황보석의 62면에는 원문 45면에 있는 'He
sat there impassively'의 번역이 누락되어 있다."

(유정완 『뉴욕 3부작』: 247)

위의 사례에서 비평가들은 '생략', '빠져 있음' 혹은 '누락' 등의
번역현상에 매우 민감한 반응을 보이므로 번역가는 최대한 원문의
내용을 충실히 반영하되 의도적인 번역전략에서 비롯되지 않은 부
주의한 실수는 최소화하도록 노력해야 한다. '첨가'나 '누락'은 물론
번역가의 부주의와 관련된 '오식' 역시 원문의 내용을 변화시킬 수
있는 요인이므로 번역가가 주의해야 할 사항이다.

(27) "화폐 개념에서 황보석이 '<u>quarter</u>'를 '<u>25전</u>' 또는 '<u>25센트</u>'로
하지 않고 '<u>5센트</u>'로 처리한 것은 <u>인쇄 과정상의 누락</u>이거나
화폐 단위에 대한 <u>부주의의 산물</u>일 것이다."

(유정완 『뉴욕 3부작』: 243)

번역가의 부주의와 관련된 위의 여러 가지 사례에서 보았듯이 첨
가나 누락 혹은 오식 등에 대한 지적 사항이 빈도가 높게 나타나는

이유는 모두 가시성이 가장 높은 번역의 오류현상이기 때문이다. 다시 말해, 비평가들은 번역 텍스트를 비평할 때 ST와 TT를 비교 분석하기 때문에 형태적인 불일치는 가장 눈에 잘 띄기 때문이다. 따라서 번역가는 번역전략상 반드시 필요한 경우나, 문장부호가 모양은 같지만 기능이 다른 경우(영문과 한글의 세미콜론이나 콜론), 혹은 '가독성'에 방해가 되는 경우 등 예외가 발생할 수 있는 경우는 인정하되 가급적이면 원문의 문장부호까지 세심하게 고려하여 ST의 형식을 따르는 번역을 하도록 노력해야 한다.

지금까지 번역 비평 텍스트의 용인성을 점검하는 텍스트의 내·외적인 측면에 관하여 살펴보았다. 비평가들이 점검하는 요소들은 위의 <표 3-4> 번역 비평 텍스트에 나타난 '번역 텍스트의 용인성' 점검 요소에서 제시한 바와 같이 매우 다양하게 나타났다. 이와 같은 특성을 반영하여 다음의 '번역 비평 텍스트 평가항목표'에서 번역 비평 텍스트 분석과 실제 번역 비평을 행할 때 적용할 수 있는 방안을 모색하기로 한다.

4.2.3.3 번역 비평 텍스트 평가항목표

번역 비평을 위하여 비평대상 텍스트를 분석할 때 위에서 언급한 텍스트 외적인 면과 내적인 면 외에도 평가주체 및 평가방법 등도 반드시 고려해야 할 중요 요건에 속한다. 평가주체는 번역평가를 주관하는 개인 혹은 단체 등을 말하며, 번역 평가방법은 ST:TT의 비평방식, 평가 지향 및 기준 그리고 방식을 말한다. <표: 4-5> '번역 텍스트의 용인성을 검증하는 번역 비평 텍스트의 비평전략 평가 항목표'에 제시된 구체적인 내역은 번역 비평 텍스트를 분석한 결과를 토대로 각각의 범주를 정하였다. 또한 각 범주와 관련된 실제 비평의 예를 제시하였다. 이를 토대로 제Ⅴ장에서 여러 번역 비평 텍스트에 대한 사례분석을 한 후 마지막에 번역 비평 텍스트의 형식과 내용 그리고 평가방식에 관하여 한눈에 조망할 수 있도록 종합적으로 정리한 도표를 제시하였다. 이때 번역 평가항목표에 제시된 요소와 각 번역 비평 텍스트에서 다룬 요소를 비교하여 번역 비평의 실제와 특징 그리고 각각의 차이점 등을 반영하였다. 이는 향후 번역 비평 시 반영해야 할 요소로 활용하기 위하여 그 보편성을 검증하기 위한 과정이기 때문이다.

번역 평가 시 텍스트 분석은 크게 텍스트 외적인 면과 내적인 면 그리고 평가주체 및 평가방법에 따라 다시 세분된다. 텍스트 외적인 면은 다시 ST 중심과 TT 중심으로 나뉘고, 텍스트 내적인 면은 언어적 특징, 통사적 특징, 화용적 특징, 방법론적(methodical) 특징으로 나뉜다. 그리고 평가주체는 번역평가의 주체를, 평가방법은 ST:TT의 비평방식, 평가 지향 및 기준 그리고 방식을 말한다. 구체적인 내역은 <표: 4-3> '번역 텍스트의 용인성을 검증하는 번역 비평 텍스트의 비평전략 평가항목표'를 참고한다. 이러한 일련의 과정을 거친 다음의 평가항목표는 보편성을 갖춘 비평 텍스트의 제반 요소를 반영한 결과물이다. 따라서 분석대상 비평 텍스트를 분석할 때 용이하게 활용할 수 있을 뿐 아니라 독자들이 실제 번역 비평을 한 후 자가 점검 항목표로 활용할 수도 있다.

〈표 4-5〉 번역 텍스트의 용인성을 검증하는 번역 비평 텍스트의 비평전략 평가항목표

번역비평 텍스트 평가항목			
번역비평 텍스트의 형식	비평의 종류	자가비평 혹은 타자비평	
	비평의 주체	전문 비평가 혹은 독자	1인 혹은 2인 이상
	비평의 객체	비평범주	개별적 비평
			집단적 비평
			총체적 비평
			TT 중심 비평
		비평방식	논제중심
			텍스트 중심
			문헌중심
			인상중심
		서술방식	기술적
			비평적
			감상적
			시사적
	비평의 매체	전문성	
		일반성	
	비평의 수용자	전문독자	
		일반독자	
번역비평 텍스트의 내용	ST : TT 비평방식	텍스트적 요소	
		인적요소	
		시간적 요소	
		언어적 요소	

번역비평 텍스트의 내용	평가기준	개별적/집단적 비평	중심텍스트 및 번역지향	ST 위주	저자중심
				TT 위주	독자중심
					효과중심
		총체적 비평	시대별		
			언어별		
			장르별		
			작가별		
			역자별		
	장르	문학 텍스트 / 비문학 텍스트 / 실용 텍스트			
	평가항목	텍스트 외적요소	TT 이력검증		
			번역전략		
			역자의 역량 및 배경지식		
			독자반응		
			기타		
		텍스트 내적요소	어휘적인 면		
			의미적인 면		
			통사적인 면		
			화용적인 면		
			기타		
번역텍스트의 검증방식		ST : TT의 검증범위	무작위 / 일정분량 / 텍스트 전체		
		오류점검방식	ST : TT 제시 / TT : ST 제시		
			오류 및 문제점 분석		
			대안번역 제시		
총 평					

V.

번역 비평

텍스트

분석 및 사례 연구

0본 장에서는 앞의 Ⅲ장과 Ⅳ장에서 제안한 <표 3 - 1> '번역 비평 텍스트의 형식', <표 4 - 1> 'ST:TT의 비평방식 분류표', <표 4 - 2> '번역 비평 텍스트의 내용: ① 개별적 / 집단적 / 총체적 비평의 평가기준', <표 4 - 4> '번역 비평 텍스트의 내용: ② 개별적 / 집단적 / 총체적 비평의 평가항목', 그리고 <표 4 - 5> '번역 텍스트의 용인성을 검증하는 번역 비평 텍스트의 비평전략 평가항목표'에 근거하여 기존의 번역 비평 텍스트를 분석하고자 한다. 전개방식으로 각 비평 텍스트별로 번역 비평 텍스트의 형식과 내용을 필자가 제안한 패러다임을 적용하여 분석한 후 해당 비평 텍스트에 대한 비평가의 비평전략을 검토한다. 이 과정은 필자의 번역 비평 텍스트의 내용 및 분석 방식에 대한 효용성과 실용성을 입증하여 '번역 텍스트의 비평 기제'로서 타당성을 확보하기 위한 목적을 지닌다. 전개방식은 비평의 범주에 따라 개별적 비평, 집단적 비평 그리고 총체적 비평에 해당하는 번역 비평 텍스트를 차례대로 분석한다.

5.1 개별적 비평

5.1.1 문학번역 비평 텍스트

유영란의 번역 비평 텍스트, 『번역이란 무엇인가?』를 필자가 제안한 '번역 비평의 형식'을 적용하여 분석하기로 한다. 분석대상 텍스트의 서지정보를 살펴보면 비평의 종류와 비평방식을 확인할 수 있다.

    (1) ST: 박완서. 『엄마의 말뚝 Ⅰ』.
        <u>TT 1-3</u>: <u>유영란</u>. *Mother's Stake 1*. <u>version Ⅰ-3</u>

    비평의 종류와 관련하여 먼저 비평가 유영란은 자신이 번역한 번역 텍스트를 비평대상으로 삼았으므로 이 번역 비평 텍스트는 '자가 비평' 번역 텍스트에 속한다. 그리고 비평가 유영란은 비평 텍스트 발표 당시의 이력[42]을 고려할 때 해당 분야에 전문성을 갖춘 전문 비평가 군으로 분류할 수 있다. 그리고 분석대상 텍스트는 한국어 원천 텍스트에 대한 영어 목표 텍스트의 비율이 1:3으로 이루어진 '개별적 비평'의 범주에 속한다. 또한 번역 텍스트 전체를 대상으로 번역과정에 개입되는 다양한 현상을 분류하여 논의하는 '텍스트 중심'의 비평방식으로 '비평적 서술방식'으로 논의를 전개한다. 그리고 세 종류의 TT를 비교 분석하였으므로, '1인 역자의 통시적인 복수 TT에 대한 비평방식'을 취하였다.

    이 비평 텍스트는 영어로 쓴 비평가 자신의 박사논문을 한국어로 번역하여 '단행본'으로 출간(유영란 3)하였다. 따라서 이 번역 비평 텍스트가 발표된 매체는 박사논문과 단행본이며, 두 언어로 된 비평 텍스트이므로 수용자는 해당 번역가는 물론 영어권과 한국어권의 학자와 학생 및 전문 독자 등을 두루 포괄한다. 이 번역 비평 텍스트의 형식

---

42) 대학 강사, 자유 기고가 그리고 번역가 등으로 활동.

을 정리하면 다음과 같은 패러다임으로 구성되어 있음을 알 수 있다.

〈표 5-1〉 *Mother's Stake I* 번역 비평 텍스트의 형식

비평 텍스트의 종류: 자가 비평						
비평종류	비평주체	비평객체			비평매체	수용자
		범주	비평방식	서술방식		
자가 비평 → 전문 비평가 → 개별적 비평 → 텍스트 중심 → 비평적 → 학위논문 → 전문 독자 ＼단행본 ＼일반 독자						

유영란의 번역 비평 텍스트의 내용을 살펴보면, ST와 TT의 비평 방식은 한 가지 원천 텍스트에 대한 동일 번역가의 번역과정에서 발생하는 단계별 교정과정을 보여 주는 세 개의 번역 결과물을 대상으로 하였다. 번역가이자 비평가의 역할을 동시에 한 유영란은 자신의 번역과정을 "번역의 제1단계에서 3단계"로 구분하여 번역의 제 현상을 분석하였다. 그리고 단계별 교정과정에서 나타난 변화상 (단어, 문장, 화법 등)을 통시적으로 분석하였다. 이 번역 비평 텍스트에서 번역 텍스트의 단계별 교정과정에 적용한 3단계의 번역과정은 다음과 같다.

(2) 제1단계 TT: <u>문자 그대로 번역.</u>
　　제2단계 TT: 편집 경험이 있는 한 명의 <u>영어 원어민의 의견에 기초한 TT1 교정.</u>
　　제3단계 TT: 7명의 <u>영어권 독자의 의견을 반영한 교정본.</u>
(의미, 어조, 문체에 초점)

역자는 각 단계를 이동하면서 번역전략을 원문 중심의 정확한 번역에서 번역문 중심의 가독성 위주의 번역으로 변화시켰다. 번역대상이자 비평대상 텍스트가 '문학' 장르이며, ST:TT의 평가기준을 TT 중심의 '가독성'과 ST 중심의 '충실성'을 동시에 적용하여 번역 및 자가 비평을 하였지만 '가독성'에 보다 무게를 두었다.

> (3) "한국어 언어와 관습에 문외한인 영어권의 독자를 염두에 두고 …… 글의 흐름을 어색하지 않도록 번역하면서 원전에 충실하여 독자로 하여금 외국어의 향기를 느끼게 하고 싶다."
>
> (유영란 15 - 6)

'가독성'을 지향하는 번역가의 번역전략은 타자 비평 텍스트에 비하여 자가 비평 텍스트에서는 비평가가 거의 전적으로 비평에 반영시킬 수 있다. 그러나 비평가와 번역가의 역할분담이 불분명하거나 주관성이 개입될 여지가 많아서 자칫 객관적이며 분석적인 비평이 이루어지지 않고 번역현상이나 전략에 대한 자기 합리화에 그칠 수 있다. 자가 비평 텍스트에서 자가 비평가는 자기 합리화의 오류에 빠지기 쉬운 맹점이 있다. 이와 같이 자가 비평가에게 가장 우려되는 자기 합리화의 오류를 피할 수 있으면 자가 비평 텍스트는 더욱 효용가치가 높아진다.

한편, 유영란의 자가 비평 텍스트에서 번역 단계별 번역현상을 중점적으로 논의한 평가항목을 살펴보면 텍스트 외적인 요소보다 텍스트 내적인 요소에 치중한 것으로 나타났다. 자가 비평은 타자 비평과 달리 TT의 출간이력을 반드시 점검할 필요는 없다. 다만 비평가이자 번역가가 생성한 TT를 기존의 TT와 비교 분석할 때에 타자 비평 텍스트와 마찬가지로 TT의 출간이력을 점검하는 과정이 선행되어야 한다. 이와 관련하여 유영란의 번역 비평 텍스트는 비평 텍스트가 갖추어야 할 중요한 요소인 ST의 서지정보가 누락되어 있다. 번역가는 TT에 ST의 서지정보를 반드시 명기해야 한다. 왜냐하면 번역 비평 시 ST와 TT의 비교 분석을 하려면 해당 ST를 참조본으로 활용해야 할 뿐 아니라 적극적인 독자들은 ST에 대한 서지정보를 원하며 필요에 따라 ST와 TT를 상호 비교하기 때문이다.

텍스트의 내적 요소를 비롯한 번역 비평 평가기준을 보다 자세히 살펴보면 유영란의 자가 비평의 분석 틀은 나이다와 테버(Nida and Taber, 1969)가 분류한 번역의 세 단계 즉 분석, 전이(transfer), 재구성에 기초하여 블라이(Bly, 1983)가 8단계[43]로 세분한 방식을 따랐다. 그런데 여기서 보다 주목해야 할 사항은 번역의 단계가 후반으로 갈수록 영어를 모국어로 쓰는 독자들의 반응을 번역에 적극적으로 적용하고 있다는 사실이다. 위의 예문 (2)에서 제시한 바와 같

---

43) 블라이는 독일의 시를 영어로 번역하면서 그 과정을 8단계로 나누었다(유영란 17-8).
   첫째, 뉘앙스에 신경 쓰지 않고 문자 그대로 옮긴다. 둘째, 의미를 곱씹어 보고, 만족스러우면 다음 단계로 나아가고 그렇지 않으면 첫째 단계로 되돌아간다. 셋째, 다시 문자 그대로의 번역으로 되돌아가 의미가 전달되지 않으면 자연스런 영어로 옮길 방법을 찾는다. 넷째, 시어를 미국이나 영국에서 쓰는 구어로 옮긴다. 다섯째, 번역의 어조를 연구해서 원본과 대등한지 살펴본다. 여섯째, 소리에 주의를 기울인다. 일곱째, 번역된 언어를 독자들에게 읽혀 리듬, 이미지, 문체 등에 스며든 잘못이 있는가 판단한다. 여덟째, 완성단계이다.

이 '가독성'을 고려한 번역가의 번역전략은 다음의 사례에서 더욱 구체적으로 나타난다.

> (4) "특히 <u>모국어 독자를 대상으로 실시한 17문항의 질의서 중 5문</u>항은 ST에 관한 내용으로 독후 감, 주제, 스타일, 어조 등을, 그리고 나머지 12문항은 TL에 관한 내용으로 애매한 단어의 사용, 분명치 않은 의도, 문장흐름의 문제점, 관용적인 언어 사용의 적절성 등의 <u>내용을 수렴하여 번역에 적용하였다.</u>"
>
> (유영란 79 – 80)

가령, '모국어 독자를 대상으로 한 질의서의 내용을 수렴하여 번역에 적용'하는 번역전략은 "TT의 교정과정을 살펴보면 마지막 단계로 접어들수록 원본보다는 TL의 환경을 고려하며, TL 문화에서의 용인성의 교정에 큰 영향을 끼친다."는 투리의 지적(1995: 73)과도 부합된다. 또한 번역의 단계별 교정과정이 진전될수록 독자들의 반응을 적극적으로 적용한 이유에 관하여 "번역문의 목적을 '읽을 만하고 이해할 만한' 수준에 두었기 때문"(유영란 110)이라고 번역가는 번역전략을 다시 한 번 언급하였다. 그러나 비평가 자신은 이러한 번역전략이 초래할 수 있는 취약성을 우려하였다. 가독성 위주의 번역전략은 "보통의(usual), 유용한(useful), 일반적 용법(usage)을 추종하는 'us – system'44)을 따르게 된다. 그러나 'us'에 지나치게 치중하면 언어와 생각이 교란을 일으켜 강제성을 띠거나, 말할 수

---

44) Lewis, Philip. 1985. "The Measure of Translation Effects". In Joseph F. Graham ed. *Differences in Translation*. Cornell University Press. 40.

없고 생각할 수 없는 것은 추진할 수 없도록 걸림돌로 작용할 수 있기 때문이다."(유영란 110-11)

그리고 자가 비평에서는 번역가가 원문의 구속에서 결코 자유로울 수 없는 입장이 비평가의 입장에서도 그대로 반영될 수 있다. 대부분의 타자 비평가들은 번역가의 번역전략을 제대로 파악하기 어려우며, 설령 번역 텍스트나 역자서문 등을 통하여 파악했다 해도 비평가의 비평기준이나 잣대에 따라 비평을 하므로 번역가의 입장을 제대로 반영하지 못할 수 있다. 하지만 자가 비평에서는 비평가는 번역가를 겸하므로 번역전략을 적극적으로 반영하여 번역 비평을 할 수 있는데 이는 장점이자 약점으로 작용할 수 있다. 왜냐하면 비평의 성격상 주관성을 배제할 수 없는 속성이 자가 비평에서는 이중적으로 작용하기 때문이다.

자가 비평은 이러한 취약점을 자생적으로 지니고 있으나 보다 활성화될 필요가 있다. 그 이유는 비평의 주체이자 객체의 생산자의 입장을 동시에 수행하는 비평가 자신은 물론 타 비평가나 번역가 그리고 번역 학자와 독자들에게 번역이 진행되는 과정과 절차 속에 내재된 번역전략의 변화추이, 작품이나 장르에 따른 번역전략 적용의 우선사항, 번역 방법론, 그리고 번역의 위상정립 등 실질적인 번역 행위와 관련된 현상을 적극적이고 구체적으로 보여 줄 수 있기 때문이다. 이렇게 "번역가가 자신의 번역과정을 가감 없이 관찰하고 그것을 비평의 대상으로 삼는 일종의 자기 관찰 수록법(Think - Aloud Protocol)은 번역의 과정과 관련되는 연구방법으로 최근 들어 많은 관심을 끄는 현상"(박여성 2002: 53)도 자가 비평의 장점에 대한 인식의 증대와 무관하지 않다. 지금까지 논의한 유영란의 번역 텍스트의 내용을 요약하면 다음과 같다.

〈표 5-2〉**Mother's Stake** Ⅰ 번역 비평 텍스트의 내용

비평의 범주	ST:TT의 비평방식	텍스트 장르	평가기준	평가항목	
				텍스트 외적요소	텍스트 내적요소
개별적 비평	1:3 1인 역자의 통시적 TT 분석	문학	TT위주 → 독자중심	평가동기 및 목적, ST의서지정보 (누락), 번역가의 의견, 번역의 평가기준, 단계별 교정과정	작가의 의도, 어휘, 화법, 서술기법

그리고 유영란의 번역 비평 텍스트는 대체로 다음과 같은 검증방식을 적용하였다. 특히 자가 비평 텍스트이므로 ST:TT의 검증범위가 텍스트 전체를 대상으로 한 점은 타자 비평 텍스트와 구분되는 큰 차별성을 지닌다. 그리고 단계별 번역과정을 보여 주기 때문에 번역 텍스트를 번역하는 과정에서 번역가의 번역전략과 번역의 추이를 전체적으로 살펴볼 수 있는 장점이 있다. 하지만 다음의 검증방식에서 보듯 유영란의 번역 비평 텍스트에는 ST와 TT의 해당 쪽수가 제시되지 않아 비평가가 지적하는 내용을 문맥 속에서 파악하는 데 형식적인 한계가 있다.

〈표 5-3〉 **Mother's Stake I** 번역 비평 텍스트의 검증방식

ST:TT의 검증범위		텍스트 전체
오류전개 방식	ST	입가에 찌개가 조는 것처럼 자글자글한 웃음
	TT	conspiring smile
	번역 이유	직역할 경우 "찌개가 조는 것"과 "자글자글한 웃음" 사이의 연관성을 옮겨 놓을 수 없기 때문에 <u>다음과 같이 변경하였다.</u>
	대안 번역	직유인 경우 그대로 번역해서 뜻이 통하지 않으면 의역을 했다.

(유영란 *Mother's Stake I*: 29)

또한 번역이유와 관련하여 "다음과 같이 변경하였다."(유영란 1995: 29)로 시작하여 번역의 전후 변화상은 제시하지 않고 번역된 결과만 제시하는 비평의 서술방식은 문제가 있다. 이러한 서술방식은 번역 비평 텍스트 전반에 걸쳐 적용되어 있었는데 결국 비평 텍스트의 수용자인 독자의 입장을 충분히 고려하지 않은 데서 비롯되었다 할 수 있다. 타자 비평과 달리 자가 비평은 비평가 자신이 번역가를 겸하므로 비평 텍스트에 대한 포괄적이며 해박한 지식이 비평의 서술방식이나 검증방식을 전개할 때 오히려 방해 요인이 될 수 있다. 이러한 현상이 빚어지는 이유는 비평가는 자신이 생각하는 방향으로 독자들도 당연히 따라온다고 생각하기 때문이다. 이와 같이 독자의 '가독성'을 적극적으로 고려하지 않은 비평가 위주의 서술방식은 비평 텍스트의 수용자를 제한하는 원인이 될 수도 있다. 번역가가 대상 독자의 '가독성'을 고려하여 번역에 임하듯 비평가 역시 번역 비평 텍스트의 대상

독자의 '가독성'을 고려하여 비평 텍스트를 쓸 필요가 있다.

'자가 비평' 텍스트에 대한 사례분석은 이 정도로 마무리하고, '타자 비평' 텍스트에 대한 사례분석을 하기로 한다. 로렌스(D. H Lawrence)의『아들과 연인』(Sons and Lovers. 1913)에 관한 유두선의 번역 비평 텍스트는 형식상 비평가와 역자가 동일인이 아니므로 '타자 비평' 텍스트에 속한다. 그리고 비평가 유두선은 비평 텍스트 발표 당시(1998년)의 이력을 감안하면 전문 비평가[45] 군으로 분류할 수 있다.『아들과 연인』은 김재남(1958)의 최초의 번역본이 출간된 이후 대략 10여 종의 번역 텍스트가 출간되었다. 그중 분석 대상 텍스트의 범주는 ST:TT = 1:9로 삼은 '개별적 비평' 텍스트로 ST와 TT를 비교하여 텍스트 전반에 걸쳐 번역현상을 다각도로 점검한 '텍스트 중심'의 비평방식을 취하였다.

그리고 TT의 출판이력을 검토하는 과정에서 ST와 TT의 서지정보와 관련된 객관적인 사실을 기술적으로 간략하게 서술한 후 해당 작품을 면밀하게 분석하고 평가하는 비평적 서술방식을 적용하였다. 이 비평 텍스트는 일 년에 두 번씩 발행되는 비평 전문지,『안과밖』제4호(1998년 상반기)를 통해 발표되었으며, 비평의 성격과 비평 전문지의 특성상 이 텍스트의 수용자는 해당 번역가를 포함하여, 학자와 학생, 전문 독자는 물론 작품 자체의 대중성을 감안하여 일반 독자까지 포괄할 수 있다.

---

45)「'왜 소설이 중요한가': D. H. 로렌스에 있어서 자아, 진리, 그리고 소설」,「서평: 조일제 저『D. H. 로렌스 문학 연구의 고대적, 동양적 접근』(우용출판사, 2000)」

<표 5-4> 『아들과 연인』 번역 비평 텍스트의 형식

비평 텍스트의 종류: 타자 비평					
비평종류	비평주체	비평객체			비평매체	수용자
		범주	비평방식	서술방식		
타자 비평→ 전문 비평가→ 개별적 비평→ 텍스트 중심→ 비평적→ 비평전문지 → 전문 독자 ↘ 일반 독자					

비평의 내용을 살펴보면 다음의 분석대상 텍스트의 서지정보에서 보듯 각기 다른 5명의 번역가의 TT를 ST와 비교 분석하였다.

(5) ST: Lawrance, D. H. *Sons and Lovers*. Penguin.
　　TT 1-3: 김재남. <u>1958.</u> 『아들과 연인』. 최초의 번역본.
　　　　　　　1976 / 1990. 『아들과 연인』. 삼중당 / 혜진서관.
　　TT 4-5: 유영. 1973. 『아들과 연인』. 동서문화사.
　　　　　　　1988. 『아들과 연인』. 계몽사.
　　TT 6: 양병탁. 1976. 『아들과 연인』. 삼성출판사.
　　TT 7-8: 김정환. 1994 / 1996. 『아들과 연인』. 삼성기획 / 육문사.
　　TT 9: 이혜경. <u>1997.</u> 『아들과 연인』. 고려원미디어.

따라서 ST:TT의 비평방식은 인적 요소와 시간적 요소를 고려하여 '2인 이상 역자의 번역본'이 발간된 40여 년의 시차(1958년부터 1997년)를 반영하여 '통시적인 분석'의 방식을 적용하였다. 그리고 필요에 따라 유영의 73년 판본과 88년 판본 그리고 김정환의 94년 판본과 96년 판본 등을 동일한 번역가의 판본끼리 비교하는 방식도 적용하였다.

평가기준은 "원전 중심의 '온전성'[46), '정확성', '충실성'"(유두선 297‐302)이었다. 그리고 번역 텍스트에 대한 평가항목은 평가동기 및 목적, TT의 출판이력 검증, ST의 서지정보, 중복 번역에 대한 의문, 번역가 후기, 좋은 번역의 조건(비평기준), 번역가가 갖추어야 할 요건, 오역의 폐해, 새로운 번역문화 정책의 필요성 등 '텍스트 외적 요소'에 대한 평가와 함께 작품의 제목, 오식, 어휘, 문장부호, 서술기법, 화법, 등장인물 사이의 관계, 작가의 의도, 문체(방언) 등 '텍스트 내적 요소'를 포괄적으로 다루었다.

〈표 5‐5〉『아들과 연인』 번역 비평 텍스트의 내용

비평의 범주	ST:TT의 비평방식	텍스트 장르	평가기준	평가항목	
				텍스트 외적요소	텍스트 내적요소
개별적 비평	1:9 2인 이상 역자의 통시적 TT	문학	ST 위주 → 저자중심 ('온전성', '정확성', '충실성')	평가동기 및 목적, TT의 이력검증, ST의 서지정보, 중복번역에 대한 의문, 번역가 후기, 평가기준(좋은 번역의 조건), 번역가가 갖추어야 할 요건, 오역의 폐해, 새로운 번역문화 정책의 필요성	작품의 제목, 오식, 어휘, 문장부호, 서술기법, 화법, 등장인물 사이의 관계, 작가의 의도, 문체(방언) 등

---

46) '번역가는 심지어 원문의 오식까지도 찾아서 온전한 것으로 만들어야 한다.'(유두 선 『아들과 연인』: 297)

번역 비평의 평가기준을 검증하는 방식은 ST와 TT를 비교할 때 분량을 미리 정하지 않고 문제점이 있는 부분을 찾아 가는 식의 '무작위식' 검증방식을 취하였다. 그리고 '오류 전개방식'(302-3)은 해당 ST를 먼저 제시한 후 분석대상 TT를 차례대로 나열한 후 문제점을 지적하고 번역에 대한 평가를 한 후 대안번역을 해법으로 제시하였다.

〈표 5-6〉『아들과 연인』번역 비평 텍스트의 검증방식

ST:TT의 검증범위		무작위
오류 전개 방식	ST	…… To be alive, to be urgent and insistent --that was <u>not-to-be</u>. ……(350)
	TT	1: 생활을 하며, 서두르며, 고집하는 것--이것들은 모두 허상일 뿐이었다.(김재남 하권 122) 2: 생활한다는 것, 서둘며 고집을 부린다는 것--이런 것들은 모두 허무뿐이었다.(양병탁 324) 3: 살아 있다는 것, 서둘며 강요하는 것, 이런 것들은 모두 존재하지 않는 것이었다.(이혜경 2권 134)
	문제점 분석	폴이 미리엄에게 삶과 죽음에 대해 이야기하는 대목으로 원문도 어렵지만 번역문은 독자를 더욱 어리둥절하게 한다. 햄릿의 유명한 독백이 연상되는 원문에 가득한 패러독스는 'a white shadow'부터 시작되어 밑줄 친 부분에서 절정에 달한다. 'not-to-be'를 '허상' '허무' 혹은 '존재하지 않는 것'으로 옮겨서는 원래의 뜻이 제대로 살지 않는다.
	대안 번역	따라서 밑줄 친 부분은 '참된 삶은 아니다'로 번역하는 것이 좋을 듯하다.

지금까지 살펴본 번역 비평 텍스트의 형식과 내용을 토대로 번역 비평 텍스트에 나타난 비평가의 비평전략을 좀 더 자세히 살펴볼 필요가 있다. 비평가는 비평의 목적을 "새로운 번역의 필요성을 제안하면서 그 당위성을 입증하기 위하여 기존 번역의 오류를 지적하여 원인과 해법을 진단 처방하여 옳은 번역 혹은 좋은 번역이 무엇인지 규명하는 일"(290)이라 밝혔다. 그러면서 그는 '좋은 번역의 요건'을 다음과 같이 제안하였다.

> (6) "첫째 <u>좋은 번역은 온전해야 한다.</u> 따라서 번역가는 ST의 오식도 찾아 바로잡아 TT에 반영해야 한다.(297)
> 둘째 <u>좋은 번역은 정확해야 한다.</u> 원문의 뜻을 큰 착오 없이 옮기는 것이 정확한 번역이다.(297)
> 셋째 <u>좋은 번역은 원작에 충실하여</u> 원작의 특징을 제대로 드러내는 것이어야 한다."(302)

그중 '온전성'은 비평가는 물론 번역 학자들 사이에서도 구체적인 시각차를 보이는 요건이다. 특히, 해당 텍스트의 번역전략에 대한 비평가의 일관성이 결여된 서술방식으로 비평가 스스로 독자의 혼란을 초래하기도 하였다.

> (7) "번역가는 <u>원문의 오식까지도 찾아서 온전한 것으로 만들어야 한다.</u>"[47](297)

---

47) ST: A flush came into the sky, the wan moon, half‐way down the west, sank into <u>significance</u>(433)

"번역가는 <u>정확한 번역을 위해서</u> 언어로 된 부분은 물론이고 <u>심지어 문장부호 하나도 소홀히 대하지 말아야 한다. 문장부호의 역할에 따라 문자의 의미가 가변적이기 때문이다.</u>"(298)

물론 위의 사례에 대한 구체적인 설명을 보면 전자는 ST에 오식을 바로잡을 수 있을 만큼 '번역가는 충분한 역량을 갖춰야 한다.'는 뜻으로 받아들일 수 있다. 그리고 후자는 ST의 인용부호 하나도 작가의 의도를 반영하므로 신중하게 번역해야 한다는 ST 위주의 '정확성' 혹은 '충실성'을 의미한다. 그러나 여전히 'ST에 대한 번역가의 자의성과 구속성'을 동시에 요하는 비평가의 관점은 독자의 혼란을 가중시키기에 충분하다. 이러한 혼란은 위의 사례에만 그치는 것이 아니다.

(8) "ST: ······ His father sat in the kitchen with <u>Mrs Morel's relatives, 'superior' people, and wept, and said</u> ······.(487－8)
TT 1: <u>처갓집 사람들</u>(김정환 532)
  2: <u>문상객인 처갓집 사람들</u>(이혜경 2권 329)
  3: <u>상객격인 처가족 사람들</u>(김재남 하권 299, 양병탁 446)
  4: <u>아내의 친척인 '점잖은' 사람들</u>"(유영 433)

TT: 달이 <u>의미심장하게</u> 지고 있다(양병탁 399, 김정환 474)
오류 지적: 밑줄 친 부분은 'insignificance'의 오식이다. 해가 뜨면서 달의 존재가 무색해지는 상황을 고려하면 오식이 쉽게 드러난다. 펭귄판과 바이킹판에 모두 'insignificance'로 나와 있다.
비평가의 의견: <u>번역가는 가능한 한 여러 판본을 검토하여 오식을 바로잡아야 한다.</u>(297)

번역 평가: …… 밑줄 친 부분은 폴의 외가식구를 일컫는 표현
이 인용부호 속에 있으므로 어느 정도 비아냥거리는 말로, 적어도
다소 아이러니컬하게 들린다. 겉보기에 사소해 보이는 이 말이 사
실은 꽤 중요한 의미를 지닌다. 김정환의 번역은 온전하지 않고,
이혜경은 오역했으며 ……

대안번역: '지체 높으신 처가 사람들' 혹은 '훌륭하신 처가 사람
들'로 번역하는 것은 어떨까 한다.(299)

인용부호의 번역과 관련된 위의 사례를 분석하는 과정에서 "김정
환의 번역은 온전하지 않고"(299)라는 평가 내용은 다시 한 번 독
자를 혼란스럽게 한다. '온전성'을 '번역가의 충분한 역량을 발휘할
수 있는 범위'가 아니라 ST에 대한 '충실성'에 포괄되는 개념으로
보는 비평가의 시각을 반영하기 때문이다. 따라서 비평가는 비평 텍
스트에서 기술하는 핵심어 사용에 보다 신중할 필요가 있다.

다음으로 TT의 출판이력을 점검하는 과정에서 분석대상 비평 텍
스트의 선정과정을 살펴볼 필요가 있다. 유두선은 10여 종의 번역
텍스트 중 '동일한 번역가의 번역본이 여러 출판사에서 출간'되거나
'대동소이한 여러 번역가의 번역 텍스트' 등 '중복 번역' 현상을 특
히 주목했다.

(9) "『아들과 연인』의 번역본은 10여 종에 이른다. 그런데 동일한
    번역가에 의한 번역본이 별다른 수정 없이 출판사만 바꾸어 출
    간한 경우가 많았다. 김재남의 경우 삼중당(1976) 판본이 혜진서
    관(1990)에서 그대로 출판되었다."(유두선 『아들과 연인』: 291)

"유영(1973년 동서문화사, 1988년 계몽사)의 번역 텍스트를 제외하고 대부분의 번역본들이 근본적인 차이가 없으며 ……."
(유두선 『아들과 연인』: 293)

"시간적으로 나중에 나온 번역본이 이전의 번역본을 단순 수정하거나 오히려 개악한 경우도 있었다."(유두선 『아들과 연인』: 294)

위의 예에서 '동일한 번역가에 의한 번역본이 별다른 수정 없이 출판사만 바꾸어 출간한 경우', '대부분의 번역본들이 근본적인 차이가 없으며' 혹은 '나중에 나온 번역본이 이전의 번역본을 단순 수정하거나 오히려 개악한 경우' 등 중복 번역현상은 유사번역은 물론 기존 번역 텍스트의 오류를 그대로 답습하는 폐해를 낳기 때문에 더욱 그 문제가 심각하다. 중복 번역의 폐해를 단적으로 보여주는 사례가 있다.

(10) "ST: …… It is not easy to estimate exactly the strength and warmth of one's feelings for a woman till they have run away with one.
　　TT 1: …… 그러나 여자에 대한 애정의 힘과 정열을 정확히 평가하기는, 일단 헤어져 본 다음이 아니면 용이한 일이 아닌 것이다.(김재남 1958 하권: 130-1)
　　　2: …… 그러나 여자에 대한 애정의 강도와 열도를 정확히 평가하기는, 일단 헤어져 본 다음이 아니면 쉬운 일이 아닌 것이다.(양병탁 1976: 330)
　　　3: …… 그러나 여자에 대한 애정의 힘과 정열을 정확히

평가하는 것은 일단 헤어져 본 다음이 아니면 용이한
일이 아닌 것이다.(유영 1988: 312)

4: …… 그러나 여자에 대한 애정의 강도와 열정을 정확
히 평가하기란 일단 헤어져 본 다음이 아니면 쉬운
일이 아닐 것이다.(김정환 1996: 391).”(유두선 『아들
과 연인』: 295-6)

위의 예에서 1958년 김재남의 초간본을 기준으로 나머지 역본들
은 '애정의 힘'을 '애정의 강도'로 '정열'을 '열도'로, '정확히 평가
하기는'을 '정확히 평가하는 것은'을 제외하고는 표현기법에 거의
차이가 없다. 그러므로 김재남의 번역을 양병탁, 유영, 김정환이 모
두 참조본으로 사용하였음이 분명하다. 덧붙여 가장 최근 번역본의
번역가 김정환은 양병탁의 역본에서 '열도'를 '정열'로 바꾼 것 외
에는 똑같이 번역한 것으로 보아 김재남의 역본을 양병탁이 참조한
것을 김정환이 다시 참조하였음을 알 수 있다. 이러한 중복 번역현
상은 이전 번역본의 오역이 이후 번역본에 그대로 답습하고 있는
실상을 보여 주는 전형적인 예이다. 한편, 위의 네 번역본은 모두
놀랍게도 '일단 헤어져 본 다음이 아니면'이라고 똑같이 번역한 점
이 더 눈에 띄지만, 유두선은 이에 대한 두드러진 언급이 없다. 또
한 “'압도하다'는 의미의 'to run away with'를 모두 '헤어지다'로
번역하였는데, …… '그 감정이 남자를 압도하기 전에는' ……”(유
두선 『아들과 연인』: 296)으로 대안번역을 제시하였다. 그러나 필자
는 문맥상 '여자에게 빠져 보지 않고서는'의 뜻으로 번역해야 할 것

을 제안한다. 왜냐하면 '여자에 대한 감정이 남자를 압도한다.'는 말은 결국 '남자가 여자에게 빠진다.'는 뜻이기 때문이다.

비평가 유두선의 번역전략과 번역 평가기준을 다시 정리하면 ST를 존중하되 ST의 명백한 오류나 저자의 실수가 분명할 때에는 TT의 완결성을 위하여 번역가의 주관적인 판단이 개입할 수 있는 '온전성'과 ST에 대한 '정확성'과 '충실성'을 기조로 독자를 고려하여 자연스런 우리말로 번역해야 한다는 것이다. 이러한 평가기준을 반영하여 TT를 분석하는 방법은 ST:TT를 1:5로 번역가 간 번역 텍스트를 상호 비교하였고 최초의 번역본(김재남 1958년)과 최근작(이혜경 1997년)의 시차가 40년 존재하는 통시적인 분석 방법을 시도하였다. 하지만 과거 세로쓰기에서 가로쓰기로 변환, 독자를 고려한 어투의 변화, 어휘(국민학교가 초등학교로 대체) 등 단순 분석에 그쳐 번역물에 나타난 시대별 번역의 특성을 제대로 제시하지 않았다. 복수의 번역 텍스트가 존재하고 시대적인 간극이 클 때 적용할 수 있는 통시적인 분석의 묘를 제대로 살리지 못한 한계를 지닌 비평 텍스트라 할 수 있다.

한편 비평가 유두선은 '번역가의 역량'을 매우 중시하였다. 특히, '작가에 정통해야 한다.'와 '작가에 정통한 전문번역가의 필요성'은 ST에 대한 '충실성'을, '우리말의 특성을 살려 원작의 스타일을 옮긴다.'는 TT의 '가독성'을 의미한다. 따라서 번역가의 역량에 대한 비평가가 제시하는 요건은 비평가의 번역 평가기준과도 부합되며, 다시 말해서 비평가의 일관성 있는 논지 전개방식을 확인할 수 있는 대목이기도 하다.

(11) "<u>번역가는 작가에 정통해야 하며, 우리말의 특성을 살려 원작의 스타일을 옮겨야 한다</u>."(유두선『아들과 연인』: 308)
"새로운 번역문화의 정착을 위하여 <u>번역의 전문화가 절실하며 작가에 정통한 전문 역가가 필요하다</u>."

(유두선『아들과 연인』: 313)

'번역 비평가'의 요건과 '번역 비평'의 현실에 관한 언급을 통하여 비평가의 입장을 파악할 수 있다.

(12) "<u>실제 번역의 경험도 별로 없는 필자가</u> 기존의 번역들에 대해 주제넘은 짓을 했다는 걱정을 떨칠 수 없다."
"사실 이 글을 준비하다가 '<u>번역 비평</u>'이란 말 자체를 처음 들어 본 필자."
"<u>번역 비평은 단순한 오역을 지적하는 차원을 넘어야 한다</u>."

(유두선『아들과 연인』: 313)

유두선은 번역 비평가는 '실제 번역을 해 본 경험'이 있어야 할 것을 간접적으로 표명하였다. 또한 '번역 비평'의 현실과 관련하여 우리나라에 번역학이 도입된 시기와 발전 양상을 감안하면 '번역 비평' 용어 자체를 처음 접했다는 비평가의 고백은 다소 무리가 있다. 왜냐하면 이 번역 비평 텍스트가 발표된 시기인 2002년 하반기는 2006년 현재를 기준으로 4년이 경과하였는데, 이는 우리나라에 번역학이 도입된 지 20여 년이 지난 시점이기 때문이다. 하지만 유두선의 비평 텍스트는 번역학 이론을 따로 언급하지는 않았지만 번역학에서 논의하는 '충실성', '정확성' 등을 근거로 번역 텍스트를 비평하였다. 또한 번역 텍스트의 용인성을 검증하기 위하여 텍스트의 내 · 외적인 면을 균형감 있게 고려하였다. 이런 점에서 다른 비평 텍스트에 비하여 매우 객관적이고 신뢰할 만한 비평 텍스트로 손색이 없다.

다만 번역 텍스트의 내적인 면을 검토할 때 검토 대상 텍스트 전반에 걸쳐 어휘, 서술기법, 화법, 오식, 문체 등과 관련된 오류를 지적하고 문제점을 분석한 후 원인과 해법을 찾고 대안번역을 제시하는 방식을 취하였다. 다시 말해 번역 텍스트의 내적인 요소 중 어휘 및 의미적인 측면에 비중을 둔 반면 통사 및 화용적인 측면에 대해서는 상대적으로 언급이 적은 편이다. 이는 필자가 제시한 <표 4-4> '번역 비평 텍스트의 내용: ① 개별적/집단적/총체적 비평의 평가기준'에서 제시한 문학비평 텍스트에서 텍스트 내적 요소에 대한 평가항목에 나타난 비평가의 분석 선호도와 부합된다. 그러나 본 비평 텍스트에서 검증한 평가항목은 텍스트 외적인 면과 내적인 면을 골고루 다루었다 할 수 있다. 일반 문학 작품의 번역 비평 텍스트가 텍스트 내적인 면에 치우치는 양상을 보이는 데 반하여 텍스트의 내 · 외적인 면을 골고루 평가한 균형감 있는 비평 텍스트의 전형을 보여 준다.

그리고 비평가 유두선은 번역 작품에 대한 총평에서 "아직은 번역 자체가 번역 비평이란 말에 어울리는 수준에 오르지 못했다."(314)고 하면서 새로운 번역의 필요성을 제기하였다. "기존의 번역 텍스트의 품질에 만족할 수 없음은 물론 원전이 발간된 지 80여 년이 지난 1992년에 새로운 원전이 출간되었으나 새로운 원전의 번역본이 아직 출간되지 않았으므로 새로운 원전을 저본으로 한 새로운 번역 작업이 이루어질 필요"(292)가 있다. 이러한 제안은 비평 텍스트 자체가 단순한 비평을 넘어서 학자와 번역가, 독자 그리고 관련 출판업계 등의 지평을 넓히고 새로운 과제를 부여한 점에서도 의의가 있다.

본 장의 세 번째 사례 대상은 이재호의 "『장미의 이름』(The Name of the Rose) 오역·첨가·누락"에 관한 번역 비평 텍스트이다. 이탈리아 출신의 소설가 움베르토 에코(Unberto Eco)의 소설『장미의 이름』(The Name of the Rose. 1980)은 타인의 작품을 분석대상으로 삼은 '타자 비평' 텍스트에 속한다. 비평가 이재호는 1960년대 말 김종건 교수가 번역한『율리시즈』에 관한 오역지적을 비롯하여 2005년 우리나라 중학교 3학년 2학기 국어 교과서에 수록된 이윤기의 「길 잃은 태양마차」에 관한 오역 문제를 제기하였다. 뿐만 아니라 번역의 전반적인 문제점을 정리한 방대한 자료에 기초하여 영한사전의 문제점[48]을 비판하는 등 우리나라의 대표적인 비평가로 활동하고 있다. 특히『문화의 오역』에서 번역가 이윤기의 작품에 나타난 번역의 오류를 방대한 근거자료와 상세한 설명을 제시하여 비평하는 등 그리스 로마 문화 관련 서적에 대한 전문 비평가로 활동하고 있다.

분석대상 텍스트의 범주는 ST:TT를 1:1로 하는 '개별적인 비평' 텍스트이다. '텍스트 중심의 비평방식'을 취하면서 오역·첨가·누락의 현상을 집중적으로 검토하였기 때문에 '논제 중심의 비평방식'을 취한 텍스트로 간주할 수 있다. 분석대상 텍스트의 서지정보는

---

48) 이재호. 2005.『영한사전 비판』. 서울: 궁리출판.

다음과 같다.

(13) ST: Umberto Eco. 1980. *The Name of the Rose.*
　　TT: 이윤기 역. 1992. 『장미의 이름』. 서울: 열린책들.

『장미의 이름』에 관한 번역 비평 텍스트의 수용자는 일반 독자와 전문 독자, 학자와 학생은 물론 해당 번역가까지 포괄한다. 특히 비평대상 텍스트, 『장미의 이름』은 베스트셀러 작가와 그의 작품 그리고 한국의 대표적인 번역가라는 세 가지의 대중의 관심을 끄는 강력한 요소가 조화롭게 작용하여 두터운 독자층을 형성하고 있는 작품이다. 한편으로 이 비평 텍스트는 비평대상 텍스트의 번역가 이윤기의 즉각적인 반응을 보인 사례로 학계는 물론 대중의 관심사로 번역이 큰 주목을 받게 된 계기를 마련하기도 했다. 『장미의 이름』 번역 비평 텍스트의 형식을 요약하면 다음과 같다.

〈표 5-7〉『장미의 이름』 번역 비평 텍스트의 형식

비평 텍스트의 종류: 타자 비평					
비평종류	비평주체	비평객체			비평매체	수용자
		범주	비평방식	서술방식		
타자 비평 → 전문 비평가 → 개별적 비평 → 논제 중심 → 비평적 → 비평 전문지 → 전문 독자 ↘ 일반 독자						

형식에 이어 비평 텍스트의 내용과 관련하여 TT의 번역이력을 살펴보면, 한국어 번역본 초판은 1986년 5월에 출간된 이후 1992년

2월에 다시 개역판이 출간되었으며, 다시 200년 7월에 신판이 출간되었다. 비평가 이재호는 개역판을 중심으로 논의를 전개하였으며, ST:TT의 비평방식은 1:1로 '1인 역자의 단일 TT 분석 방식'을 따랐다. '논제 중심'의 비평 텍스트로, TT의 초간본과 개역판을 상호 비교하여 번역현상의 변화상을 제시하지 않은 점이 아쉽다. 다만 해당 작품 번역의 난해함을 설명하면서 개역판에 쓴 「개역판『장미의 이름』에 부치는 말」을 통하여 개역판의 출간경위와 변화상에 대한 번역가의 의견을 비평 텍스트에 제시한 점으로 미루어 개역판에도 지적할 오류가 상당히 많으므로 초간본은 당연히 배제한 듯하다. 또한 비평가가 두 TT에 나타난 번역현상의 변화상보다는 여전히 개선되지 않은 개역판에 나타난 번역의 오류현상 등을 비평하는 데 보다 역점을 두었기 때문이다.

『장미의 이름』비평 텍스트에서 평가한 항목을 살펴보면 텍스트 외적인 면은 ST와 TT의 서지정보와 번역의 어려움에 관한 내용 외에는 텍스트 내적인 면을 주로 다루고 있다. 이는 비평 텍스트의 비평방식이 '논제 중심'으로 전개되므로 '텍스트 중심'의 비평방식과는 차이가 있다. 오역·첨가·누락과 관련된 번역현상을 어휘, 문법, 문체, 어감, 문장 나누기, 번역가의 자의적인 해석과 오류, 부적절한 한자어 사용, 수식관계 등의 예문을 통하여 상세하게 분석하였다.

<표 5-8> 『장미의 이름』 번역 비평 텍스트의 내용

비평의 범주	ST:TT의 비평방식	텍스트 장르	평가기준	평가항목	
				텍스트 외적요소	텍스트 내적요소
개별적 비평	1:1 단일 TT 분석	문학	ST 위주 → 저자중심 ('정확성', '충실성')	ST와 TT의 서지정보, 번역의 어려움	오역, 첨가, 누락과 관련된 번역현상, 어휘, 문법, 문체, 어감, 문장 나누기, 번역가의 자의적인 해석과 오류, 부적절한 한자어 사용, 수식 관계

비평가는 ST와 TT를 비교 분석할 때 전체 분량 중 1/7에 해당하는 『장미의 이름』(1992) 개역판 중 「제3일」을 집중적으로 검토하는 '일정분량 비평방식'을 따랐다. 그리고 ST와 TT의 평가기준은 철저히 '원전 위주'로 비평하였다. 그리고 오역을 지적하는 방식에서도 타 비평가와 차이가 있다. 먼저 문제가 되는 TT를 제시한 후 ST를 제시하는 순서는 ST 다음에 TT를 제시하는 타 비평가의 비평전략과 다른데 이는 번역 비평 텍스트이므로 TT를 먼저 제시하였다 할 수 있다. 그리고 비평가의 대안번역으로 '[正]'[49]을 오류 지적의 이유를 '[解]'의 방식으로 제공하였다. 이 역시 타 비평가는 문제지적과 해법을 제시할 때 특별한 표기방식을 취하지 않는데 이는 비평 텍스트에 대한 독자의 가독성을 고려한 비평전략이라 할

---

49) [正]은 '원문에 가까운 번역'이란 뜻으로 번역에는 100% 정답인 번역은 있을 수 없기 때문이다.(278)

수 있다. 『장미의 이름』 번역 비평 텍스트의 검증방식을 정리하면 다음과 같다.

〈표 5-9〉 『장미의 이름』 번역 비평 텍스트의 검증방식

ST:TT의 검증범위		일정분량 검토 방식(전체 텍스트의 1/7을 집중 검토)
오류 전개 방식	TT	그래서 나는 <u>지나가는 말로</u> 살바토레에게 물어보았다. 「혹 세상을 주유하시면서 돌치노 수도사를 만나신 적은 없습니까?」(p.367)
	ST	So I asked Salvatore <u>point-blank</u>: "In your journeys did you ever meet Fra Dolcino?"
	대안번역 [正]	그래서 나는 살바토레한테 <u>단도직입적으로</u> 물었다. "여행 도중에 돌치노 수사를 만난 적이 있습니까?"
	문제점 분석 [解]	point-blank처럼 간단한 단어도(번역가는) 많이 틀린다.

(이재호 『장미의 이름』: 284)

5.1.2 비문학 번역 비평 텍스트

비평가(김귀룡)의 번역 비평 텍스트, 『국가』(Politeia)는 타인의 작품을 비평대상으로 삼은 '타자 비평'에 속한다. 비평의 주체, 김귀룡은 "「파르메니데스의 동일성 논리와 소크라테스의 논박법에 관한 연구」로 박사학위를 받았으며, 『고대와 현대의 철학적 대화』 등의 저서가 있으며 번역 비평 텍스트 발표 당시 대학에서 서양고대 철학을 강의"(『최고의 고전 번역을 찾아서』: 234)하는 전문 비평가 군에 속한다. 비평 객체의 분석대상 텍스트의 범주는 단일 작품(ST)

을 분석대상으로 삼은 한 '개별적 비평'에 속하며, 소제목 "창조적 관점에서 본 박종현 역에 대한 비평"에서 보듯 '논제 중심'의 비평 방식을 취하였다. 또한 서술방식은 ST와 TT의 서지정보에 대한 간략한 언급을 한 '기술적 방식'과 텍스트의 내·외적인 면과 관련된 번역현상을 '비평적 서술방식'을 병행하여 논의를 전개하였다. 비평 매체는 전문 신문 「교수신문」(주간지)을 통하여 2005년 5월부터 마련된 '학술비평'의 고정칼럼 <최고의 고전 번역을 찾아서>에 연재되었다. 그리고 2006년 7월에 관련 비평 텍스트를 한데 모은 단행본 『최고의 고전 번역을 찾아서』의 출간으로 일반 독자도 비평 텍스트에 접근할 수 있게 되어 수용자의 범위가 한층 넓어졌다. 그 결과 수용자는 해당 번역가와 학자, 전문 독자를 비롯하여 일반 독자도 서서히 포괄하고 있다.

번역 비평 텍스트의 내용을 살펴보면 먼저 ST:TT의 비평방식은 '1인 역자의 단일 TT 분석' 방식을 취하였다. '원전 중심의 충실한 번역' 여부를 평가기준으로 삼았다. 텍스트의 장르는 비문학 분야이며, 분석대상 도서 자체가 지닌 주제의 난이도 등을 감안하여 우리말의 '가독성'을 고려할 필요성에 대한 언급이 여러 군데서 발견된다. 이로 보아 비평가의 평가기준은 ST 중심의 '충실한 번역'을 기조로 TT 중심의 '가독성'도 동시에 고려한다고 볼 수 있다. 평가항목을 살펴보면, 먼저 TT 출간 시의 국내 반응 및 작품의 위상 혹은 번역본의 출간 의의 등에 관하여 점검이 이루어졌다. 특히 그리스어 원전에 바탕을 둔 원전 번역의 중요성을 강조하였다. 번역 비평의 이유와 번역의 의미, 번역가의 역량과 배경지식의 필요성, 그리고 우리말 구사능력과 독자에 대한 배려, 문장 번역의 일관성 그리고 교양 도서로서의 역할 기대 등에 관하여 살펴보았다.

하지만 번역 비평 텍스트가 갖춰야 할 필수 요소인 오류에 대한 지적을 뒷받침할 만한 예문을 제시하지 않은 점은 이 비평 텍스트의 '치명적인 오류'로 작용한다. 번역물에 대한 전반적인 의의와 새로운 번역의 필요성 등을 언급하면서 구체적인 근거를 제시하지 않아 추상적인 비평의 전형적인 예가 되고 말았기 때문이다.

한편 동일한 작품의 다른 번역 비평 텍스트인 이상인의 번역 비평 텍스트 『국가』(Politeia)의 형식과 내용을 살펴보면 다음과 같다. 김귀룡의 텍스트와 마찬가지로 타인의 작품을 비평대상으로 삼은 '타자 비평' 텍스트이다. 비평가 이상인은 "철학과 고전문헌학 박사 학위를 받았으며, 『메논에서의 상기』 등의 저서가 있으며 대학에서 서양고대 철학을 강의"(『최고의 고전번역을 찾아서』: 238)하는 전문성을 갖춘 전문 비평가이다. 비평의 객체와 서술방식, 비평매체 및 수용자는 김귀룡의 분석의 예와 동일하다. 김귀룡과 이상인의 번역 비평 텍스트의 형식을 요약하면 다음과 같다.

〈표 5-10〉 『국가』의 번역 비평 텍스트의 형식

비평 텍스트의 종류: 타자 비평					
비평종류	비평주체	비평객체			비평매체	수용자
		범주	비평방식	서술방식		
타자 비평 →	전문 비평가 →	개별적 비평 →	텍스트 중심 →	비평적 →	전문신문 → (단행본)	전문 독자 일반 독자

그러나 비평의 내용을 분석해 보면 김귀룡의 비평과 달리 시간적, 인적, 언어적, 텍스트적 요소가 골고루 가미된 ST:TT의 비평방식을 적용하였다. 특히 언어적인 면에서 ST(그리스어)에 대한 다양한 언어의 TT, 즉 한국어와 독일어 그리고 영어 번역판을 분석하였다. 2인 이상의 '복수의 번역가'의 3개 이상의 '복수의 언어'로 이루어진 '다수 역자의 통시적인 중역본(5:1)'에 대한 비평 텍스트이다. <표 4-1>의 ST:TT의 비평방식 분류표를 적용하면, '2인 이상 역자의 통시적 중역본'에 대한 비평방식으로 분류할 수 있다. 그리고 "번역의 성패기준은 근본적으로 오역여부에 달려있다."고 한 점으로 미루어 번역의 평가기준을 '원전 중심'에 두었음을 알 수 있다. 실제 평가항목을 살펴보면 ST에 대한 여러 언어로 된 번역이력을 점검하고, 한국어 번역본의 의의와 품질평가, 번역의 성패요건, 오역의 폐해, 두 가지 영역본의 비교 검토, ST와 TT의 간극 등에 관하여 다음과 같이 분석하였다.

〈표 5-11〉『국가』의 번역 비평 텍스트의 내용

비평의 범주	ST:TT의 비평방식	텍스트 장르	평가기준	평가항목	
				텍스트 외적요소	텍스트 내적요소
개별적 비평	1) 김귀룡의 텍스트 1:1 1인 역자의 단일 TT 분석	비문학	ST 위주→ 저자중심 TT 위주→ 독자중심 ('정확성'과 '가독성')	TT 이력, 의의, 번역가의 전문성(희랍어 독해능력, 철학적 사유능력, 한글 구사능력), 주석, 번역의 어려움, 가독성, 직역의 한계, 교양 도서의 역할	문장의 일관성, 구어체, 문어체, 고어체
	2) 이상인의 텍스트 5:1 다수 역자의 통시적 중역본과 1인 역자의 원전 번역본 분석		ST 위주→ 저자중심 ('정확성', '충실성')	TT 이력, 의의, 저자의 의도(어휘, 어미), ST와 TT의 관계, 오역의 폐해	핵심 개념 어휘

그러나 여러 가지 오역의 폐해를 지적하면서 사례를 제대로 제시하지 않은 채 핵심어휘와 관련된 단 한 가지의 예를 제공하는 데 그쳤다. 이와 같은 비평 텍스트의 서술방식과 비평 전개방식은 앞의 김귀룡의 텍스트와 마찬가지로 비평 텍스트의 신뢰성을 해치는 치명적인 오류에 속한다. 또한 핵심어휘와 관련된 단 한 가지의 사례에 대한 번역 점검방식은 타 비평가들의 검증방식과 비교하면 유사점과 상이점이 동시에 존재한다. 가령, ST와 TT를 상호 비교하여 해당사항에 대한 ST와 TT를 제시하고 문제점을 지적하고 대안을 제시하는 식의 전개방식을 택한 점은 비슷하다. 그러나 ST와 TT의 비평방식에 있어서 분석대상 ST를 문장 혹은 문맥 단위로 제시하지

않고 어휘 위주로 제시하여, 독자들의 다양한 해석의 가능성을 배제한 점은 타 비평 텍스트에서는 찾아보기 힘든 검증방식이다. 김귀룡의 경우는 사례제시가 없으므로 생략하고 이상인의 번역 비평 텍스트의 검증방식을 정리하면 다음과 같다.

〈표 5-12〉『국가』의 번역 비평 텍스트의 검증방식

ST:TT의 검증범위		텍스트 전체
오류 전개 방식	ST & TT	① 우리는 의견이 어떤 것이라고(ti doxan einai) 말하는가?(477b) ② 모든 영혼이 추구하는 것 …… 그것이 어떤 것이라는(ti einai) 것을 영혼이 예감하면서도 그것이 무엇인지에 대해서는 당혹해하면서(506de)
	문제점 분석	에이나이(einai)의 존재적 의미에만 주목한 나머지 쇼리와 콘포드는 ①과 ②에서 티(ti)의 본질적 역할을 시야에서 놓치고 ①을 '우리가 의견으로 부르는 것이 있는가?'로 번역하고, ②를 쇼리는 '그것의 실제에 대한 직관과 더불어'로, 콘포드는 '그것의 존재를 예감하면서'로 번역한다. <u>이것은 명백한 오역이다. 문법적으로 가능한 번역일 수는 있어도 원문의 의도를 전혀 빗나가고 있다.</u>
	대안 번역	<u>원본과 번역본에는 근본적으로 메울 수 없는 '사이'가 있다.</u> …… 영역, 국역 모두 번역이고 <u>우리는 번역과 번역 사이에 또 다른 번역을 찾아야 한다.</u> ……

(이상인 『국가』: 238)

또한 이상인의 번역 비평 텍스트의 검증방식은 다른 번역 비평 텍스트와 달리 ST와 TT를 혼용해서 표기하고 문제점 분석 역시 구체적인 설명도 제시하지 않고 명백한 오역이라 단정 짓는다. 물론 비평가가 주장하는 요지는 번역가가 원문에 지나치게 얽매여 작가의 의도를 제대로 살리지 못하였다는 뜻으로 이해할 수는 있다. 그러나 지적한 문제점에 대한 대안번역은 제시하지 않고 일반적인 번역현상을 기술하여 독자가 스스로 대안을 찾도록 하며("우리는 번역과 번역 사이에 또 다른 번역을 찾아야 한다."), 해당 작품을 다시 번역할 필요성이 있다는 비평가의 의견 제시로 번역 비평 텍스트를 마무리하는 방식은 제고해야 할 사항이다.

앞서 언급했듯이 『국가』는 전문 비평가가 행한 비평 텍스트이다. 하지만 비평가의 전문성이 지나치게 부각되어 일반 독자는 제시된 비평 텍스트를 통하여 작품에 대한 전체 텍스트의 성격과 번역특징을 파악할 수 없는 요인으로 작용한다. 특히 이상인의 비평 텍스트의 경우 무엇보다도 독자의 가독성을 고려하지 않은 추상적인 글쓰기와 지나친 서술 위주의 논리 전개방식 때문에 같은 대목을 몇 차례 읽어도 내용을 파악하기 쉽지 않다. 핵심어 번역의 오류현상을 지적한 5개의 문단 구성방식이나 오역에 대한 검증 전개방식 등을 보다 구체적으로 명시하면 한층 독자의 이해를 도울 수 있을 것이다. 그리고 비문학 텍스트에 관한 비평 텍스트임을 감안하더라도 예문 제시에 지나치게 인색한 점은 다시 한 번 강조하건대 바람직한 비평 텍스트의 모델로 삼기에는 상당한 무리가 있다. 왜냐하면 비평가가 번역 텍스트 전체를 다루지 않고 번역의 흠집 잡기에 치중한다는 인상을 줄 수 있기 때문이다.

『국가』에 관한 비평 텍스트의 전체적인 특징을 살펴보면, 타 비평 텍스트와 달리 복수의 비평가가 각각 동일한 작품에 대한 번역 비평을 행하였다. 해당 작품에 대한 복수의 번역 비평 텍스트가 존재할 때 각 비평가의 비평의 기준과 관점, 분석방법과 선호하는 번역전략 등을 상호 비교할 수 있는 장점이 있다. 『안과밖』에 게재된 대상작품에 대한 단수의 번역 비평 텍스트는 번역의 품질평가나 번역가의 번역전략 혹은 번역 작품의 의의와 영향력, 판본끼리의 우열 등을 판단할 때 전적으로 1인 비평가의 분석에 의존한다. 따라서 비평가의 주관이 개입될 가능성은 물론 다양한 관점을 반영하는 복수의 비평 텍스트의 부재로 비평대상 분석 작품의 가치가 왜곡될 수 있다. 이런 단점을 보완하기 위해서라도 번역 비평은 활성화되어야 하고 한 작품에 대한 복수의 번역 비평 텍스트의 존재가 매우 절실히 요구된다.

한편, 두 번역 비평 텍스트는 번역 비평 텍스트가 갖추어야 할 기본적인 요소 등이 결여되어 있다. 김귀룡의 텍스트는 오류 지적에 대한 예문을 전혀 제시하지 않은 '치명적인 오류' 외에도 TT의 초판과 개정판의 차이에 대한 대비가 없었다. 이는 주어진 비평대상 텍스트의 조건을 제대로 활용하여 독자들에게 번역 텍스트 간의 차이를 판단할 수 있는 지침을 제시해야 할 비평가와 비평 텍스트의 역할을 제대로 수행하지 않은 것으로 볼 수 있다. 번역 비평가가 지켜야 할 핵심적인 준수사항으로 주어진 분석 조건을 최대한 활용하여 비평에 임할 것을 제안한다. 이상인의 비평 텍스트 역시 다양한 사례를 제시하지 않은 점은 번역 비평 텍스트의 신뢰성을 낮추는 단점으로 작용한다. 또한 ST에 대한 다양한 언어로 된 TT를 언급한 이상 상호 대조나 비교를 통하여 ST와 TT에 대한 간극의 예를 보다 밀도 있게 제시하지 않은 등 김귀룡의 경우와 마찬가지로 주어진 분석조건을 제대로 활용하지 못한 한계가 있다.

두 비평가가 적용한 번역 텍스트의 평가기준과 관련하여, 김귀룡은 '충실성'과 '가독성'을 동시에 고려한 반면 이상인은 '충실성'을 기준으로 번역 텍스트를 평가하였다. 김귀룡은 분석대상 도서로 우리말로 된 박종현의 번역본을 대상으로 삼았기 때문에 비문학 작품이지만 국내 시장에서 교양도서로서의 역할을 하기 위해서는 '가독성'을 지향할 필요성을 중시하였다. 반면, 이상인은 ST에 대한 여러 언어로 된 번역 텍스트를 점검하는 기준으로 ST와 TT의 간극을 파악하기 위해서는 ST를 중심으로 '정확성'과 '충실성'을 잣대로 삼아야 한다는 원칙을 따른 것으로 충분히 상정할 수 있다. 두 번역 텍스트는 앞서 언급한 치명적인 단점을 보완하고 다양한 예문을 제시하여 논의를 전개하고 평가항목 역시 텍스트의 내·외적인 면을 골고루 검증하면 보다 바람직한 번역 비평 텍스트의 모델이 될 수 있을 것이다.

5.2 집단적 비평

집단적 비평은 단일 비평 텍스트를 여러 편 모은 단행본이나 비평 전문 학술지 및 전문 신문에 실린 번역 비평 텍스트를 대상으로 한다.

5.2.1 문학 번역 비평 텍스트

이재호의 번역 비평 텍스트, 『문화의 오역』의 관련 사례를 중심으로 비평의 특징을 먼저 살펴본다. 이재호는 번역현상 중 문화와 관련된 오역이 발생한 사례를 문학 작품, 영화, 음악, 연극, 미술 분야 등에서 제시하고, 문화의 오역이 많은 9개의 번역 텍스트를 집중적으로 분석하였다. 특히 문화의 오역이 많은 책을 다룬 부분에서 발견된 번역의 부정적인 현상들을 치밀한 분석과 관찰에 기초하여 논제 중심의 비평방식을 택하였다. 거짓말과 오역, 틀린 고유명사 발음표기 및 오역과 오주, 오역·첨가·누락, 작가의 오류·번역가의 오역 등의 논제 중심의 비평방식은 본 논문에서 다루는 『안과밖』, 「교수신문」, 『잔혹한 책읽기』 등의 비평 텍스트와는 근본적인 차이가 있다. 이들 세 가지 비평매체에 게재된 비평 텍스트는 하나의 ST에 대한 단수 혹은 복수의 TT를 대상으로 번역의 제 현상들을 점검하는 '개별적 비평'의 형식을 취하였다.

〈표 5-13〉『문화의 오역』 비평 텍스트의 형식

비평 텍스트의 종류: 타자 비평					
비평종류	비평주체	비평객체			비평매체	수용자
		범주	비평방식	서술방식		
타자 비평 → 전문 비평가 → 집단적 비평 → 논제 중심 → 비평적 → 단행본 → 전문 독자 ＼일반 독자						

그러나 『문화의 오역』은 제1부에서 '문화의 오역현상'을 중심으로

예문 (13)과 같이 수많은 ST와 TT의 사례를 분석하고 방대한 근거
자료에 기초하여 대안을 제시하는 '집단적 비평' 방식을 적용하였다.
이에 집단적 비평에 동원된 ST:TT의 비평방식은 <표 4 - 1> ST:TT
의 비평방식 분류표에 의거하여 분류하면 '다수 역자의 통시적 ST
와 TT'에 대한 비평으로 비평의 성격을 규정할 수 있다.

(14) "오역의 여왕 'Queen'의 사례: 영화, TV, 다큐멘터리, 문학 작품,
연극, 저서, 신문, 잡지, 영어 사전 등에서 약 50가지 사례 제시.
오역된 제목들: 문학 작품, 영화, 음악, 연극, 미술 분야의 60
가지 사례 제시."(이재호 2005: 차례)

그리고 관련 사례를 살펴보면 오역에 대한 비평가의 치밀한 분석
기법을 통하여 '논제 중심'의 비평방식과 비평적인 서술방식을 적용
하였음을 알 수 있다. 다음의 예문 (14)는 영화의 제목과 관련된 번
역의 오류를 지적하기 위하여 비평가는 7가지 한영사전과 1가지 영
영사전 그리고 영화의 내용 소개 및 일본어 번역 내용까지 제시하
며 일일이 점검하였다.

(15) "誤: 사랑도 통역이 되나요?
英: Lost in Translation
正: 황홀(경)
解: 2004년 2월 20일 개봉된 영화 제목이다. 여기서 'translation'
은 '번역'이 아니다. 영한사전에 동사형 'translate'를 찾아
보면 '황홀케 하다'의 의미이다. …… 그러므로 영화 제

목은 '황홀경'이 적절할 것이다."(이재호 2005: 91 - 2)

그리고 제2부에서는 문화의 오역이 많은 9가지 번역 텍스트 중
전반부의 5가지는 텍스트 전반에 나타난 오역현상을 다각적으로 검
토한 '텍스트 중심'의 비평방식을 적용하였다. 반면 후반부의 4개
비평 텍스트에서는 특정 오역현상을 중점적으로 논의하는 '논제 중
심'의 비평방식을 취하였다. '논제 중심'의 비평방식은 비평 텍스트
의 제목을 보면 알 수 있다.

> (16) "중 3 - 2 국어 교과서:『길 잃은 태양마차』의 <u>거짓말과 오역.</u>
> 『변신이야기』(*Metamorphoses*): <u>틀린 고유명사 발음표기, 오역과</u>
> <u>오주.</u>
> 『장미의 이름』(*The Name of the Rose*): <u>오역 · 첨가 · 누락.</u>
> 『아테네 가는 배』(*The Ship Bound for Athens*): <u>작가의 오류</u>
> <u>· 번역가의 오류.</u>"

위의 제목에서 보듯 우리 주변에 방대하고 폭넓게 존재하는 오역
현상을 주제별로 분석하고 진단하는 '논제 중심'의 비평방식은 다음
과 같은 장단점을 지닌다. 다양한 관련 사례를 접할 수 있으므로 전
문 독자는 물론 일반 독자 역시 주변의 번역현상에 보다 적극적인
관심을 갖게 되며 실제로 오역을 진단할 수 있는 안목이 생긴다. 하
지만 분석대상 텍스트 전체에 대한 번역현상을 포괄적으로 다룰 수
없는 점은 한계로 작용한다.『문화의 오역』에서 다룬「변신이야기」
외의 4개의 비평 텍스트 및 오역의 여왕(Queen)과 오역된 제목과

관련된 번역 비평 텍스트의 형식과 내용을 정리하면 다음과 같다.

〈표 5－14〉『문화의 오역』비평 텍스트의 내용

비평의 범주	ST:TT의 비평방식	텍스트 장르	평가기준	평가항목	
				텍스트 외적요소	텍스트 내적요소
집단적 비평	다:다 다수 역자의 통시적 TT 분석	영화 TV, 문학 작품 외	ST 위주→ 저자중심 (정확성, 충실성)	백과사전적 지식의 필요성, 이중오역, 언어 습관과 오역 (queen, brother 등)	고유명사 발음표기, 오역, 오주, 첨가, 누락, 오식, 작가의 오류, 번역가의 오류

그리고 『문화의 오역』비평 텍스트의 검증방식표는 <표 5－9> 『장미의 이름』번역 비평 텍스트의 검증방식과 ST:TT의 검증범위를 제외하고는 서로 매우 유사하다.

〈표 5－15〉『문화의 오역』비평 텍스트의 검증방식

ST:TT의 검증범위		텍스트 전체
오류 전개 방식	ST	수많은 <u>그리스 신화</u>, 그것은 그 허구성에도 불구하고 끊임없이 인류 정신사에 한몫을 감당해 왔다. ……(56)
	TT	The many <u>Greece myths</u>, despite their fictive element, have constantly played a large role in the spiritual history of the human race.(103)
	문제점 분석	'그리스 신화'를 Greece myths라고 번역하는 것은 한국식 영어이다. Greek myth라야 옳다. '한국 문학'은 Korea Literature가 아니고 Korean Literature, 영문학은 England Literature가 아니고 English Literature 이다.
	대안 번역	Greek myth로 옮겨야 한다.

(이재호『아테네 가는 배』: 336)

그러나 위의 사례에서 '한몫을 감당해 왔다.'를 'played a large role'로 번역했을 때 형용사 'large'는 물리적인 느낌을 주므로 'played an important(significant, great) role'로 번역하는 것이 보다 바람직하다. 그리고 '인류'를 'the human race'로 번역한 현상 역시 정관사 'the'를 삭제하는 것이 보편적인 '인류'를 지칭할 수 있으므로 보다 문맥에 어울릴 것이다.

지금까지 『문화의 오역』의 번역 비평의 특징을 개괄적으로 살펴보았다. 다음은 강대진의 『잔혹한 책읽기』에 수록된 여러 권의 번역 비평 텍스트 중 영어로 쓰인 ST에서 파생한 TT의 목록이다. 이들 비평 텍스트는 『안과밖』, 「교수신문」에서 다룬 비평 텍스트와 달리 1인의 비평가(강대진)가 자신의 전공분야에 대한 지식과 관심을 여러 작품을 대상으로 면밀히 분석 고찰하는 방식을 취한다. 서양 고전이나 신화에 관련된 서적을 대상으로 우리말 번역본에 원문의 의미가 제대로 옮겨졌는지 점검하는 데 비평 목적을 두고 있으며, 각 텍스트별 비평방식은 매우 유사하다. 특히 번역가의 작품에 대한 배경지식 부족에서 비롯되는 오역의 사례를 집중적으로 논의하고 있다. 따라서 이 책에 수록된 6편의 비평 텍스트 중 한 편을 대상으로 비평 텍스트의 형식과 내용을 분석한 사항을 전체 내용 분석 사항을 대신할 수 있다.

나이즐 스피비(Nigel Spivey)의 『그리스 미술』(Greek Art. 1997)에 관한 양정무(2001)의 번역본에 관한 비평 텍스트의 형식을 살펴보면, 비평가 자신의 작품이 아닌 타인의 작품을 분석대상으로 삼았으므로 '타자 비평'에 속한다. 비평 주체인 비평가 강대진은 해당 비평 텍스트의 단행본을 출간할 당시(2004년) 서양 고전 연구로 박사학위를 취득한 겸임교수를 지낸 이력과 활발한 비평 활동을 하는 등 서양 고전 작품에 대한 해박한 전문 지식을 갖춘 전문 비평가이다. 비평 객체인 분석대상 텍스트의 범주(ST:TT)는 <표 4-1>의 ST:TT의 비평방식 분류표에 의거하여 각각 ST:TT가 1:1인 '개별적 비평' 중 '단일 TT'에 대한 비평에 속한다. 따라서 비평대상 텍스트의 서지정보 역시 다음과 같이 매우 간략하다.

(17) ST: Spivey, Nigel. 1997. *Greek Art.*
     TT: 양정무. 2001. 『그리스 미술』.

인터넷 서점 yes24에서 원작자의 해당 작품에 대한 번역서를 검색한 결과 양정무의 번역본이 유일하였다. 따라서 『안과밖』의 문학 번역 작품에 대한 비평 텍스트에서 매우 중시했던 TT의 출간이력과 판본의 비교과정이 개입될 여지가 없었다. 또한 해당 비평 텍스트의 비평방식은 '텍스트 중심의 비평방식'으로 TT 전반에 나타난 각종 오류를 꼼꼼하게 지적하였다. 그러나 『잔혹한 책읽기』에서 다룬 12개의 비평 텍스트가 공통으로 다루는 주제, "서양 고전과 신화에 대한 언급이 제대로 옮겨졌는지 감시하고 그 결과를 보고"한다는 비평가의 '들어가는 말'에 언급한 사항과 비평 내용을 감안하면 전체적으로는 '논제 중심'의 비평방식을 취했다 할 수 있다.

타 비평 텍스트와 달리 비평 텍스트의 제목에서 언급한 ST와 TT의 간략한 서지정보를 명기한 내용 외에는 작품에 대한 객관적인 정보를 제공하는 '기술적인 서술방식'이 개입할 여지가 적어 '비평적인 서술방식'이 일관성 있게 적용되었다. 그리고 해당 비평 텍스트를 발표한 비평매체는 원래 "2001년 연말부터 약 1년간 틈틈이 써서 인터넷상에 올려놓았던 자료"(강대진: 들어가는 말)였으나 2004년 12개의 비평 텍스트를 단행본으로 엮어 출간하였다. 따라서 이 비평 텍스트는 일반 독자를 우선적인 수용자로 삼았으나 점점 전문 독자와 학자, 학생 그리고 해당 번역가 등으로 파급되었다는 점에서 타 비평 텍스트와 구별된다. 다른 비평 텍스트는 전문 독자들에게 먼저 공개된 후 일반 독자들이 접할 수 있는 통로를 열었기 때문에 수용자에게 접근하는 방식이 역방향으로 이루어졌다. 이는 일반 독자들의 신화 관련 서적에 대한 독서력과 지식이 상당히 축적되었기 때문에 가능한 일이다. 『그리스 미술』의 번역 비평 텍스트의 형식을 정리하면 다음과 같다.

〈표 5-16〉 '『그리스 미술』', 『잔혹한 책읽기』 번역 비평 텍스트 형식

비평 텍스트의 종류: 타자 비평						
비평종류	비평주체	비평객체			비평매체	수용자
		범주	비평방식	서술방식		
타자 비평 →	전문 비평가 →	개별적 비평 →	논제 중심 →	비평적 →	단행본 →	전문 독자 ↘ 일반 독자

번역 비평 텍스트의 내용은 타 비평 텍스트에 비하여 ST:TT의 비평방식이 매우 단순하다. ST와 TT를 둘러싼 인적, 시간적, 텍스트적, 언어적 요소를 복합적으로 고려하여 분석하는 『안과밖』과 「교수

신문」의 비평 텍스트와 달리 시간적, 언어적 요소가 배제된 ST:TT
가 1:1로 이루어진 '1인 번역가' 및 '단일 역본'의 비평방식을 취하
였다. 다시 말해서 <표 4-1>의 'ST:TT의 비평방식 분류표'에 의거
하여 각각 ST:TT가 1:1인 '개별적 비평' 중 '1인 번역가의 단일 TT
에 대한 비평'에 속한다. 이러한 비평방식은 비평 시 해당 텍스트에
대한 깊이 있는 분석이 가능하며, 따라서 번역본의 질적 수준을 보
다 확실히 판가름할 수 있는 장점으로 작용할 수 있다. 하지만 번역
본 혹은 번역가 간의 특징이나 상대적인 우열을 가릴 수 없는 한계
가 있으나 현실적으로 복수의 번역본이 존재하지 않기 때문에 달리
대안은 없다.

　강대진이 『그리스 미술』에서 적용한 ST:TT의 평가기준은 저자의
의도를 중시하는 원전 위주의 '충실성'을 적용하였다. 이러한 사항
은 "독자들에게 서양 고전 관련 서적들에서 반복적으로 나타나는
오류를 지적하여 정오표(正誤表)를 제공하고 향후 번역가들에게 번
역의 지침을 제공하려 한다."(14)는 비평의 목적에서 확인할 수 있
다. 이 점은 「교수신문」에서 다룬 비문학 텍스트의 비평기준이 '충
실성'과 '가독성'을 동시에 고려한 점에 비추어 볼 때, 강대진의 '충
실성' 위주의 평가기준 역시 차별성을 부여할 필요가 있다.

　비문학 장르에 속하는 『그리스 미술』 비평 텍스트는 번역 텍스트
의 내·외적인 면을 포괄적으로 다루었다. 작품의 편집방식과 도판
그리고 소장처 명기, 번역가의 역량, 작품의 특징 등 텍스트 외적인
면은 물론 대명사, 번역가의 작품에 대한 배경지식, 문체, 과잉번역,
시제, 고유 명사, 파생어, 문법, 번역가의 오류, 불분명한 의미, 어

원, ST의 오류, 오자, 탈자, 인명과 지명 오류, 어감 등 텍스트 내적인 면에 관하여 비평가의 작품에 대한 방대한 지식을 토대로 독자에게 자세하게 설명하고 대안번역을 제시하였다. 이러한 특징을 지닌 강대진의 비평 텍스트를 필자가 제안한 번역 비평 텍스트의 내용을 간략하게 도식화하면 다음과 같다.

〈표 5-17〉 '『그리스 미술』', 『잔혹한 책읽기』 비평 텍스트의 내용

비평의 범주	ST:TT의 비평방식	텍스트 장르	평가기준	평가항목	
				텍스트 외적요소	텍스트 내적요소
개별적 비평	1:1 1인 역자의 통시적 TT 분석	비문학	ST 위주 → 저자중심 (정확성, 충실성)	작품의 편집 방식과 도판 그리고 소장처 명기, 역자의 역량, 작품의 특징	대명사, 역자의 작품에 대한 배경지식, 문체, 과잉번역, 시제, 고유명사, 파생어, 문법, 역자 오류, 불분명한 의미, 어원, ST의 오류, 오자, 탈자, 인명과 지명 오류, 어감 등

또한 강대진은 비평가의 역할을 매우 중시하였으며 그에 관한 다음의 언급 사항은 비평가들이 주목할 필요가 있다.

(18) "내가 너무 시시콜콜 따지는 것 같지만 우리에게 부족한 점은 바로 그 시시콜콜한 면이다. 나는 우리 민족이 좀 더 쪠쪠하고 좀스러워져야 한다고 믿는다. 지식의 축적은 세부까지 엄격하게 따지는 데서 가능하다."(36)

그의 적극적인 비평가의 역할론은 다음의 예와 같이 소극적이며 겸손함을 지나치게 강조하는 비평가들의 태도와 매우 대조된다.

(19) "선학들의 업적에 대하여 흠을 잡는 일종의 악역을 수행한 셈이라 마음이 무겁다."

(『황무지』: 151)

비평가의 비평대상 작품에 대한 폭넓은 배경지식과 비평가의 역할론 등은 번역 비평 텍스트의 검증방식을 통해서도 잘 나타나 있다. 특히 문제점을 지적하고 분석하는 내용이 매우 치밀하며 구체적이다. 다만 ST를 군데군데 누락하거나 문맥을 제시하지 않고 해당 단어나 구문만 제시하는 점은 지양해야 할 사항이다.

〈표 5-18〉 '『그리스 미술』', 『잔혹한 책읽기』 번역 비평 텍스트의 검증방식

ST:TT의 검증범위		무작위
오류 전개 방식	문제점 지적 및 분석	두 가지 뜻을 가진 단어는 때때로 아주 유명한 구절도 이상하게 만들 수 있다. 다음은 키케로가 인용해서 더 유명해진 테렌티우스의 한 구절이다. 다음의 번역은 앞뒤 문장이 전혀 연관 없는 것처럼 되었는데, 여기서 '사나이'는 원래 라틴어로 homo로서 '인간'이란 뜻이 먼저이다. 번역가는 homo의 후손인 homme가 '남자'도 되고 '사람'도 되니까 전자를 택했고, 테렌티우스는 마초라는 오해를 받게 되었다.
	TT	나는 <u>사나이다</u>. 그리고 인간적인 것은 그 어떤 것도 내게는 생소하지 않다.(67)
	ST	누락
	대안 번역	'나는 인간이니 인간적인 것을 잘 이해할 수 있다.'라고 해야 자연스럽다.

(강대진 『그리스 미술』: 55)

결론적으로 『잔혹한 책읽기』는 1인의 비평가가 행한 비평 텍스트이지만, 비평의 맹점인 주관성을 철저히 탈피한 타당성을 지향한 비평 텍스트로 해당 분야와 서적에 대한 번역의 질적 수준의 향상에 이바지하였다. 또한 『안과밖』과 「교수신문」에서 다룬 비평대상 작품은 현재 독자들이 읽고 있는 작품과 상당한 시차가 존재하는 데 비하여 1990년대와 2000년대의 작품들로 주로 구성하여 적극적인 논의를 펼친 점에서 더욱 적극적으로 독자들의 알 권리에 부응한 점 역시 간과해서는 안 될 번역 비평 텍스트의 주요한 특징이다.

이제 『안과밖』의 <번역을 짚어본다>에 수록된 서경희 외 19명의 비평가들의 번역 비평 텍스트를 종합적으로 점검해 보기로 한다. 같은 장르의 동일한 비평 전문지에 실린 19개의 비평 텍스트는 각각은 '개별적 비평'에 속하지만 전체를 종합적으로 분석하면 '집단적 비평'의 특성을 고찰할 수 있기 때문이다. 『안과밖』에서 다룬 희곡, 시, 소설에 관한 번역 비평 텍스트를 분석한 결과 앞서 Ⅲ장의 <표 3-4> '번역 비평 텍스트에 나타난' 번역 텍스트의 용인성 '점검 요소'에 제시한 바와 같이 다양하다.

이들 요소 중 다음은 비평 텍스트의 형식과 내용을 총체적으로 조망하기 위하여 'ST:TT의 비교 텍스트 수', '비평방식', '평가기준' 그리고 '평가항목'을 개괄적으로 나타낸 도표이다. 평가항목은 번역 텍스트의 용인성을 점검하는 기본적인 요소를 텍스트의 내적인 면과 외적인 면으로 나누었다. 텍스트 외적인 면과 관련하여 비평가들이 점검한 여러 항목 중 '번역 정책'이나 '번역 현실' 등 일반적인 요소보다는 해당 텍스트의 번역에 직접적으로 관련되는 '구체적이며 특정한 요소'에 특히 주목하였다. 주로 'TT의 출간이력', '번역전략', '번역가의 역량' 그리고 '독자반응' 등을 텍스트 외적인 요소로 점검하였다. 그리고 텍스트 내적인 요소는 어휘적, 의미적, 통사적, 화용적인 측면에서 살펴보았다. 참고로 『안과밖』의 비평대상 텍스트의 평가항목을 보다 구체적으로 정리한 내용은 [부록 9] '문학 번역 비평 텍스트 서적별 평가항목 분석표: 『안과밖』'에 수록하였다.

〈표 5-19〉 개별적 번역 비평 텍스트 서적별 분석 : 『인라부』 (문학)

비평텍스트제목	ST:ST 비평방식					평가 기준	평가항목							비고	
	비율	텍스트 특징	인적	시간적	언어적		텍스트 외적 요소			텍스트 내적 요소				장점	단점
							TT의 텍컨칭증	번역 역자의 전략 의향	독자 반응	어휘적	의미적	통사적	화용적		
『셰익스피어전집』	1:3		✓	✓	✓ 1인 역자의 통시적 TT분석	충실성, 가독성	✓	✓				✓	✓	동일역자의 여러 판본 비교	
『월든』	1:2		✓	✓	✓ 2인 이상 역자의 공시적 TT분석	가독성, 자연스러운 의역		✓	✓		✓	✓	✓	시차가 있는 TT의 특징 부분적으로 활용	비평가의 위험한 발상: TT의 좋은 점만 모아 재편집 제시
『테스』	1:3		✓	✓	✓ 2이상 역자 혹은 1인 역자의 통시적 TT 분석	가독성	✓	✓		✓		✓	✓	표절본의 특징 지적	ST:TT 분석이 설치하지 못함, 소극적인 비평가의 태도
『아들과 연인』	1:9		✓	✓	✓ 2인 이상 역자의 통시적 TT 분석	온건성, 정확성, 충실성	✓	✓				✓		표절본, 중복번역의 심각성 지적	시차가 있는 TT에 대한 피상적인 분석, 불합리한 대안 제시
『폭풍의』	1:4		✓	✓	✓ 2인 이상 역자의 통시적 TT 분석	정확성	✓	✓					✓	표절본의 심각성 지적	시차가 있는 TT 분석 내용에서 누락, 집중적인 검토가 이루어지지 않음
『황무지』	1:4		✓	✓	✓ 2인 이상 역자의 통시적 TT 분석	기존번역검		✓			✓	✓	✓	기존 번역본의 품질비교	검토대상 도서 선정이 우: 지명도
『싸일러스마너』	1:3		✓	✓	✓ 2인 이상 역자의 통시적 TT분석	충실성, 가독성	✓	✓		✓	✓	✓	✓	기존 번역본의 품질 비교, 자립한 분석	공동번역 선호
『걸리버여행기』	1:4		✓	✓	✓ 2인 이상 역자의 통시적 TT분석	충실성, 가독성	✓	✓		✓	✓	✓	✓	기존 번역본의 품질비교	

비평테스트제목	ST:ST 비평방식						평가기준	평가항목							비고	
	비율	텍스트적	인적	시간적	언어적			테스트 외적 요소				테스트 내적 요소			장점	단점
								TT의 텍스트상	번역 역자의 전략	독자의 역자의 영향	어휘적 반응	의미적	통사적	화용적		
「프랑켄슈타인」	1:1	✓				1인 역자(공역자)의 단일 TT분석	충실성, 가독성	✓	✓	✓	✓	✓	✓	✓	텍스트 내 외적 요소를 적절히 분석 작용	공통범위의 특징을 고려하지 않음
「모비딕」	1:8			✓		2인 이상 역자의 통시적 TT 분석/1인 역자의 통시적 TT 분석	번역 현실 점검 방향 모색 후	✓	✓	✓	✓	✓	✓	✓	동일 역자의 여러 다른 판본 분석	시차가 있는 여러 판본에 대한 파생적인 분석
「젊은 예술가의 초상」	1:2		✓			2인 이상 역자의 공시적 TT분석	충실성	✓	✓	✓	✓	✓	✓	✓	평가기준에 부합한 지 말한 분석	
「거인의 도시」,「출바」	1:1/1:2		✓			1인 역자 혹은 2인 이상 역자의 공시적 TT 분석	가독성, 충실성, 오역최소화	✓	✓	✓	✓	✓	✓		평가기준에 부합한 지 말한 분석	비평가의 주관성 개입을 인정하는 서술방식
「올리버트위스트」,「어려운 시절」,「위대한 유산」	1:4/1:2/1:4		✓			2인 이상 역자의 통시적, 공시적 TT 분석	은건성, 정확성, 가독성, 등가성	✓	✓	✓	✓	✓	✓	✓	동일 작가의 여러 작품의 번역본 분석	비평가의 치밀치 못한 서술방식
「제인에어」	1:4		✓			1인 역자 혹은 2인 이상 역자의 공시적 TT 분석	충실성	✓	✓	✓	✓	✓	✓	✓	TT간 우위 비교 분석: 중역(한국어→한국어)의 심각성 지적	TT간 시차를 분석에 작용치 않음

비평텍스트제목 / ST:ST 비평방식 / 평가기준 / 평가항목 / 비고

비평텍스트제목	비율	텍스트	인척	시간적	언어적	평가기준	TT의 탁점층	번역 전략	역자의 역량	독자 반응	어휘적	의미적	통사적	화용적	장점	단점
『무기여 잘 있거라』 1인 역자 혹은 2인 이상 역자의 통시적 TT 분석	1:10	√	√		√	정확성, 가독성, 오역 빈도 및 역도치 속성	√			√	√	√	√	√	TT 비교 분석 탁월: 표절본 비교	치밀하지 못한 동일 역자의 여러 판본 분석
『바버비드, 『재즈』 2인 이상 역자의 통시적 TT분석	1:2	√	√	√		정확성, 가독성	√			√	√	√	√	√	표절본 비교	TT간 시차를 분석에 적용치 않음, 추상적인 번역 비평
『앨리스』 1인 역자의단일 TT 분석	1:1	√	√			정확성, 가독성	√			√	√	√	√	√	평가기준에 부합한 분석	비평가의 소극성을 내포하는 서술방식
『오트란토 성』 1인 역자의 단일 TT 분석	1:1	√	√			번역의 충실이 빚는 문제점	√			√	√	√	√	√		다수의 비교대상 TT의 부재, 평가기준에 대한 모호한 비평 결과
『누욕 3부작』 2인 이상 역자의 공시적 TT 분석	1:2	√	√	√		역자의 문화 해독력	√			√	√	√	√	√	표절본의 문제점 지적, 역자의 배경 지식의 중요성 중점 부각	

앞 장에 제시한 도표는 『안과 밖』의 19개 번역 비평 텍스트에서 다룬 희곡 1편과 시 2편을 비롯하여 소설 20편을 분석한 결과, ST:TT의 비평방식, 평가기준 그리고 평가항목 등을 표기한 내역이다. 이를 토대로 필자가 제안한 번역 비평의 형식 및 내용 도표에 의거하여 비평 텍스트를 보다 자세히 분석하면 다음과 같다. 번역 비평의 형식부터 살펴보면, 번역 비평 텍스트의 종류는 타인의 작품을 대상으로 한 '타자 비평' 텍스트에 해당한다. 비평의 주체인 비평가들은 모두 대학교수로 전문 비평가에 해당하며 실명비평을 행하였다. 장정희와 조애리가 공동으로 비평한 『제인에어』를 제외한 나머지 작품은 모두 1인의 비평가가 단독으로 비평한 텍스트이다. 비평의 객체에 해당하는 분석대상 텍스트의 범주는 ST:TT의 비율이 1:1에서 1:9로 모두 '개별적인 비평'을 전개하였다. 왕철의 『거인의 도시』와 『흉내』, 이인규의 『올리버 트위스트』, 『어려운 시절』그리고 『위대한 유산』, 설준규의 『비러비드』와 『재즈』등에 관한 번역 비평 텍스트들은 하나의 번역 비평 텍스트에서 두세 가지 작품을 분석대상으로 삼았다. 하지만 각각 하나의 작품을 대상으로 번역현상과 특성을 개별적으로 다루는 전개방식을 취하였으므로 '집단적 비평'이 아닌 '개별적 비평' 텍스트에 해당한다.

분석대상 텍스트의 범주를 설정할 때 단수 혹은 복수의 번역본을 대상으로 TT의 출판이력을 검토하고 각 TT의 특성을 상호 비교한 후 일정기준을 충족하는 번역본에 한하여 비평대상 텍스트로 삼았다. 비평 텍스트를 선정하는 과정을 살펴보면 『거인의 도시』와 『프랑켄슈타인』, 그리고 『오토란토 성』 등은 단일 번역본만 존재하며,

『앨리스』는 복수의 번역본이 존재하지만, 비평가가 중역, 축약본, 영한대역본 등을 제외한 단수의 완역본을 집중검토 대상으로 삼았다. 『셰익스피어 전집』과 『흉내』는 각각 동일한 번역가의 세 개의 판본과 두 개의 판본을 분석대상 텍스트로 삼았다. 그 외의 작품들은 여러 작가 혹은 동일한 번역가의 여러 판본이 동시에 혹은 각기 존재하여 『모비딕』은 10여 종의 번역본 중에서, 『제인에어』는 거의 40종의 번역본 중에서, 『무기여 잘 있거라』는 약 60명이 번역한 100여 권의 번역본 중에서 표절본, 축약본, 중역본, 윤문본 등 번역 텍스트의 외적인 용인성을 검증하였다. 그 결과 대부분 번역 텍스트의 외적인 용인성을 획득한 번역 텍스트를 대상으로 본격적인 비평이 가해졌다.

『안과밖』의 문학비평 텍스트는 단수의 ST를 분석대상 텍스트로 삼은 '개별적 비평'으로 '텍스트 중심'의 비평방식을 취하였다. 그리고 이들 번역 비평 텍스트는 ST와 TT의 서지정보 및 작가의 작품이력 등에 관한 사실을 객관적으로 제공하는 '기술적인' 서술방식과 더불어 개별 번역본의 텍스트 내·외적인 특징을 ST와 상호 비교 분석하는 '비평적인' 서술방식을 취하였다. 한편, 위의 비평 텍스트가 분명 전문 비평가들이 수행한 비평 텍스트이지만 비평가의 입장이나 인지도가 높은 학자의 번역본에 대한 비평을 하는 경우 겸손을 표하는 등 '감상적인' 서술방식도 동시에 취하였다. 그중에서 다음과 같이 비평가의 전문성을 저해하는 경우도 발견되었다.

(20) "실제 번역 경험도 별로 없는 필자가 기존의 번역에 주제넘은

짓을 했다."(『아들과 연인』: 313)

"본의 아니게 선학들의 땀 흘린 성과를 이리저리 흠만 잡은
꼴이 되었지만 ……"(『테스』: 307)

"선학들의 업적에 대하여 흠을 잡는 일종의 악역을 수행한 셈
이라 마음이 무겁다."(『황무지』: 151)

비평가가 근거 없는 오류에 집착하여 번역물을 매도하거나 상찬
식의 비평도 문제이지만 위와 같이 지나친 겸손도 비평 텍스트에서
는 결코 미덕이 될 수 없다. 따라서 비평가는 비평 텍스트에서 사
용하는 어휘나 표현 하나까지도 보다 신중하게 취사선택하여 서술
할 필요가 있다.

『안과밖』의 번역 비평 텍스트는 1년에 2회 발행되는 비평 전문지
『안과밖』을 통해 발표되었다. 제19호를 제외한 창간호부터 제20호
까지 번역 비평을 게재하는 <번역을 짚어본다>의 고정 지면을 할애
하는 우리나라의 대표적인 비평 전문지이다. 이 비평 텍스트의 수용
자는 해당 번역가는 물론 학자와 학생, 전문 독자와 일반 독자를
두루 포괄하고 있다. 따라서 ST는 물론 비평대상 작품선정에서 비
평의 목적과 평가방식 및 평가내용 등 텍스트 내·외적인 면을 두
루 포괄할 수 있는 보다 전문적이고 분석적이며, 객관적이고 신뢰할
만한 비평 텍스트가 되어야 한다.

〈표 5-20〉『안과밖』의 19개 번역 비평 텍스트의 형식

비평 텍스트의 종류: 타자 비평					
비평종류	비평주체	비평객체			비평매체	수용자
		범주	비평방식	서술방식		
타자 비평 → 전문 비평가 → 개별적 비평[50] → 텍스트 중심 → 기술적 → 단행본 → 전문 독자 비평적 ＼ 일반 독자						

그리고 번역 비평의 내용을 살펴보면, 모든 비평 텍스트에서 ST:TT의 비평방식은 비평 텍스트 전개의 중심 구도를 확정하므로 매우 중요한 역할을 하고 있음을 알 수 있다. 여러 개의 번역본이 존재하는 경우 비평가는 TT의 이력을 파악한 후 각 번역본의 번역상태를 총체적으로 점검해야 한다. 이 과정에서 중역본, 중복본, 표절본, 발췌본, 축약본, 윤문본 혹은 영한 대역본 등 용인성을 부여할 수 없는 번역본을 일차적으로 배제한 후 나머지 번역본을 대상으로 비평 대상 텍스트를 선정한다. 이때 비평가는 원본에 대한 최초의 번역본과 최근 번역본, 동일한 번역가의 여러 판본(초간본, 중간본, 재간본 등), 동일한 시기에 출간된 여러 번역가의 번역본 등을 고려하여 ST와 TT에 관련되는 인적, 시간적, 텍스트적, 언어적인 요소를 충분히 점검해야 한다. 그러나 번역 비평 텍스트를 살펴보면 많은 비평가들이 기존의 TT를 분석할 때 여러 가지 요소들을 적극적으로 활용하지 않는 경우도 상당했다.

예를 들어, 서경희는 『셰익스피어 전집』 비평에서 번역가 김재남

---

50) 본 장에서는 『안과밖』의 19개의 개별적 번역 비평 텍스트를 종합적으로 분석하므로 '집단적 비평'의 범주로 분석하였다.

의 초판본(1964), 중간본(1971년), 3정판(1995년) 등 세 가지 판본을 분석대상 번역본으로 삼았다. 그러나 한자어와 구두점(작은 쉼표)의 사용빈도 감소와 문장의 어미를 부드럽게 전개한 사실 등 세 판본의 특징과 변화상을 비교적 간략하게 제시하였다. 이와 관련된 비평 예시문은 일관성이 다소 부족하며 ST와 TT는 필요에 따라 비교하는 등 피상적인 분석에 그쳤다. 유두선 역시『아들과 연인』의 여러 번역본 특히 최초의 번역본(1958년)과 최근 번역본(1997)의 약 40년의 시차를 고려하여 번역본에 나타난 특징 중 세로쓰기가 가로쓰기로, '국민학교'가 '초등학교'로 변화한 내용 등의 사례를 제시하였으나 분석의 밀도가 낮아 초보적인 분석에 그쳤다. 또한 동일한 번역가의 여러 판본(유영의 1973년과 1988년 판본, 김정환의 1994년 1996년 판본)의 차이와 변화상에 대한 논의가 거의 배제되어 비평의 묘를 살리지 못한 점이 아쉽다.

"번역본의 용인성을 검토하기 위해서 맨 먼저 번역본을 찾는 작업에 주력해야 한다."(Toury 70-2) 비평 텍스트를 분석한 결과 비평가들은 분석대상 TT를 선정하기 전에 TT의 용인성을 먼저 검증하는 것으로 나타났다. ST에 대한 TT의 서지정보를 활용하여 TT의 출간이력을 전체적으로 파악한 후, 번역의 질을 논하기 전에 먼저 ST의 서지정보 명기 여부, 번역가, 출판사, 판본의 이력 등을 점검한다. 이 과정에서 최초의 출간본 혹은 최근 출간본, 동일 번역가의 여러 판본유무, 판본 간의 차이점, 동일 판본의 여러 출판사 출간유무 등을 가린다. 그 결과 표절본, 중복 출판본, 중역본, 발췌본, 요약본 등을 제외한 '완역된 독자적인 번역본'에 일차적인 용인성을 부여하고 비평대상 텍스트로 삼는다. 번역가와 출판사의 윤리를 현격하게 떨어뜨리는 번역 행태에 대하여 비평가들은 가차 없이 번역 텍스트의 용인성을 박탈한다. 그 예를 하나씩 살펴보면 다음과 같다. 먼저 축약본이나 중역본을 검토 대상 텍스트에서 제외한 사례는 다음과 같다.

> (21) "우선 <u>많은 수의 번역본들이 축약되었거나 번역하기 어려운 구절들을 생략한 경우가 많았다. 서로 모방하거나 중역을 한 번역본을 제외하고</u> …… 등 원본에 비교적 충실한 번역본을 1차 검토 대상 도서로 삼는다."(장정희, 조애리 『제인에어』: 155-6)

위의 예에서 '축약되었거나 번역하기 어려운 구절들을 생략' 혹은 '서로 모방하거나 중역' 등을 지적한 대목은 번역가 및 출판 관계자의 윤리성을 지적하는 대목이다. 번역가의 윤리성은 번역의 품질보다도 더 우선시해야 할 준거로 삼아야 한다. 그래야 번역문화가 전반적으로 성숙해질 수 있다. 다음의 사례 역시 동일한 번역가의 동일한 판본이 다른 출판사에서 출간된 바람직하지 못한 번역의 현실을 지적한 예이다.

> (22) "『아들과 연인』의 번역본은 10여 종에 이른다. 그런데 <u>동일한 번역가에 의한 번역본이 별다른 수정 없이 출판사만 바꾸어 출간한 경우가 많았다.</u> 김재남의 경우 삼중당(1976) 판본이 혜진서관(1990)에서 그대로 출판되었다."

(유두선『아들과 연인』: 291)

"'윤종혁의 삼성출판사에서 출간된 <u>1974년 초판본은</u> 1975년 판본과 동일한 것으로 짐작되며, <u>1982년 삼성출판사에서 나온 번역도</u> 검토하였으나 1975년 판과 동일본이었다.' 그리고 '<u>설 순봉의 1982년 주우사 번역본도 1994년 학원사의 판본과 동 일본이었다.</u>'"(황정아『무기여 잘 있거라』: 244)

'동일한 번역가에 의한 번역본이 별다른 수정 없이 출판사만 바꾸어 출간'하거나 여러 판본이 '동일본'으로 밝혀지는 경우 비평가는 물론 독자도 절대로 해당 번역본에 대하여 용인성을 부여해서는 안 된다. 중역과 번역가와 출판사를 바꿔 가며 출간하는 중복 출간에 그치지 않고 번역의 용인성을 통째로 박탈하는 전체적인 표절본과 부분적인 표절본의 심각성을 보여 주는 사례는 수도 없이 많이 찾아볼 수 있다.

(23) "<u>박영의의 번역판이</u> 지닌 가장 큰 문제점은 1996년이라는 비교적 최근에 나온 이 번역이 작품에 대한 새로운 번역이 아니라 <u>20년도 더 된 오석규(1974)의 번역을 거의 그대로 옮겨 놓다시피 했다는</u> 것이다. 이것은 실제로 아무 데나 뒤적여 임의로 한 부분을 골라 두 번역판을 비교해 보면 금방 드러난다."(이인규『올리버 트위스트』: 258)

"…… 등의 <u>번역상의 오류</u> 등은 <u>2003년 황보석의 출간본과 1996년 한기찬의 출간본에</u> 거의 공통적으로 나타나고 있다.

오역된 구체적인 부분들은 두 번역본 사이에 상당한 일치를
보인다. 우연으로 간주하기에는 너무나 유사하고 동일한 실수
가 이어진다. …… 이 같은 현상에는 시장기제에 전적으로 지
배되는 출판문화 …… 등이 복합적으로 작용하고 있다."

(유정완『뉴욕 3부작』: 246)

번역가의 근시안적인 판단으로 빚어진 표절현상으로 말미암아 '거
의 그대로 옮겨 놓다시피 했다.' 혹은 '우연으로 간주하기에는 너무
나 유사하고 동일한 실수가 이어진다.'는 대목을 보면 번역가 전체
의 위상이 흔들릴 정도로 심각함을 알 수 있다. 번역 텍스트의 용인
성을 저해하는 경우로 중복 번역본의 폐해 역시 표절에 버금간다.
특히 중복 번역본은 이전 번역본의 오역이 교정되거나 개선되지 않
고 그대로 답습되는 기현상을 보여 준다.

번역본의 외적인 용인성을 저해하는 다양한 사례를 통하여 비평
가들은 표절본이나 중복 번역본 등 번역가와 출판사가 지켜야 할
윤리성을 매우 중시한다는 사실을 알 수 있다. 번역본의 외적인 용
인성을 검증하는 과정에서 비평가들은 1차적으로 ST와 TT의 서지
정보를 기초로 분석한다. 실제 번역 텍스트를 살펴보면 ST의 서지
정보가 누락된 경우가 많아 분석 자료로 사용할 때 장애요인으로
작용하므로 정확한 서지정보를 명기해야 할 필요성은 아무리 강조
해도 지나치지 않다.[51] 한편 서지정보의 명기는 출판사의 몫으로

---

51) "표절본 관계를 정확히 알아내려면 각 번역본의 초판본 연도를 확인"해야 하지만
"표절 대목이지만 분명한 판단을 내리기 애매한 경우 혹은 어느 판본을 밝힐 수
없는 때도 있다."(황정아『무기여 잘 있거라』: 243 - 4)

번역가와 무관하다고 생각할 수 있다. 그러나 비평가들이 ST와 TT의 서지정보를 중심으로 번역 텍스트의 용인성을 점검하는 행위는 적극적인 의미에서 번역가들의 역할에 주목하기 때문이다. 왜냐하면 "모든 번역 행위는 목표 지향적이며, 번역 목표를 달성하기 위하여 번역 의뢰인(출판사)은 물론 역자와 저자 그리고 목표 텍스트 독자 등이 상호 작용해야 번역텍스트가 생산"(Nord 1997: 20-22)되기 때문이다. 따라서 번역가와 출판 관계자들은 번역본의 출간 시 외적인 용인성을 확보할 수 있는 1차적 요건으로 '윤리적인 문제가 없는 독자적인 번역본' 작업에 임해야 하며 'ST는 물론 TT의 서지정보를 정확하게 명기할 필요'가 있다.

번역본의 시차의 변화상을 비교적 잘 활용한 예는 조철원의 『월든』에 관한 번역 비평 텍스트가 있다. 20여 년의 시차가 있는 양병탁(1973년)과 강승영(1994)의 두 번역본에서 문체(문어체가 구어체로), 어조(강한 어조가 부드러운 어조로), 문단 나누기, '가독성'을 고려한 적절한 역주 사용, 자연스러운 우리말 구사로 ST 같은 TT, 직역을 피한 자연스런 의역, 만연체, 작가의 의중 전달, 문법구조, 긍정과 부정의 사용, 어휘의 변화상 등을 자세히 보여 주었다. 또한 한애경의 『싸일러스 마너』는 20년의 시차가 있는 세 번역가, 오화섭(1972, 1984), 이승근(1984), 김승순(1992)의 네 가지 번역본을 비평대상 텍스트로 삼았다. 가장 먼저 나온 오화섭의 번역본은 한자어와 문어체가 거슬리며, 가장 최근에 나온 김승순의 번역본은 긴 문장과 줄표 처리, 말투와 어조, 부자연스런 표현과 한자어 표현 등 한글세대의 장점을 제대로 살리지 못하고 예스런 말투가 많이 남아 있는 점 등의 예를 들어 상대적으로 깊이 있는 분석이 이어졌다. 이외에도 시차가 큰 동일한 번역가의 판본의 변화상을 다룬 김진경의 『모비딕』 비평 텍스트는 양병탁(1956년 완역, 1960년 개정판, 1995년 판)의 번역본을 대상으로 30여 년 전후를 비교하여 의미나 이미지의 분명한 명시, 복수명사의 사용, 한자어의 구어체로 변화, 그리고 구두점 사용 등에 관하여 분석하였다.

「교수신문」에서 분석한 비문학 텍스트 비평과 달리 문학 텍스트 비평에서는 ST:TT의 비평방식에 개입되는 요소는 '인적 요소'와 '시간적 요소'에 주로 국한된다. 그 이유는 비문학 텍스트는 원전의 언어가 우리나라에서는 비주류에 속하는 희랍어, 이탈리아어 등으로 다양한 TT가 존재하지 않거나, 영어판이나 일어판 등을 다시 번역하는 중역 등으로 언어적 요소와 텍스트적 요소가 비평 시 고려해야 할 대상으로 증가하기 때문이다. 반면, 『안과밖』에서 다룬 문학 텍스트는 우리나라에서 상당한 독자층을 형성했던 작품들이 주축을 이루기 때문에 원전에 대한 다양한 번역본이 존재하여 '언어적 요소'와 '텍스트적 요소'가 개입될 여지가 상대적으로 적기 때문이다. 따라서 문학 텍스트 비평은 비문학 텍스트 비평에 비하여 '인적 요소'와 '시간적 요소'와 관련된 번역본의 텍스트 내·외적인 변화상을 가감 없이 분석하고 특성을 종합적으로 파악할 수 있는 이점이 있다.

다음으로 문학비평 텍스트에 적용한 비평가들의 ST:TT의 번역 평가기준을 살펴보면 비문학 텍스트 비평에 관하여 다양한 기준을 적용했음을 알 수 있다. 대부분의 비평가들은 ST의 저자의 의도를 최대한 반영하는 '충실성'(정확성)과 TT 독자들을 배려하는 '가독성'을 동시에 적용하는 평가기준으로 삼았다. 물론 『풀잎』, 『젊은 예술가의 초상』, 『제인에어』 등 '충실성'(정확성)에 치중하여 평가하거나 『월든』과 『테스』처럼 '가독성'을 중점적으로 평가하는 예도 있다. 그리고 비평가 이인규는 『올리버트위스트』, 『어려운 시절』 그리고 『위대한 유산』에 관한 비평에서 '충실성'과 '가독성' 외에도 ST의 형식을 제대로 반영하여 번역했는지 살펴보는 '온전성'을 평가기준에 포함하였다. 그 외에도 『거인의 도시』와 『흉내』는 '오역 최소화'를, 『무기여 잘 있거라』는 '오역의 빈도와 지속성'을 포함하였다. 한편 『뉴욕 3부작』은 번역가의 문화 해독력에 중점을 두어 위의 평가기준과는 구별된다. 『황무지』와 『모비딕』은 기존 번역을 점검하고 향후 방향을 모색하기 위하여, 『오토란토 성』은 번역의 혼선이 빚는 문제점 점검 위주로 번역본을 비평하여 번역의 평가기준보다는 평가의 목적에 초점을 맞춰 비평하였다. 비평가는 비평 시 적용하는 평가기준을 보다 분명하게 명시하고 그에 따라 일관성 있게 논지를 전개할 필요가 있다.

한편 '온전성'과 관련하여 비평가들 사이의 시각차를 발견할 수 있었다. "번역가는 원전의 오류를 바로잡을 정도의 역량이 있어야 할 것"을 요구하는 비평가가 있는 반면 "번역가는 철저히 원문의 형식을 고스란히 번역본에 담아내야 한다."는 상반된 관점을 가진 비평가도 있었다.

(24) "번역가는 원문의 오식까지도 찾아서 온전한 것으로 만들어야 한다."(유두선 『아들과 연인』: 297)

"형식적 온전성이란 번역판의 기본적 요소에 대한 점검이다. 원작을 직접 번역한 결과로 번역판에 원본의 서지정보, 제목이나 각 장의 구분 또는 문단의 구분이 원작의 형식 준수, 역주를 제공, 작가의 연보 또는 해설 첨부 등이 일차적인 검토사항이다."(이인규『올리버 트위스트』외: 255)

비평가들의 시각차를 번역가가 전적으로 수용할 수는 없지만 번역 대상작품에 대한 철저한 분석을 통하여 1차적으로 번역가는 원문의 형식을 따라야 하지만 작가 혹은 원문의 명백한 오류가 발견될 시에는 번역가는 해당 내용을 제대로 바로잡되 역주 등을 통하여 그 경위를 밝히는 것이 좋다.

지금까지 문학 작품에 대한 여러 번역 비평 텍스트의 형식과 내용을 개괄적으로 살펴보았다. 이제 실제 번역 비평 텍스트에서 비평가들이 텍스트를 비평할 때 평가하는 항목의 특성과 경향을 파악하기 위하여 논의한 텍스트의 내·외적인 요소에 관한 평가항목에 관하여 알아보기로 한다. 먼저『안과밖』의 비평가들이 비평한 대상작품은 작가나 번역가의 높은 위상과 인지도, 베스트셀러, 문화적 오역이 많은 작품 혹은 다분히 중역, 표절본 혹은 윤색본 등 근본적인 문제점을 지닌 번역본, 그리고 지속적인 출판이 이루어진 번역본으로서 이후 번역서의 표절 및 참조의 대상이 되는 등의 이유로 선정된다. 대문호 셰익스피어를 비롯하여 멜빌, 헤밍웨이, 토니 모리슨, T.S. 엘리엇 등은 노벨상 수상 작가들이며, 그 외의 작가들 역시 영미 문학사에서 작품성을 높이 평가받고 있는 베스트셀러 작가들이기 때문이다. 이들 작가의 작품을 번역한 번역가 역시 비평대상 작품선정에 국내에서의 위상과 인지도가 반영되어 있다. 비평가들의 비평대상 텍스트의 선정 기준을 살펴보면 다음과 같다.

(25) "번역가 김종길(1987), 이재호(1994), 이창배(1998)는 <u>가장 괄목할 만하며 최신번역본이므로.</u>"(봉준수『황무지』: 131)

"<u>근년에 지명도 높은 출판사에서 출간한 무게 있는 학자의 번역본</u>이므로."(이종일『젊은 예술가의 초상』: 224)

"<u>여러 번 출간한 작품과 현재 대중성이 있는 작품</u>이므로."(김진경『모비딕』: 74)

"한기찬(1996)의 번역본은 절판되어 <u>현재 베스트셀러인 황보석(2003)의 번역본을 중점적으로</u> 다룬다."

(유정완『뉴욕 3부작』: 232)

위의 사례 외에도 유정완은 또한 "두 번역가의 번역본이 너무도 유사하고 동일한 실수가 빚어지는 등 절대 우연의 일치가 아니라서"(유정완『뉴욕 3부작』: 246) 두 번역본을 비평대상 텍스트로 삼았다고 분석대상 텍스트를 선정한 이유를 부연하였다. 이러한 선정 이유는 번역본 상호 간의 질적 우위를 밝혀 독자를 계몽하는 것이 비평가와 비평 텍스트의 중요한 의무이기 때문이다. 마지막으로 질적으로 우위를 지닌 역서로서 지속적인 출간이 이루어져 오히려 이후 번역서의 표절 및 참조의 대상이 된 경우로『무기여 잘 있거라』가 있다(244). 황정아는 "오국근(1995)의 번역본은 1974년 번역본의 개정판이나 윤종혁의 번역을 대폭 참조한 것으로 보인다."고 하였다. 이처럼 여러 번역본을 비교하면 앞선 번역본이 나중에 나온 번역본의 저본이 되는 기현상을 발견할 수도 있다.

비평대상 번역본을 선정할 때 비평가들이 중시하는 요소는 앞서 언급한 텍스트의 외적 용인성 검증 외에도 내적인 용인성을 검증하기 위해서도 번역본이 참조한 ST에 대한 서지정보의 명기여부를 중시한다.『테스』,『풀잎』,『젊은 예술가의 초상』,『올리버트위스트』,『이상한 나라』등의 비평가들이 서지정보를 누락하거나 부정확하게 명기한 사실을 지적하였다. 서지정보는 1차적으로 번역본 상호 간의 질적 우위를 판단하는 기초자료이기 때문이다. 가령, 비평가들은 '번역가가 독자적으로 번역한 완역본'이나, 동일한 번역가가 초간본의 품질을 향상시켜 출간한 재간본이나 이후 출간되는 개정판에 번역 텍스트로서의 용인성을 부여하는 경향이 있다. 한편, 김명환은『테스』의 TT에 서지정보가 누락되어 '판', '쇄', 그리고 '초판쇄' 등을 파악할 수 없으며, 동일한 번역가의 판본이 7년의 시차에도 불구하고 동일한 내용으로 재간(이가형의 1987과 1994 판본)되거나 다른 출판사에서 중복 출판되며(정병조의 1988과 1996판본), 초판의 발행 연도 역시 누락되었음을 지적하였다. 이러한 사례로 미루어 보아 ST와 TT의 서지정보 명기는 번역가가 번역시 반드시 유념하여 수록해야 할 기본적인 사항임을 재확인할 수 있다.

많은 비평가들은 번역의 질적 향상을 위하여 번역가의 자질을 중시한다. "번역가는 해당 외국어와 모국어에 정통해야 하며 해당 작가나 작품에 정통한 전문번역가가 되어야 한다."(『아들과 연인』: 313, 『프랑켄슈타인』: 278)고 주문하였다. 또한 번역을 둘러싼 내·외적인 요소들, 특히 "번역가의 위상"(『싸일러스 마너』: 279-80) 및 "번역료 및 인세의 현실화"(『모비딕』: 71, 『제인에어』: 171), "학자의 경우 번역 실적을 연구 실적에 적극 반영"(『테스』: 308, 『싸일러스 마너』: 279-80), "ST에 대한 문화적 문맹과 과도한 윤문, 불분명한 인용 등 한국 출판계의 문제점"(『뉴욕 3부작』: 246) 등을 지적하였다. TT의 이력을 파악하여 완역본의 여부, 서지정보 명기, 번역가의 자질, 번역환경은 물론 작가 및 작품 소개, TT 출간 시 국내 상황이나 영향, 독자 반응, 번역가 후기 등 텍스트 외적인 면과 관련된 요소는 번역 비평 시 비평가가 반드시 고려해야 할 사항들이다.

<표 5-21> 『안과밖』의 19개 번역 비평 텍스트의 내용

비평의 범주	ST:TT의 비평방식	텍스트 장르	평가기준	평가항목	
				텍스트 외적요소	텍스트 내적요소
개별적 비평	1 : 1 - 1:10의 1인 혹은 2인 이상 역자의 단일 혹은 복수의 공시적 혹은 통시적 TT 분석	문학	ST 위주 → 저자 중심 혹은 독자 중심 (정확성, 충실성, 가독성 등)	TT 출간이력, 번역전략, ST 서지정보, ST의 특징, 직역의 폐해, 축약본, 번역가의 역량, 번역가의 배경지식, 번역의 현실, 부실번역의 결과, 작가 위상, 공역의 필요성, 번역의 정의	어휘(한자어), 존대어, 호칭, 방언, 고어체, 고유명사, 제목, 문장부호, 어미, 등장인물의 심리, 접속사, 반복, 세로쓰기, 문체, 어조, 문단 나누기, 유려함, 주석, 직역과 의역, 만연체, 작가의 의도, 문법구조, 긍정과 부정, ST의 이탤릭체 번역, 대명사, 번역가의 자의적인 문장구조 및 문장 나누기, 우리말의 논리성, 문체(어투, 완곡어법), 과역, 구두점, 첨가, 누락 등

다음으로 텍스트 내적인 면을 검토하기 전에 비평가들의 평가방법과 관련하여 평가기준 설정과 ST와 TT를 비교하는 방식, 오류를 찾아내는 방법 그리고 문제점을 지적하는 방식 등을 먼저 살펴보기로 한다. 비평가들의 ST와 TT를 검증하는 방식도 다양하게 나타났다.

(26) "TT를 읽다가 의미가 불분명할 때 ST 찾고"(왕철 『거인의 도시』와 『흉내』: 304)

"ST의 까다로운 부분에 해당하는 TT를 확인"(황정아『무기여
잘 있거라』: 245)

위의 두 사례는 텍스트 전체를 검증하는 것이 아니라 의미가 까
다롭다고 생각되는 부분을 무작위로 점검하는 방식을 취하였다. 그
런가 하면 비평가에 따라서는 분석대상 텍스트의 일정 부분을 집중
적으로 분석하는 검증방식을 택하기도 한다.

(27) "중요 chapter 1/10 이상의 TT를 ST와 비교하여 ST에 충실
치 못한 번역을 찾아낸다."(설준규『비러비드』와『재즈』: 203)
"가장 중요하고 긴 chapter를 대상으로 ST:TT 대조하여 오류
를 발견"(유정완『뉴욕 3부작』: 231-2)

ST와 TT의 검증방식은『안과밖』의 문학텍스트 비평이「교수신문」
의 비문학 텍스트 비평에 비하여 타당성 면에서 보다 우위를 차지한
다. 왜냐하면 다음에 언급할 텍스트 내적 요소에서 보다 자세히 밝히
겠지만, 교수신문은 개념어 위주 혹은 ST와 TT의 몇 문장에 한하여
검토 분석하여 텍스트 전체 비평에는 상당한 한계점을 노출하였기
때문이다. 따라서 비평가는 ST와 TT의 검증방식과 검증분량에 관한
내용을 반드시 제시하여야 한다.
번역본의 오류를 전개하는 방식 역시 비평 텍스트마다 다양하게
나타났다. 그중 문제가 있는 부분에 대한 ST와 TT 혹은 TT와 ST
를 병기한 후 문제점에 대한 구체적인 설명을 한 후 대안번역을 제

시하는 형식이 많았다. 이 경우 해당 텍스트의 출전이 누락되거나 불충분한 부연 설명 혹은 불명확한 근거 등 개선의 여지가 있었다. 가령, 김명환은 ST에 해당하는 6가지의 TT를 나열한 후 "6가지 번역 중 가장 잘된 번역은 ……의 번역이다."(『테스』: 293-5)는 식의 분석이 없는 예시로 끝냈다. 그리고 오류에 대한 구체적인 예시가 없이 문제점만 지적하는 경우도 있다. 또한 비평가의 대안번역에 대한 검증 및 수용여부 등도 반드시 제고해야 한다.

오류를 지적할 때 비평가들의 주관적인 소견이나 감상 등 타당성을 떨어뜨리는 부적절한 표현법도 지적할 사항이다.

(28) "청소년 짜증 유발, 아무렇게나 옮김."(김명환 『테스』: 297)

"이 정도의 번역이면 성실한 번역이라 생각한다."(왕철 『거인의 도시』 외: 304)

"두 번역을 놓고 선택을 하라면 아무래도 나중에 나온 윤혜준의 번역이 역시 한층 낫게 보인다."(이인규 『올리버트위스트』 외: 259)

"잦은 것은 아니나 곤혹 한두 문장이 누락된 경우를 발견할 수 있는데, 몇 가지 오역들과 함께 보완할 기회가 있으면 좋지 않겠나 하는 바람이다."(한혜정 『이상한 나라의 앨리스』: 177)

위의 사례에서 특히 밑줄 그은 부분은 비평 텍스트에서 반드시 지양해야 할 표현법이다. 그리고 다음의 비평 텍스트의 검증방식을 보면 대부분의 비평가들은 문제를 지적한 번역현상에 대하여 대안을 제시한다. 하지만 간혹 대안을 빠뜨리거나 바람직하지 못한 번역의 사례 제시로 그치는 경우가 있다. 이럴 경우 독자는 물론 비평대상 번역가 역시 비평가가 제시하는 구체적인 해법을 얻지 못하기때문에 문제 지적 자체에 대한 의문을 제기할 수 있다. 따라서 비평가는 오류에 대한 지적을 할 때 반드시 문제점에 대한 자세한 설명은 물론 대안번역도 제시해야 한다.

〈표 5-22〉『안과밖』의 19개 번역 비평 텍스트의 검증방식

ST:TT의 검증범위		무작위, 일정분량 혹은 텍스트 전체
오류 전개 방식	TT	그러나 난 책의 출간으로 인해 어떤 형태의 불규칙적이지만 유쾌한 고용이 있을 가능성이 높다고 생각했다.(332)
	ST	But I thought there was a good chance that publication might lead to some form of irregular, agreeable employment.(244)
	문제점 분석	직역의 문제가 얼마나 심각한 것인가 증언해 준다. 이러한 현상은 우리말 구사의 문제 이전에, <u>번역가가 원전을 제대로 파악하지 못하고 있는</u> 게 아닌가 하는 의구심마저든다. 원전의 의미를 제대로 파악했더라면 이러한 <u>직역 투의 문장</u>은 좀 더 적절한 우리말로 바뀌지 않았을까 싶다.
	대안 번역	없음

(왕철 『흉내』: 312)

5.2.2. 비문학 번역 비평 텍스트

다음은 「교수신문」의 <최고의 고전 번역을 찾아서>에서 11개의 번역 작품에 대한13개의 번역 비평 텍스트를 분석한 결과이다. 타인의 작품을 모두 비평대상 작품으로 삼은 타자 비평에 속하며, 비평의 주체는 각 분야의 전문성을 갖춘 전문 비평가들이 행한 실명 비평 텍스트이다. 비평의 객체인 분석대상 텍스트의 범주(ST:TT)는 최소 1:1에서 최대 1:5를 대상으로 한 개별적인 비평에 속한다. 또한 ST와 TT의 내용 분석에 중점을 둔 텍스트 중심 방식으로 기술적이며 비평적인 서술방식을 적용하였다. 비평의 매체는 한국의 대학과 대학교수, 학자와 학생 그리고 교육 관련 종사자들을 대상으로 하는 전문 신문, 「교수신문」(주간지)을 통하여 2005년 5월부터 '학술비평'의 고정칼럼에 <최고의 고전 번역을 찾아서>를 연재하고 있다. 「교수신문」은 그동안의 성과물인 동서양의 고전 23편에 관한 번역 비평 텍스트를 모아 『최고의 고전 번역을 찾아서』 단행본을 발간하는 등 일종의 비평 전문지의 역할을 한다. 이 번역 비평 텍스트의 수용자는 주로 해당 번역가는 물론, 학자와 학생, 전문 독자이며, <추천번역본>과 <어떻게 읽을 것인가>란을 번역 비평 텍스트 다음에 편집하여 일반 독자층도 텍스트에 접근할 수 있도록 배려하였다. 하지만 대상작품이 고전작품이며, 주제 분야와 내용의 난이도 등을 고려할 때 일반 독자의 접근성에 아직은 상당한 한계가 있다.

다음은 「교수신문」에서 다룬 번역 비평 텍스트를 분석한 결과를 토대로 비평 텍스트의 형식과 내용을 총체적으로 조망하기 위하여 'ST:TT의 비교 텍스트 수', '비평방식', '평가기준' 그리고 '평가항목'을 개괄적으로 나타낸 도표이다. 평가항목은 번역 텍스트의 용인성을 점검하는 기본적인 요소 등에 관한 상세한 내용은 『안과밖』의 번역 비평 텍스트에서 명시한 사항과 동일하게 적용한다. 참고로 「교수신문」의 비평대상 텍스트의 평가항목을 보다 구체적으로 정리한 내용은 [부록 10] '비문학 번역 비평 텍스트 서적별 평가항목 분석표: 「교수신문」'에 수록하였다.

〈표 5-23〉 개별적 번역 비평 텍스트 서적별 분석 : 『교수신문』 (비문학)

장르 분야	비평텍스트 번역텍스트	비율	텍스트 분량	인적	시간적	언어적	평가 기준	TT의 텍스트 험감중	번역 전략	역자의 역량	독자의 반응	어휘적	의미적	통사적	최용적	장점	단점
비문학	『국가』	1:1	1인 역자의 단일 TT 분석	✓			충실성, 가독성	✓	✓					✓	✓	동일역자의 여러 판본 비교	
	『국가』	5:1	2인 이상 역자의 통시적인 중역본에 대한 분석			✓	충실성	✓	✓	✓	✓	✓	✓	✓	✓	시차가 있는 TT의 특 정부분적으로 활용	비평가의 위험한 발상: TT의 좋은 참신 모아 체면점제시
	『정치학』	2:1/ 1:1	1인 혹은 2인 이상 역자의 통시적인 중역본에 대한 분석			✓	충실성	✓	✓					✓	✓	표절본의 특징 지적	ST:TT 분석이 철저하지 못함. 소극적인 비 평가의 태도
	『사학』	1:2/ 2:1	1인 혹은 2인 이상 역자의 통시적인 중역본에 대한 분석			✓	가독성	✓	✓	✓				✓		표절본, 중복번역의 심 각성지적	시차가 있는 TT에 대 한 피상적인 분석, 불 합리한 대안 제시
	『군주론』	1:1/ 2:17	1인 혹은 2인 이상 역자의 통시적인 중역본에 대한 분석			✓	정확성, 적절성	✓	✓	✓				✓	✓	표절본의 심각성지적	시차가 있는 TT 분석 내 용에서 누락, 집중적인 검토가 이루어지지 않음
	『로마사 논고』	1:3	2인 이상 역자의 통시적인 TT에 대한 분석	✓			가독성	✓	✓	✓				✓	✓	기존 번역본의 품질 비교	검토대상 도서 선정이 우: 자의도

비교문화		충실성 등	검토 항목					기존 번역본의 품질 비교, 치밀한 분석	공동번역 선호
「통치론」	1:3	2인 이상 역자의 통시적 TT에 대한 분석	충실성	✓	✓	✓	✓	기존 번역본의 품질 비교, 치밀한 분석	
「세속권력론」	1:2	1인 역자의 복수의 TT에 대한 분석(단, 1종의 ST가 2종의 TT로 각기 출간되었음)	충실성	✓	✓	✓	✓	기존 번역본의 품질 비교	
「자유론」	2:2	2인 이상 역자의 번역본에 대한 분석	충실성, 가독성, 유용성	✓	✓	✓	✓	텍스트 내 외적 요소를 균형감있게 분석에 적용	공동번역의 특징을 고려하지 않음
「공리주의」	1:8	2인 이상 역자의 통시적 TT에 대한 분석	충실성, 가독성	✓	✓	✓	✓	동일 역자의 여러 판본 분석	시차가 있는 여러 판본에 대한 파상적인 분석
「자본론 1~3」	1:2 / 2:1 / 3:1	1인 혹은 2인 이상 역자의 번역본 혹은 원전 번역본 분석	정확성, 가독성	✓	✓	✓	✓	평가기준에 부합한 지 명확한 분석	
「비극의 탄생」	1:1 / 1:2	2인 이상 역자의 통시적 중역본 분석	충실성, 가독성	✓	✓	✓	✓	평가기준에 부합한 지 명확한 분석	비평가의 주관성 개입을 인정하는 서술방식
「꿈의 해석」	1:6 / 2:1	1인 혹은 2인 이상 역자의 통시적 TT 분석	충실성, 가독성	✓	✓	✓	✓	동일 작가의 여러 작품의 번역본 분석	비평가가 치밀하지 못함을 인정하는 서술방식

앞 장에 제시한 도표는 「교수신문」의 12개의 비문학 텍스트를 대상으로 한 번역 비평 텍스트를 분석한 결과, ST:TT의 비평방식, 평가기준 그리고 평가항목 등을 표기한 내역이다. 이를 토대로 필자가 제안한 번역 비평의 형식 및 내용 도표에 의거하여 비평 텍스트를 보다 자세히 분석하면 다음과 같다. 번역 비평의 형식부터 살펴보면, 번역 비평 텍스트의 종류는 타인의 작품을 대상으로 한 '타자 비평' 텍스트에 해당한다. 비평의 주체인 비평가들은 모두 대학교수로 전문 비평가에 해당하며 실명비평을 행하였다.

〈표 5 - 24〉「교수신문」의 12개 번역 비평 텍스트의 형식

비평 텍스트의 종류: 타자 비평						
비평종류	비평주체	비평객체			비평매체	수용자
		범주	비평방식	서술방식		
타자 비평→	전문 비평가→	개별적 비평52)→	텍스트중심 →	기술적→ 비평적	단행본→	전문 독자 ＼일반 독자

번역 비평 텍스트의 내용과 관련하여, ST:TT의 비평방식에 있어서 위의 표에서 보다시피 인적 요소, 텍스트적 요소, 언어적 요소, 그리고 시간적 요소 등이 모두 적용되었다. 그러나 문학비평 텍스트와 달리 여러 TT를 분석할 때 시간적인 요소와 결합하여 분석하는 예가 매우 드물었던 반면, 원전 번역의 부재로 인하여 언어적인 요소를 결합한 언어 간(interlingual) 분석을 여러 작품에서 시도하였

52) 본 장에서는 「교수신문」의 12개의 개별적 번역 비평 텍스트를 종합적으로 분석하므로 '집단적 비평'의 범주로 분석하였다.

으나, 오류에 대한 예시가 전반적으로 부족하여 비평 텍스트에 대한 독자의 가독성이 낮다. 시간적인 요소와 간언어적인 요소를 적절하게 활용하여 분석하지 못하였기 때문에 여러 TT의 시기별 번역의 특징이나 ST에 대한 여러 언어로 된 텍스트 간의 차이로 인하여 원전 번역과 중역 번역의 극명한 대조나 특성 혹은 간극 등을 충분히 제시하지 못하였다. 이러한 분석의 한계점은 향후 번역 비평 텍스트에서 적용해야 할 분석방법의 효용성을 암시하는 대목으로 주목할 필요가 있다.

ST와 TT의 평가기준을 살펴보면 비평가들이 적용하는 뚜렷한 평가기준을 파악할 수 있다. 해당 번역 비평 텍스트는 비문학 작품에 대한 번역 비평이므로 원작에 대한 '정확성'과 독자를 고려한 '가독성'을 동시에 고려하는 평가기준을 대다수의 비평가들이 적용하였다. 번역학 이론에서 가장 많은 논의와 이론을 양산한 양극단의 번역 방식인 '정확성'과 '가독성'은 번역 비평 이론에서는 이율배반적인 방식이 아닌 상호 보완적인 방식으로 적용하고 있다.

「교수신문」의 비문학 분야 번역 비평 텍스트는 『안과밖』의 번역 비평 텍스트에 비하여 평가기준이 매우 불분명하다. 예를 들면, 오역이나 문제점을 지적하는 예문이 지극히 제한적으로 이루어진다. 오역의 예를 전혀 제시하지 않은 경우(『국가』)도 있으나, 보통 한두 가지 예(『통치론』)를 들거나 거의 예를 들지 않고 포괄적인 설명을 제시하는 경우가 많았다. 이는 ST와 TT를 비교하는 분량이 극히 제한적이거나 개념이나 핵심용어 위주로 전개하기 때문이다. 『비극의 탄생』에서는 ST와 TT의 첫 문장만을 분석대상으로 삼았으며, 『꿈의 해석』의 경우는 27쪽의 분량을 ST와 TT를 상호 비교하였으나 분석 대상으로 삼은 이유에 대한 언급은 없다. 번역 비평 텍스트가 타당성을 갖기 위해서는 지나치게 적은 분석 분량과 최소한의 오역의 사례를 제시하는 방식은 비평가의 논지를 독자들에게 전달하는 데 매우 큰 걸림돌로 작용하므로 반드시 지양해야 한다.

또한 위의 분석대상 도서는 중역과 원전 번역본의 부재라는 이중의 취약성을 지닌 번역본이 많았다. 그 원인은 비주류인 대상 언어와 주제 분야에 대한 번역가의 전문성 부족에서 찾아볼 수 있다. ST의 대상언어는 희랍어, 이탈리아어, 독일어 등 영어에 비하여 전공자의 수가 현격히 적으며, 철학이나 사상을 주제로 하기 때문에 배경지식이 풍부하고 대상언어와 중역본의 언어(주로 영어와 일본어) 두 가지에 능통하고, 원작에 대한 고도의 이해력을 갖춘 전문번역가가 매우 부족한 상황이다. 따라서 거의 대부분의 번역 비평 텍스트에서는 중역의 문제점은 물론 원전 번역본의 부재로 인한 ST와 TT 간의 간극, 그리고 번역가의 전문성에 관한 논의가 활발하게 전개되었다.

비평가들은 원전 번역을 매우 중시한다. '원전의 번역본을 다시 우리말로 번역하는 중역'은 대부분의 비평가들이 바람직하지 못한 번역 관례로 규정짓지만 중역본이 원전 번역보다 우수한 사례로 평가되는 등 비평가와 번역의 질에 따라 다양한 평가가 나온다. 다음은 중역에 대한 비평가들의 엇갈린 시각을 보여 주는 예이다.

(29) "거의 모두가 중역본인 상태에서 '가장 훌륭한' 번역본을 고

르기는 어렵다. 중역은 아무리 최선을 다해도 최소 10퍼센트 정도는 부족한 면이 생기기 마련이다."(곽차섭『로마사 논고』)

위의 예문은 중역본은 원전 번역본에 비하여 열등한 위치를 차지할 수밖에 없다는 중역의 한계성을 지적하였다. 이에 반하여 중역이 원전 번역보다 오히려 우수할 수 있다는 사실을 지적하는 사례도 상당하다.

(30) "당연한 말이지만 고전의 번역은 원전에서 이루어져야 한다. 그러나 원전을 번역했다 해서 번역의 질이 보장되는 것은 아니다. 번역가 개인의 능력과 학문적 성실성이 뒷받침되어야 중역보다 나은 원전 번역이 나올 수 있다. 『정치학·시학』의 나종일의 역본은 영역을 대본으로 삼은 중역본이며, 25년여의 세월이 지났지만 가장 최근의 번역서이다. 번역이 무난하다는 점에서 원전 번역인 김완수, 천병희 공역보다 낫다는 견해가 지배적이다."(김주일『정치학·시학』)

"『자본론』 김수행 역본은 독일어 원전 번역은 아니지만, 시중에 나와 있는 독일어 원전 번역을 제치고 '가장 신뢰할 만한 번역서'로 꼽혔다. 번역가가 국내 마르크스주의 연구의 대가로서 '정치경제학에 충분한 번역역량'을 갖고 있으며, '충실한 주석 작업'과 '꾸준한 개역 작업'을 해 왔다는 점에서 높이 평가받았다."(홍영두『자본론』)

"박준택 역본은 일본 암파 문고판의 번역을 그대로 한글로 옮긴 중역본이지만 이진우 역에 비하여 정확할 뿐 아니라 읽기도 훨씬 자연스럽다."(박찬국 『비극의 탄생』)

위의 세 가지 사례는 모두 잘된 중역본은 그렇지 못한 원전 번역
본보다 훨씬 인정받을 수 있다는 지적은 원전 번역본의 위상이 반드
시 중역본보다 높지는 않다는 사실을 보여 준다. 이러한 사실은 원
전 번역본과 중역본의 전체적인 위상이 어떠하다고 논하기보다는 개
별적인 상황에 따라 평가해야 한다는 비평의 중립성과도 관계된다.
무조건 원전 번역본을 우위에 두고 중역본을 열등하게 취급하는 번
역 현실과도 매우 대조적이다. 그러나 원전 번역본의 부재 상황이나
필요성 자체에 대한 무방비한 안주를 변호할 수는 없는 노릇이다.

다음으로 TT의 이력과 관련하여 문학 번역에 비하여 한 작품에
대한 TT의 수가 현격히 적으며, 때로는 TT가 1종(『공리주의』)에
불과한 경우도 있었다. 이는 분석대상 도서가 전문적인 교양서적이
므로 대상 독자의 범위가 제한되어 있기 때문이기도 하지만 해당
분야 학자들의 의식의 부재 및 번역에 대한 소극적인 연구 성과를
인정하는 결과이기도 하다. 결국 독자는 번역을 둘러싼 복합적이고
부정적인 양상으로 인한 최종적인 희생자가 되는 셈이다. 가령 『꿈
의 해석』의 추천 번역본에 관한 번역 비평 텍스트에는 "그러나 보
다 정확한 이해를 하기 위해서는 국역본보다는 오류가 훨씬 적은
영문판 전집 번역을 참고할 것을 권한다."(334)라는 친절한 설명 뒤
에는, 이 책은 전문가만을 위한 책이니 일반 독자는 알아서 하라는
식의 지식인의 독선과 아집을 엿볼 수 있었다. 비평 텍스트 역시
독자들에게 읽혀야 텍스트로서의 생명력을 지닐 수 있으므로 텍스

트 자체적으로 독자를 차단하는 행위는 지양해야 한다.

〈표 5 – 25〉「교수신문」의 12개 번역 비평 텍스트의 내용

비평의 범주	ST:TT의 비평방식	텍스트 장르	평가기준	평가항목	
				텍스트 외적요소	텍스트 내적요소
개별적 비평	1:1, 2:1, 2:2, 1:8, 5:1, 1:17 등 다양한 비평방식을 적용한 1인 역자 혹은 2인 이상 역자의 원전 번역본, 중역본 등을 공시적 혹은 통시적으로 분석	비문학	ST 위주 → 저자 중심 혹은 독자 중심 (정확성, 충실성, 가독성 등)	TT 출간이력, 의의, 번역가의 전문성(희랍어 독해능력, 철학적 사유능력, 한글 구사능력), 주석, 번역의 어려움, 가독성, 직역의 한계, 문장의 일관성, 구어체, 문어체, 고어체, 교양도서의 역할, 중역, 공역 (번역의 일관성: 용어혼선), 원전번역의 필요성, 새로운 번역의 필요성 등	지나친 의역(핵심어휘), 우리말어법, 새로운 번역의 필요성 (30 – 40년 전 번역: 문체, 어투, 용어가 낯설다), 핵심용어 및 개념, 인물의 성격, 존칭어, 핵심개념어, 어투, 대명사, 용어해설 부재 등

이와 같이 「교수신문」의 비평 텍스트는 『안과밖』과 비교했을 때 장르의 차이, 비평 텍스트 자체의 분량, 비평매체의 성격을 감안하더라도 비평 텍스트의 서술방식에 다소 문제가 있다. 비평의 서술방식이 지나치게 현학적이거나 비평대상 텍스트가 특정 지식인들의 소유물인 양 지적 유희를 향유하는 느낌을 주는 대목은 위에서 제시한 사례 외에도 종종 눈에 띈다.

(31) 번역의 문제점에 대한 사례가 없는 번역 비평 텍스트: 김귀룡

의 『국가』
<u>충분치 못한 사례를 든 경우</u>(한 가지 사례 제시): 이상인의
『국가』

　위의 사례는 바람직하지 못한 극단적인 비평 텍스트로 분석대상
텍스트의 번역의 질에 대한 장황한 설명에 비하여 이러한 주장을
뒷받침할 만한 예문이나 사례를 충분히 혹은 전혀 제시하지 않았다.
이런 식의 독자들의 가독성을 무시한 비평의 글쓰기 방식은 일반
독자는 물론 전문 독자들마저도 접근을 차단하는 역할을 한다.
　번역 비평 텍스트의 검증방식을 살펴보면, 위에서 언급하였듯이 「
교수신문」은 『안과밖』에 비하여 번역 비평 텍스트의 서술방식과 번
역현상을 지적하는 방식 등이 정형화되지 않은 다양한 유형들이 많
았다. 가령 오역이나 번역의 질에 대한 설명만 있고 사례가 없는 경
우, 문제점을 지적하는 오류사항에 대한 서지정보가 불명확한 경우,
비평가의 논지와 문제점을 지적하는 내용이 서로 엉켜 논지 파악이
어려운 전달력이 낮은 경우 등 여러 가지로 나타났다. 다음은 그중에
서 하나의 예를 제시하였다.

ST:TT의 검증범위	무작위, 일정분량 혹은 개념어나 핵심어 중심		
오 류 전 개 방 식	TT	김완수: 입헌정, 혼합정체, 법치적 민주정 / 인민 / 명예 천병희: 입헌정, 공화정, 입헌정 / 민중 / 영직	
	ST	폴리테이아(politeia) / 데모스(dēmos) / 티메	
	문제점 분석	『정치학』의 유일한 원전 번역인 휘문출판사 판은 최초의 번역본 이지만 만족할 만한 수준은 아니다. 김완수와 천병희 공역본은 공 역으로 인하여 번역의 일관성을 지키지 못하였다.	
	대안 번역	공역은 물론 단독 번역본이라도 텍스트 내에서 적어도 핵심어휘는 번역의 일관성을 유지해야 한다.	

(김주일 『정치학』)

위의 예는 예문(24)과 달리 비교적 오류 전개방식이 독자의 가독성을 고려하여 구체적인 사례와 함께 제시되었다. 번역 비평 텍스트에서는 비평 텍스트의 형식과 내용 못지않게 검증방식 역시 독자의 가독성을 고려하여 해당 예문과 문제점 분석 그리고 대안을 제시하는 것이 바람직하다.

5.3 총체적 비평

총체적 비평과 관련하여 봉준수 외의 「한국 문학의 영어 번역 현황」: 통계를 '읽는' 몇 가지 시각의 형식과 내용 그리고 그 특성을 분석하기로 한다. 이 비평 텍스트는 '타자 비평' 텍스트로 비평의 주체인 봉준수와 권석우는 비평 당시 대학 교수 혹은 강사였으며, 대표 논문[53] 등 활동상으로 보아 전문 비평가 군에 속한다. 그리고 비평의 범주는 1899년부터 2003년 1월까지 국내외에서 발간된 한국문학의 영역본(英譯本)에 대한 서지정보를 대상으로 통계적인 접근을 시도한 '총체적 비평'의 범주에 속한다. '총체적 비평'의 특성은 개별적 비평이나 집단적 비평과 달리 분석대상 자료가 워낙 방대(총 399종의 16,099편)하므로 텍스트의 내적인 면을 중심으로 전개되는 텍스트 중심의 비평이 아닌 '문헌 중심'의 비평적 서술방식을 적용하였다.

비평매체와 관련하여 분석대상 비평 텍스트는 26개 언어권에서 번역된 작품 중 가장 많은 번역서를 출간한 8개 언어권(영어, 프랑스어, 독일어, 스페인어, 체코어, 러시아어, 일본어, 중국어)을 중심으로 개별 언어권에서 한국 문학 작품이 어떠한 번역 출판 과정을 거쳤으며, 창작시기, 번역시기, 장르, 작가, 번역가, 출판사, 출판시기 등의 관점에서 분석한 10개의 번역 비평 텍스트를 한데 모은 단행본, 『한국 문학의 외국어 번역』(2004)에 수록되어 출간되었다. 비평매체의 성격상 단행본은 번역에 관심이 있는 일반 독자를 비롯하여 학자, 번역가, 학생, 전문 독자 등 수용자의 범위가 매우 넓다. 하지만 비평 텍스트의 내용 자체가 통계적인 시각으로 번역과 관련된 다양한 통계 분석 등은 광의의 적극적인 독자를 중심으로 보다

---

53) 봉준수와 권석우의 대표논문은 각각 「엘리엇의 불안정한 텍스트: 본문비평과 문학비평」과 「헤밍웨이 문학에 나타난 남성성과 폭력」이 있다: 봉준수 외. 2004. 『한국문학의 외국어 번역』. 연세대학교 출판부. 필자프로필.

확실한 수용력이 있을 것이라 여겨진다.

〈표 5-27〉「한국 문학의 영어 번역 현황」번역 텍스트의 형식

비평 텍스트의 종류: 타자 비평					
비평종류	비평주체	비평객체			비평매체	수용자
		범주	비평방식	서술방식		
타자 비평 → 전문 비평가 → 총체적 비평 → 문헌 중심 → 기술적 → 단행본 → 전문 독자 비평적 ＼일반 독자					

분석대상 비평 텍스트의 내용은 2003년 1월까지 국내외에서 발간된 한국 문학의 영역본 총 399종의 16,099편이나 되는 방대한 서지정보를 바탕으로 번역의 양적 추이를 진단하기 위하여 시기별, 시대별, 작가별, 번역가별, 출판지별, 장르별 등으로 나누어 전개되었다. 특히 영어권 번역은 해외 출간이 아닌 국내 출간이 전체의 거의 반을 차지하는 현실 등을 통하여 중복 출간의 문제, 빈약한 해외출간과 유통, 내수용 영어번역, 노벨문학상과 영어번역 등 번역의 제 현상을 고찰하였다. 그 과정에서 철저히 힘의 논리가 번역문화 전반에 영향력을 미치고 있음이 발견되었다. 가령 관(官) 주도의 번역 지원, 한국 문학의 변방성으로 인한 번역의 현실적인 한계(진정한 독자는 국내 독자인가 아니면 해외의 독자인가? 즉 내수용 번역), 현대물 중심의 번역, 시 번역의 우세, 주류 작가와 작품을 주류 번역가 위주로 번역이 이루어지는 현실, 노벨 문학상 수상작 위주의 번역 등은 "주류와 비주류 간의 보이지 않는 투쟁의 소산들"(Even-Zohar 1978 / 2000: 193)이다. 왜냐하면 "번역 문학은 보통 당대의 가장

지배적인 헤게모니를 지닌 원천 문화를 따르기 때문이다."(Robinson 1997: 36)

이러한 힘의 논리가 작용하는 현실과 관련하여 봉준수 외는 우리 나라 문학 작품의 변방성을 다양한 관점에서 조명하고 있다. 가령 우리나라 작품이 영어로 번역될 때 해외 독자용이 아닌 국내 독자 용으로 출간이 이루어지는 현실은 '약자'의 한계성을 극단적으로 드 러내는 사실이다.

> (32) "시기별 출간 추이(1899-2003)와 출판지별 통계를 보면 1950년 대부터 1980년대까지 한국문학의 영어 번역은 <u>국내 출간이 해 외 출간을 앞지르는 추세가 계속</u>된다. 이러한 현상은 일종의 '약자'로서의 자의식이 발동한 결과일지도 모른다."
>
> (봉준수 외 10-13)
>
> "<u>국내에서만 출간된 영역서</u>는 도합 188종으로 전체의 47%를 차지하며, <u>대부분 바다를 건너가지 못했으리라</u> 추측되며, 국내 에 거주하는(영어권) 외국인을 위하여 출간된 것이라 상상하 기도 힘들다."(봉준수 외 14-5)
>
> "해외에서 출간된 대부분의 번역서들이 초판 1쇄에 그치며, 판매성과나 독자, 비평가들의 반응이 좋아서 <u>개정판을 내거나 2쇄 이상을 기록하는 예도 매우 드물다.</u>"(봉준수 외 24)

위의 세 가지 사례를 보면 국내에서 출간된 영역본이 재간(再刊) 을 차치하고 영어권 독자들에게 전달되지도 못하는 '약자'의 위치에 있는 현실은 한마디로 한국과 한국 문학의 총체적인 '변방성'을 대변해 준다. 한국 문학 작품의 변방성은 강한 주도권을 행사하는 영어의 위세에 눌려 제대로 기도 펴지 못하는 현실이다.

(33) "영어와 마케도니아어 사이의 <u>언어(학)적 우열을 가릴 수는 없어도, 전자가 후자보다 정치 문화적으로 <u>더 많은 힘</u>을 가진다는 점에 이의를 제기하기 어렵다."(봉준수 외 26)

"영어권에서 특히 자가 출판(self publishing)과 과시 출판(vanity publishing)의 예가 많은데 이러한 현상의 저변에는 <u>영어의 힘에 편승하려는 욕망</u>이 숨어 있는 것은 아닌지 의심된다."(봉준수 외 28)

"<u>소위 제3세계 출신의 작가라도 영어로 창작을 할 경우 기득권을 누리는데</u> 가령 올레 소잉카(Wole Soyinka), 데렉 월콧(Derek Walcott), V.S.P. 나이폴(Naipaul) 그리고 존 쿳시(John Coetzee) 등이 그 예에 속한다."(봉준수 외 29)

따라서 '강자'를 향한 열망은 급기야 '자가 출판'과 '과시 출판'은 물론 제3세계 작가들까지도 기득권을 누리기 위하여 영어로 창작하여 작가로서의 성공 가도를 달리기까지 한다. 힘의 논리는 목표 언어 문화권 내에서도 치열한 양상을 보인다.

(34) "<u>번역 출간의 빈도에 있어</u> 영어권에서는 김재현, 캐빈 오루어크, 피터 H. 리, 고창수 등 4명의 <u>번역가별 편중 현상</u>을 주목

할 필요가 있다."(봉준수 외 22)

"소설 분야에서 <u>가장 빈번하게 번역된 작가들</u>은 단편의 경우 황순원(61편), 한무숙(28편), 김동리(27편)이며, 장편의 경우 황순원(5편), 김동리(3편), 최인훈(3편) 등 <u>작가별 편중 현상</u>이 나타난다."(봉준수 외 23)

가령 주류 작가와 번역가에 편중되는 번역현상은 비주류 작가와 번역가는 보이지 않는 힘의 논리가 작용하여 주류는 더욱 강하게 자신의 영역을 구축하는 데 비해 비주류는 변방에서 중심부를 향하여 힘겨운 투쟁을 하지만 열세를 면할 수 없다. 한국 문학의 전반적인 변방성을 더욱 심화시키는 요인은 번역의 품질에 대한 논란과도 무관하지 않다.

(35) "뉴욕에서 발간된 한 시집에는 '땅거미'가 'ground spider'로 '직역'되어 있는데, 번역의 질을 보장하기 위한 최소한의 장치도 거치지 않았음을 알 수 있다."(봉준수 외 27)
"<u>번역의 질에서도 내수용 영역서들은 자주 문제를 드러내는데</u> 질적 차원에서 엄정한 검증을 거친 번역을 기대하기는 무리이다."(봉준수 외 27)

'총체적 비평'에서는 서지정보를 활용하여 다양한 관점에서 통계를 분석하여 봉준수 외의 비평 텍스트처럼 한국 문학의 번역과 관련되는 다양한 현상과 특징 그리고 문제점 등을 논의한다. 시대별,

언어별, 장르별, 작가별, 번역가별, 출판지별 등으로 분류한 번역의 서지정보들은 주로 평가기준을 주류와 비주류로 나누어 각각의 주도성과 변방성의 특징 등을 논의하기도 한다. 그리고 '총체적 비평'은 개별 텍스트를 분석대상으로 삼지 않기 때문에 주로 텍스트의 내적인 측면보다는 외적인 측면에 치중하여 여러 가지 양상 등을 집중적으로 조명한다. 위에서 언급한 각 분류 항목별 서지정보를 분석한 내용 등도 모두 텍스트의 외적인 양상에 속한다.

텍스트 외적인 면과 관련하여 지금까지 언급한 사항 외에도 서지목록 포함 및 배제요건, 한국 문학의 범주설정 등 서지정보의 정확성과 관련하여 비평가의 고민, 산술적인 서지정보의 개량적인 분석, 그리고 번역의 질을 평가할 번역 비평의 역할 촉구 등 다양한 비평가의 관점이 비평 텍스트에 내재되어 있다. 또한 번역의 품질을 향상시키기 위하여 관 주도의 번역 지원에서 벗어나 예술가나 연구자의 자율성을 부여할 필요성, 그리고 공역에 대한 검증의 필요성도 함께 제기되었다.

> (36) "한국문예진흥원과 한국문학번역원 등 정부기관의 지속적인 후원으로 1970년대 번역의 양적인 팽창이 이루어졌으며, 이들 기관은 특정한 텍스트를 번역 지원 대상 작품으로 선정하거나 공역의 필요성을 강조한다."(봉준수 외 11)
> "공역을 권장하는 대산문화재단이나 한국문학번역원은 지금까지 공역을 통하여 나온 번역서들이 단독 번역보다 과연 번역의 질에서 우월할지 검증할 필요가 있다."(봉준수 외 13)

지금까지 살펴본 봉준수의 번역 텍스트의 내용을 간략하게 정리하면 다음과 같다.

〈표 5-28〉「한국 문학의 영어 번역 현황」번역 비평 텍스트의 내용

비평의 범주	ST:TT의 비평방식	평가기준	평가항목 텍스트 외적요소
총체적 비평	1899년부터 2003년까지 국내외에서 출간된 한국문학의 영역본의 서지 정보에 대한 공시적 혹은 통시적인 번역사적 분석	시대별(공시적, 통시적), 언어별 (주류, 비주류), 작가별(주류, 비 주류), 번역가별 (주류, 비주류), 장르별(시, 소설, 희곡 등), 출간 지별(국내, 해외)	중복출간, 서지정보의 정확성, 작가 및 번역가 편중현상, 관주도의 번역정책, 내수용 번역, 공역에 대한 점검 필요, 빈약한 해외출간과 유통, 노벨 문학상과 영어번역, 한국 문학의 변방성, 문화적 타자성, 번역 비평의 활성화 촉구, 수용 가능성 등

그리고 마지막으로 비평가는 한국 문학의 변방성을 탈피할 수 있는 대안으로 "출발어의 문화가 인정하는 작품성 이외에 도착어의 문화 속에서 수용 가능성을 고려해야 한다."(봉준수 외 38)고 제안한다. 다시 말해서 "번역과 관련된 전략적 측면에서 상업적 혹은 가시적 성공을 거두기 위하여 도착어의 문화가 원하는 것을 공급해 주는 행위에 근접하여 수용 가능성을 높여야 한다."고 덧붙였다. 그러므로 출발어와 도착어 문화의 차이에 기인하는 '문화적 타자성' 특히 한국 문학의 '열등적인 문화적 타자성'에서 탈피할 필요가 있다. 그렇게 하기 위해서는 번역 자체에 대한 우리의 태도를 변화시킬 필요가 있다.

(37) "번역은 원전에 얽매이는 행위라 생각되지만 반드시 그런 것
    은 아니며, 오히려 성공적인 번역은 원전을 초월하거나 그것
    으로부터 자유로울 수 있기 때문이다."(봉준수 외 34)
    "피츠제럴드의 『루바이야트』와 『천일야화』(The Thousand and
    One Nights)의 번역은 원전과 그 문화적 배경에 충실한 번역
    이 아니다. 그러나 바로 이러한 불충실 덕택에 번역으로서 성
    공할 수 있었다는 점에 주목할 필요가 있다. 출발어의 고유한
    문화적 특성을 충실하게 간직하는 번역은 그만큼 도착어의 문
    화에서 외면당할 가능성이 크다."(봉준수 외 36)

다시 말해서 "원작의 문화적 복합성이나 정수, 독자들의 입장에
서 볼 때 이질성, 즉 '타자성'을 충실하게 재현하는 번역 작품이 대
중적 환영을 받을 수 있다고 단정할 수 없다. 따라서 '한국적인 것
이 세계적인 것'이란 말을 번역에 있어서는 재고할 필요가 있다."고
비평가는 제안한다.

〈표 5-29〉「한국 문학의 영어 번역 현황」번역 비평 텍스트의 검증방식

ST:TT의 검증범위		1899년부터 2003년 국내외에서 출간된 한국 문학의 영역본의 서지정보			
서지정보분석방법	문제제기	작가별로 번역된 개별 작품 수를 분석해 보면 원작의 창작 시기(현대)와 장르(시)가 번역 대상작품 선택에 큰 영향을 미쳤음을 알 수 있다.			
	관련통계자료	작가	김소월	한용운	서정주	조병화	……
		출간빈도	842	711	514	344	……
	문제점분석	김소월의 경우 다수의 번역가들에 의한 중복 출간이 포함되어 전체적으로 수치가 부풀려져 있다. 한용운과 기타 작가들도 마찬가지다. 이런 점을 감안하더라도 작가별 번역의 편중 현상은 피할 수 없는 사실이다.			
	대안제시	한 편의 시를 장편소설 한 편과 같은 '무게'로 취급하기 때문에 통계적 서술이 절대적인 의미를 가질 수 없다. 출간빈도에서 상위권을 점유하는 작가들의 작품 수치에는 중복 출간된 수치도 포함되어 있다. 따라서 하나의 작품으로 인정하는 기준 등을 마련해야 보다 정확한 서지정보를 구축할 수 있다.			

(봉준수 외 21-3)

봉준수 외의 '총체적 비평' 텍스트는 다각적인 한국 문학의 영어 번역현황 분석을 통하여 서지정보를 기반으로 하는 계량적인 분석의 장점을 최대한 살린 번역 텍스트이다. 개량적인 분석은 번역 텍스트의 외적인 측면에 치중하여 번역의 품질에 대한 논의를 전개하는 데 한계가 있다. 그리고 번역과 관련되는 여러 가지 시스템의 역동적인 변화와 추이에 초점을 맞추다 보면 문학 작품의 개별성과

진가를 왜곡할 수도 있다. 하지만 비평가는 번역 서지정보에 근거한 치밀하고 다각적인 분석을 통하여 각 분류 항목별 과도한 편중 현상을 객관적이며 타당성 있는 데이터 제시 및 명시적인 설명 등을 동시에 수행하였다. 이런 식으로 현학적일 수 있는 비평 텍스트의 단점을 보완한 측면은 결국 일반 독자들의 접근성을 높여 비평 텍스트의 내용과 의의를 이해하는 데 무리가 없도록 이끌어 준다. 이러한 가독성을 고려한 비평 텍스트는 독자들의 자의식 성숙은 물론 번역문화 발전에도 긍정적인 영향을 미칠 것이다.

지금까지 번역 비평 대상 텍스트의 형식 및 내용이 전개된 양상을 각각 살펴보았다. 본 논문의 분석대상 번역 비평 텍스트는 먼저 자기 비평대상 텍스트로 유영란의 『엄마의 말뚝 Ⅰ』을, 타자 비평 텍스트는 번역 비평 대상 텍스트의 범주에 따라 개별적 비평(ST:TT = 1:1 혹은 1:다) 텍스트, 집단적 비평(ST:TT = 다:다) 텍스트, 그리고 총체적 비평 텍스트(ST:TT = 집단:집단)를 중심으로 작품을 선별하였다. 개별적 비평 텍스트는 본문 중심의 비평을 한 『안과밖』 창간호부터 20호의 <번역을 말한다>와 「교수신문」의 <최고의 고전번역을 찾아서>에서 다룬 작품을 중점적으로 분석한다. 그리고 논제를 중심으로 번역 비평을 전개한 강대진의 『잔혹한 책읽기』를 대상으로 하였다. 집단적 비평(ST:TT = 다:다) 텍스트는 이재호의 『문화의 오역』을 비롯하여 19개의 『안과밖』과 12개의 「교수신문」의 번역 비평 텍스트를 종합적으로 검토하였다. 그리고 총체적 비평 텍스트는 서지정보에 기초한 문헌 중심의 비평을 한 『한국현대번역문학사 연구』 상·하와 『한국문학의 외국어 번역』을 대상 텍스트로 하였다.

다음에 제시하는 <표 5-30> '번역 비평 분석대상 텍스트의 형식과 내용 및 검증방식표'는 제Ⅴ장에서 다룬 각종 사례분석을 한 눈에 조망할 수 있도록 정리한 내용이다. 이는 제Ⅲ장과 Ⅳ장에서 제시한 '번역 비평 텍스트의 형식 및 내용 패러다임', 'ST:TT의 비평방식 분류표', 그리고 '번역 텍스트의 용인성을 검증하는 번역 비평 텍스트의 비평전략 평가표' 등에서 제시한 내용을 모두 포괄하고 있다. 이러한 일련의 과정은 모두 필자가 제시한 번역 비평 텍스트의 형식 및 내용의 패러다임의 실질적인 효용성을 입증하는 결과물이다.

〈표 5-30〉 번역 비평 분석 대상 텍스트의 형식과 내용 및 검증 방식표

번역비평 텍스트의 형식과 내용 및 검증방식			분석대상 도서	인과부	교수신문	문화의 오역,	전충한 책읽기	번역이란 무엇인가?	한국 현대 번역문화사 연구, 한국문학의 외국어 번역
형 식	종 류		자가비평					✓	
			타자비평	✓	✓	✓	✓		✓
	주 체		전문 비평가	✓	✓	✓	✓	✓	✓
			독자						
	객 체	비평의 범주	개별적 비평	✓	✓	✓		✓	
			집단적 비평			✓			
			총체적 비평						✓
			TT 중심의 비평						
		비평방식	논제중심			✓	✓		
			텍스트중심	✓	✓				
			문헌중심					✓	✓
			인상중심						
		서술방식	기술적	✓	✓	✓	✓	✓	✓
			비평적	✓	✓	✓	✓	✓	✓
			감상적						
			시사적						

	분석대상 도서	한국 현대 번역문학사 연구, 한국문학의 외국어 번역	번역이란 무엇인가?	간추린 책읽기	문화의 오역	교수신문	인과부
형식	**매체**						
	전문서적	√(단행본)	√	√(단행본)	√(단행본)	√(전문 신문, 단행본)	√(비평전문지)
	일반서적						
	수용자						
	전문 독자	√	√	√	√	√	√
	일반 독자		√	√	√	√	√
내용	**ST : TT 비평방식**						
	텍스트적 요소*	√	√	√	√	√	√
	인적 요소	√	√	√	√	√	√
	시간적 요소	√	√	√	√	√	√
	언어적 요소	√			√	√	
	평가기준						
	개별적/집단적 비평 — ST 중심 : 저자중심		√			√	√
	개별적/집단적 비평 — TT 중심 : 독자중심		√	√	√	√	
	개별적/집단적 비평 — TT 중심 : 효과중심			√	√		
	총체적 비평 — 시대별	√					
	총체적 비평 — 언어별	√					
	총체적 비평 — 장르별	√					
	총체적 비평 — 작가별	√					√
	총체적 비평 — 역자별	√					√

번역비평 텍스트의 형식과 내용 및 검증방식			안과밖	교수신문	문화의 오역,	간추린 책읽기	번역이란 무엇인가?	한국 현대 번역문학사 연구, 한국문학의 외국어 번역
내용	장르	문학 텍스트	✓		✓		✓	✓
		비문학 텍스트		✓	✓	✓		✓
		실용텍스트			✓			
	평가항목	텍스트 외적요소 — TT이력검증	✓	✓	✓			✓
		번역전략	✓	✓		✓		✓
		역자의 역량 및 배경지식	✓	✓		✓	✓	✓
		독자반응	✓	✓		✓		✓
		텍스트 내적요소 — 어휘적인 면	✓	✓	✓	✓	✓	
		의미적인 면	✓	✓	✓	✓	✓	
		통사적인 면	✓	✓	✓	✓	✓	
		화용적인 면	✓	✓	✓		✓	
검증방식	ST : TT 검증방식	무작위 혹은 일정분량 혹은 텍스트 전체			√ 혹은 복수의 텍스트		해당 텍스트 전체	총체적인 텍스트
	오류검증방식	ST : TT : 오류분석	✓	✓	✓	✓		
		대안번역제시 (오류빈도)	✓	✓	✓	✓		
		번역이론적용	✓		✓			✓
총평			✓	✓	✓	✓	✓	✓

VI. 결 론

본 논문은 국내 주요 번역 비평 전문지와 전문 신문 그리고 단행본 등에 실린 다양한 번역 비평 텍스트를 대상으로 비평적인 분석을 수행하였다. 비평을 비평하는 일종의 메타 비평을 시도하게 된 동기는 산재한 번역학의 여러 이론들이 실제 번역 텍스트에 대한 비평이나 품질평가에 적용되는 활용도가 매우 낮은 현실을 자각하면서 비롯되었다. 번역학 이론이 현실에 부응하지 못하는 궁극적인 이유는 번역현상에 따라 적용하는 잣대와 기준이 매우 다르기 때문이다. 이와 같은 번역학 이론과 실제의 괴리는 번역학 자체의 위상에 대한 외부 도전의 빌미를 제공하는 약점으로 작용하고 있다.

이러한 현실을 반영하여 필자는 실제 적용범위가 극히 제한적인 기존의 이론에 의존하기보다는 번역 비평 텍스트의 분석을 통하여 공통적으로 적용할 수 있는 번역 비평 텍스트의 형식과 내용의 패러다임의 구축을 연구목표로 삼았다. 비평가의 비평전략을 가장 효율적으로 파악할 수 있는 번역 비평 텍스트를 분석한 결과 번역 비평의 체계(형식과 내용)와 평가기준, 여러 가지 텍스트의 내·외적인 용인성 검증에 수반되는 기본적인 요소, 번역 비평의 현실, 비평가의 자질 등 다양한 양상을 발견할 수 있었다.

번역 비평 텍스트의 체계를 간략하게 살펴보면, 번역 비평은 크게 자가 비평과 타자 비평의 두 종류로 나눌 수 있다. 비평의 주체는 전문 비평가와 독자로 나뉘며 독자는 다시 전문 독자와 일반 독자로 나뉜다. 전문 독자와 일반 독자로 나누는 기준은 번역 비평시 ST의 적극적인 활용 여부, 즉 ST와 TT의 고려 여부에 따랐다. 이는 본 논문에서 TT 위주의 비평은 일반 독자들이 주로 행하는 번역서평으로 분류하였으며, 적극적인 독자들의 ST와 TT를 동시에 고려 대상으로 하는 비평 행위는 전문 독자의 범주로 수용하였기 때문이다.

비평의 객체와 관련하여 비평의 범주를 비평대상 ST의 수를 기준으로 개별적 비평, 집단적 비평, 총체적 비평, TT 중심 비평으로 나누었다. 그리고 개별적 비평과 집단적 비평은 분석대상 ST와 TT를 포함한 텍스트적 요소, 인적 요소, 언어적 요소 그리고 시간적 요소와 결합하는 방식에 따라 분석대상 텍스트의 비평방식이 다양한 양상으로 나타난다. 본 논문에서는 특히 분석대상 텍스트의 비평방식에 주목하였는데, 이는 번역 비평 텍스트의 구성 및 내용과 관련되는 실질적인 과정으로 번역 텍스트의 용인성을 검증하는 첫 단계이기 때문이다. 비평가는 번역 텍스트의 외적인 용인성을 확보한 번역 텍스트를 대상으로 논제 중심, 텍스트 중심, 문헌 중심 그리고 인상 중심의 비평방식을 적용한다. 비평 텍스트의 서술방식 역시 비평방식의 효율성을 최대화하기 위하여 기술적, 비평적, 감상적, 그리고 시사적인 서술방식을 다양하게 적용하였다.

번역 비평 텍스트가 공개되는 매체는 공인성과 전문성, 그리고 지면의 성격에 따라 학술지, 비평 전문지, 서평전문지, 전문신문, 단행본 그리고 일반신문이나 잡지 및 인터넷 등으로 분류하였다. 마지막으로 수용자는 해당 번역가를 포함하여 전문 독자와 일반 독자로 나누었다.

번역 비평 텍스트의 내용은 번역 비평의 범주에 따라 달라진다. 비평의 범주는 분석대상 ST와 TT를 포함한 텍스트적 요소, 인적 요소, 언어적 요소 그리고 시간적 요소와 결합하는 경우에 따라 개별적 비평 10가지, 집단적 비평 4가지, 총체적 비평은 2가지 등의 양상이 드러났다. 그리고 개별적 비평과 집단적 비평은 다시 ST:TT의 평가기준으로 나뉘고, 이에 대한 평가기준은 텍스트 장르별로 문학, 비문학 그리고 실용 텍스트로 나누어 저자 중심의 ST 위주의 평가기준 및 독자의 '가독성'과 텍스트의 효과를 중시하는 TT 위주의 평가기준으로 나누어진다. 그리고 개별 비평 텍스트의 평가항목은 텍스트의 내적인 요소와 외적인 요소로 나누었다. 텍스트의 내·외적인 요소들은 비평가들이 번역 비평 시 반드시 점검해야 할 기본적인 요소들이다.

총체적 비평의 평가기준과 관련하여 비평가들은 서지정보를 중심으로 시대별, 언어별, 장르별, 작가별 그리고 번역가별로 나누어 각각의 특성과 양상에 주목하였다. 개별적 비평이나 집단적 비평과 달리 총체적 비평에서는 텍스트의 외적인 요소에 대한 검증이 주로 이루어진다. 이와 같이 구축한 번역 비평 텍스트의 형식과 내용의 패러다임을 기초로 그 효용성과 실용성을 검증하기 위하여 기존의 여러 비평 텍스트를 대상으로 사례분석을 하였다. 그 결과 비평 텍스트의 형식과 내용의 패러다임은 전문 비평가는 물론 독자들도 번역 비평의 도구로 활용할 수 있는 가능성을 발견할 수 있었다. 왜냐하면 사례분석 시 비평 텍스트의 형식과 내용을 한눈에 조망할 수 있어 해당 번역 비평 텍스트에 나타난 비평가의 비평전략은 물론 장단점을 파악하기가 매우 용이하였기 때문이다.

번역 비평의 현실과 분석 과정에서 발견한 문제점과 향후 번역 비평의 과제 및 나아갈 방향을 살펴보자. 먼저 번역 비평 텍스트를 분석하는 과정에서 발견된 문제점으로 무엇보다도 동일 작품에 대한 복수의 번역 비평 텍스트가 매우 부족한 현실을 지적할 수 있다. 이는 비평대상 작품에 대한 번역 비평가 1인의 평가결과를 비교할 만한 대상의 부재를 의미한다. 뿐만 아니라, 다양한 번역 비평 텍스트의 부재는 현실적으로 번역 비평에서 얻을 수 있는 여러 가지 장점을 차단하는 부작용을 수반한다. 가령, 분석대상 작품에 대한 여러 편의 번역 비평 텍스트가 있으면 비평가의 비평 전략이나 평가 기준 등을 상호 비교하여 비평가 자신은 물론 독자들도 보다 객관적이고 균형감 있는 정보를 수용할 수 있기 때문이다.

이러한 현실적인 한계를 극복할 수 있는 최소한의 장치로 번역 비평 텍스트에 대한 피드백의 필요성을 제안한다. 비평대상 작품에 대한 비평결과에 대하여 번역가는 물론 학자 등 다양한 독자들이 의견을 제시하고 공론화할 수 있는 공개적인 장치가 필요하다. 그리고 번역 비평 텍스트의 가독성을 고려하여 비평가는 논지를 분명히 제시하고 문제가 되는 번역 상황은 ST와 TT를 제시하고 문제점의 요지와 대안번역을 제시해야 한다. 그리하여 번역 비평가와 비평 텍스트는 독자와의 거리를 좁혀 활성화된 비평 문화를 이끌어 전반적인 번역의 질적 수준을 향상시키고 번역과 관련된 제 현상들이 긍정적인 방향으로 발전할 수 있는 기틀을 마련해야 한다.

참고문헌

강대진. 2004.『잔혹한 책읽기』. 서울: 작은이야기.

고부응. 2000.「교수업적 평가와 논문 담론」,『안과밖』 9호. 서울: 창
　　작과 비평사.

고정자 역. 그레이엄 하프. 1983.『비평론』. 서울: 이화여자대학교 출판
　　부. 96.

교수신문. 2006.『최고의 고전번역을 찾아서 - 우리말로 옮겨진 고전, 무
　　엇을, 어떻게 읽을 것인가』. 서울: 생각의 나무.

구인환·고창환. 1976.『문학개론』. 서울: 삼영사. 342.

김병철. 1998.『한국 현대 번역 문학사연구 上·下』. 서울: 을유문화사.

김상호. 1994.「문헌비평을 위한 서평의 분석적 고찰 - 서평문화와 출판
　　저널을 중심으로 - 」,『한국비블리아』 제7집. 한국비블리아학회.
　　247 - 62.

김상호. 2001.「문헌의 형태에 관한 비평기사 분석」,『서지학연구』. 書
　　誌學會제22집. 97 - 122.

김상호. 2002a.「학술지 서평의 성격과 경향 분석 -『역사학보』,『철학』,
　　『한국사회학』을 대상으로 - 」,『서지학연구』 제24집. 書誌學會.
　　346 - 65.

김상호. 2002b.「신문서평의 성격과 경향 분석 - 2001년 동아, 한국, 매일
　　신문을 대상으로 - 」,『한국도서관정보학회지』 제33권 제3호. 韓國
　　圖書館情報學會. 215 - 33.

김용호 역. W. H. 허드슨. 1956.『문학원론』. 서울: 대문사. 283 - 4.

김정우. 2005. 「한국번역학 연구의 현황과 전망」, 『번역학연구』 6권 2호. 한국번역학회. 29–57.

김지원·이근희 옮김. 2004. 『번역학: 이론과 실제』. 서울: 한신문화사.

김지원. 2004. 「번역학의 어제와 오늘」, 『번역학연구』 5권 1호. 한국번역학회. 55–75.

김혜니. 2005. 『외재적 비평문학의 이론과 실제』. 서울: 푸른사상.

김효중. 1998. 『번역학』. 서울: 민음사.

김효중. 2004. 『새로운 번역을 위한 패러다임』. 서울: 푸른사상.

김흥규. 1998. 『한국문학 번역서지 목록』. 서울: 고려대 민족문화연구원·한국문학번역금고.

박명욱. 2001. 「출판계에 이는 소비자 운동의 조짐」, 『문화예술』 261호. 한국문화예술진흥원. 60–3.

박상익. 2006. 『번역은 반역인가』. 서울: 푸른역사.

박여성. 2002. 「번역 비평을 위한 번역 파라디그마의 효용성: 연구시안 (4) 귄터 그라스의 "양철북"과 한국어 번역본을 중심으로」, 『번역학 국제학술대회 발표 논문집』 1. 서울: 숙명여자대학교. 53–71.

박여성. 2003. 「텍스트언어학의 입장에서 고찰한 "번역투"(飜譯套)의 규명을 위한 연구–귄터 그라스의 "양철북"(Die Blechtrommel)과 한국어 번역본을 중심으로」, 『텍스트언어학』 제14집. 한국텍스트언어학회. 243–93.

박용삼 역. 1997. 『번역학이란 무엇인가』. 숭실대학교 출판부.(Koller, W. 1987. *Einfuhrung in die Ubersetzungswissenschaft*. Heidelberg & Wiesbaden: Quelle und Meyer.)

봉준수 외(유럽문화정보센터). 2004. 『한국문학의 외국어번역–과거, 현재, 미래』. 서울: 연세대학교 출판부.

성초림 외 3인. 2001. 「번역 교육 현장에서의 번역물 품질 평가 - 한국 외대 통역번역대학원 교강사 설문을 중심으로 - 」, 『번역학연구』 2권 2호. 한국번역학회. 37 - 56.

송희복. 1999. 『비평사와 동시대의 쟁점』. 서울: 월인.

신승행. 2005. 『문학과 비평이론』. 서울: 학문사.

안정효. 1999. 『영어 길들이기: 영역편』. 서울: 현암사.

안정효. 2000. 『안정효의 영어 길들이기: 번역편』. 서울: 현암사.

안정효. 2002. 『번역의 공격과 수비』. 서울: 우석출판사.

양태종 옮김. 2002. 『수사학과 텍스트 분석』. 서울: 도서출판 동인. (Plett H. F. *Einführung in die rhetorische Textanalyse.*).

열린책들 편집부. 1999. 『번역서 가이드북 미메시스 창간호』. 서울: 열린책들.

열린책들 편집부. 2000. 『번역서 가이드북 미메시스 2000』. 서울: 열린책들.

영미문학연구회 번역평가사업단. 2005. 『영미명작, 좋은 번역을 찾아서』. 파주: (주)창비.

영미문학회. 『안과밖』 1 - 20권. 파주: (주)창작과비평사.

올리비에 르불 지음, 박인철 옮김. 2003. 『수사학』. 서울: 한길크세주.

우한용. 1999. 「문학교육의 평가 - - 메타 비평의 글쓰기 평가를 중심으로」, 『국어교육』 100(1999. 10). 국어교육 연구회. 537 - 63.

유명우. 2002. 「한국 번역사 정리를 위한 시론」, 『번역학 연구』 3권 1호. 한국번역학회. 9 - 38.

윤지관. 2001. 「번역의 정치학: 외국문학의 번역과 근대성」, 『안과밖』 10호. 파주: (주)창작과비평사.

이근희. 2005. 「영한 번역에서의 '번역투' 연구」. 세종대학교 대학원 박사학위 논문.

이상우 · 이기한 · 김순식. 2002. 『문학비평의 이론과 실제』. 집문당.

이상원. 2005. 「한국 출판 번역 독자들의 번역평가 규범 연구」. 한국외
대통번역대학원 박사학위 논문.

이석규 외 5인. 2002. 『우리말답게 번역하기』. 서울: 도서출판 역락.

이재호. 2005. 『문화의 오역』. 서울: 도서출판 동인.

이재호. 2005. 『영한사전비판』. 서울: 궁리.

이향. 2003. 「번역물 감수(revision)의 정의」, 『국제회의 통역과 번역』
제5권 1호. 163 – 82.

이희재 옮김. 2001. 『번역사 산책』. 서울: 궁리.(쓰지유미(辻 由美). 1993.
『翻譯史のプロムナード』. みすず書房.)

전성기. 2001. 『번역의 오늘: 해석이론』. 서울: 고려대학교 출판부.(Lederer,
Marianne. 1994. *La traduction aujourd' hui*. Hachette.).

전성기. 2004. 「번역학과 수사학」, 『텍스트 분석방법으로서의 수사학』.
서울: 유로서적. 51 – 67.

전성기. 2008. 『번역인문학과 번역 비평』. 서울: 고려대학교출판부.

전현주. 2004. 「다중체계 이론과 한국 현대 번역 문학사」, 『번역학연구』
5권 1호. 한국번역학회. 167 – 82.

정영목. 2004. 「영미연(英美研)의 번역평가 사업에 대한 단상」, 『안과밖』
제16호. 225 – 31.

한국번역학회. 2005. '한국번역학회 회원주소록', 『번역학연구』. 7권 1호.
한국번역학회. 234 – 66.

황병하. 1997. 『메타 비평을 위하여』. 서울: 민음사.

Ammour, E. 2000. "La révision comme outil de réflexion en traduction",
in F. Israel (Ed.), *Identité, alterité, équivalence? la traduction*

comme relation. Paris / Caen: Lettres Modernes Minard. 55 – 82.

Andrews, Richard. 1995. *Teaching and Learning Argument.* London: Cassell.

Baker, Mona. 1992. *In Other Words.* London & New York: Routledge.

_____. (ed.). 2000. *The Translator: Studies in Intercultural Communication: Evaluation and Translation.* Manchester: St. Jerome Publishing.

_____. (ed.). 2001. *Routledge Encyclopedia of Translation Studies.* Londonand New York: Routledge.

Bassnett, Susan & André Lefevere. (eds.). 1990. *Translation History and Culture.* London and New York: Pinter Publishers.

_____. 2002. *Translation Studies.* 3rd ed. London and New York: Routledge.

Berman, Antoine. 1986. "Critique, commentaire et traduction. Quelques réflexions à partir de Benjamin et de Blanchot", in *Poésie* 37(2). 88 – 106.

_____. 1984. *L'Épreuve de l'étranger.* Paris: Éditions Gallimard: Englishtranslation by S. Hervaert. 1992. as *The Experience of the Foreign: Culture and Translation in Romantic Germany.* Albany: State Universityof New York. 7 – 41.

Bly, Robert. 1983. *The Eight Stages of Translation.* Boston: Rowan Tree Press.

Catford, John C. 1965. *A Linguistic Theory of Translation.* London: OUP.

Chesterman, Andrew. 1997. *Memes of Translation.* Amsterdam: John Benjamins Publishing Co.

Christ, Ronald. 1982. "On Not Reviewing Translations: A Critical Exchange", in *Translation Review* 9. 16－23.

Darbelnet, Jean. 1977. "Niveaux de la traduction", in *Babel, 23.* 6－17.

Delisle, Jean. 1999. "Utilité de la théorie en enseignement de la traduction", in H. Awaiss & J. Hardane (eds.). 1998. *Traduction: Approches et théories.* actes ducongrès tenu à l'Université Saint －Joseph. Beyrouth. 49－69.

Di Stefano & B. Follkart. 1982. "Translation as Literary Criticism", in *Meta* 27(3). 241－56.

Douma, Félix. 1972. "Reviewing a Translation: A Practical Problem in Literary Criticism", in *Meta* 17(2). 94－101.

Even－Zohar, Itamar. 1978 / 2000. "The Position of Translated Literature within the Literary Polysystem", in Lawrance Venuty (ed.). 2000. 192－7.

_____. 1990. *Polysystem Studies. Special Issues of Poetics Today* 11 －1. Tel Aviv: The Porter Institute for Poetics and Semiotics.

Foss, Sonja. K. (ed.). 1996. *Rhetorical Criticism: Exploration & Practice.* Illinois: Waveland Press.

Gentzler, Edwin. 2001. *Contemporary Translation Theories.* New York: Multilingual Matters Ltd.

Graham, J. D. 1989. "Checking, Revision and Editing", in *The translator's handbook.* London: Aslib. 59－70.

Gouadec, Daniel. 1981. "Paramètres de l'évaluation des traductions", in *Meta 26* (2). 99－117.

Hearne, Betsy. 1991. "Coming to the States: Reviewing Books from

Abroad", in *The Horn Book Magazine*(Sep / Oct). 562 – 9.

Hermans, Teo. (ed.) 1985. *The Manipulation of Literature: Studies in Literary Translation*. London and Sidney: Croom Helm.

Hervey, Sándor & Ian Higgins. 1992. *Thinking Translation: A Course in Translation Method: French to English*. London and New York: Routledge.

Holmes, James S. 1972. "The Name and Nature of Translation Studies", in Lawrence Venuti (ed). 2000. 172 – 185.

_____. "The Name and Nature of Translation Studies." Unpublishedmanuscript, Amsterdam: Translation Studies Section, Department of General Studies. Reprinted in Gideon Toury (ed.) *Translation Across Cultures*, 1987, New Delhi: Bahri Publications, and in Holmes. 1988. 66 – 80.

Hönig, Hans. 1998. *Positions, Power and Practice: Functionalist Approaches and Translation Quality Assessment*. in Schäffner, Christina. (ed.). 1998.

Horguelin, Paul. A. & Louise Brunette. 1998. *Pratique de la révision*. Montreal: Liguatech.

House, Julian. 1997. *Translation Quality Assessment*: A Model Revisited(Tübinger Beiträge zur Linguistik). Tubingen: Gunter Narr Verlag.

Jauss, Hans Robert. 1982. *Toward an Aesthetic of Reception* (translatedfrom the German by Timothy Bahti). Brighton: Harvester Press.

Joyal, B. 1969. "Initiation à la traduction par la révision", in *Meta 14*(2). 98 – 100.

Koller, Werner. 1979 / 1992. *Einführung in die Übersetzungswissenschaft, 4th ed.* Heidelberg and Wiesbaden: Quelle und Meyer.

Kussmaul, Paul. 1995. *Training the Translator*. Amsterdam: John Benjamins Publishing Co.

Ladmiral, Jean − René. 1979. *Théorèmes pour la traduction*. Paris: Payot.

_____. 1979 / 1994. *Traduire, theoremes pour la traduction*. Paris.

Larson, Mildred L. 1998. *Meaning − based Translation*. Maryland: University Press of America, Inc.

Lefevere, André. 1987. "'Beyond Interpretation' or the Business of (Re) Writing", in *Comparative Literature Studies* 24(1). 17 − 39.

Maier, Carol. 1990. "Reviewing Latin American Literature in Translation: Time to Proceed to the 'Larger Questions'", in *Translation Review* 34.35.

Mizon, M. I. & M. I. Dieguez. 1996. "Self Correction in Translation Courses: A methodological tool", in *Meta 16*(1). 95 − 83.

Mossop, Brunette. 2001. *Revising and Editing for Translators*, Manchester, UK & Northampton: St Jerome Publishing.

Munday, Jeremy. 2001. *Introducing Translation Studies: Theories and Applications*. London and New York: Routledge.

Neubert, Albrecht. & Gregory M. Shreve. 1992. *Translation as Text*. Kent: Kent State University.

Neubert, Albrecht. 1997. "Postulates for a theory of translation", in Gregory. M. Shreve, Joseph. H. Danks, Stephen. B. Fountain, & Michael. K. Mcbeath (eds.), *Cognitive Process in Translation and Interpreting*. London & New Delhi: SAGE. 1 − 24.

Newmark, Peter. 1981. *Approaches to Translation*. New York: Prince

Hall.

Newmark, Peter. 1991. *About translation*. Clevedon: Multilingual Matters Ltd.

Newmark, Peter. 1998. *A Textbook of Translation*. Hertfordshire: Prentice Hall Europe.

Nida, Eugene A. 1964. *Toward a Science of Translating*. Leiden: E. J. Brill.

Nida, Eugene A. & Charles R. Taber. 1969. *The Theory and Practice of Translation*. Leiden: E. J. Brill.

_____. 1974. *The Theory and Practice of Translation*. Leiden: E. J. Brill.

Nida, Eugene A. & Jan de Waard. 1986. *From One Language to Another: Functional Equivalence in Bible Translation*. Nashville: Thomas Nelson.

Nord, Christiane. 1991. *Text Analysis in Translation: Theory, Methodology, and Didactic Application of a Model for Translation –Oriented Text Analysis*. Amsterdam –Atlanta, GA.: Rodopi.

_____. 1997. *Translation is a Purposeful Activity: Functionalist Approaches Explained*. Manchester: St. Jerome.

_____. 1997. "A Functional Typology of Translation", in Trosborg Anna. (ed.). 1997.

_____. 2001. *Translating as a Purposeful Activity: Functionalist Approaches Explained*. Manchester, UK & Northampton MA.: St. Jerome.

Oettinger, Anthony G. 1960. *Automatic Language Translation: Lexical and Technical Aspects with Particular Reference to Russian*. Harvard University Press. 110.

Popopič, Anton. 1973. "Zum Status der Übersetzungskritik", in *Babel*, S.: 161 − 5.

Raabe, Horst. 1980. "Der Fehler beim Fremdsprachenwerb und Fremdsprachen −gebrauch", in Cherubim, D. (Hrsg.). Fehlerlinguist ik. *Beitrage zum Problem der sprachlichen Abweichung.* Tubingen. 61 − 93.

Reiss, Katharina & Hans J. Vermeer. 1984. *Grundlegung einer allgemeinen Translationstheorie.* Tübingen: Niemeyer.

Reiss Katharina. 1997. *Translation Criticism −The Potentials & Limitations: Categories and Criteria for Translation Quality Assessment.* Manchester: St. Jerome Publishing.

Robinson, Douglas. 1997. *Becoming a Translator.* London and New York: Routledge.

_____. 1997. *Translation and Empire.* London & New York: Routledge. 193.

Savory, Theodore. 1968. *The Art of Translation.* London: Jonathan Cape.

Schäffner, Christina. 1998. *Translation And Quality.* Clevedon etc.: Multilingual Matters Ltd.

_____. (ed.). 1999. *Translation and Norms.* Philadelphia and Clevedon: Multilingual Matters Ltd.

Shuttleworth, Mark & Moira Cowie. (eds.). 1999. *Dictionary of Translation Studies.* Manchester: St. Jerome Publishing.

Snell −Hornby, Mary. 1986. "Übersetzen, Sprache, Kultur", in *Ubersetzungswissenschaft −eine Neuorientierung.* Tübingen: Francke. 9 −29.

_____. 1988. *Translation Studies: An Integrated Approach*. Amsterdam / Philadelphia: Benjamins.

Spiller, David. 1986. *Book Selection: an Introduction to Principles and Practice. 4th ed*. London: Clive Bingley.

Steiner, George. 1998. *After Babel: Aspects of Language and Translation*. Oxford: Oxford University Press.

Toury, Gideon. 1995. *Descriptive Translation Studies and Beyond*. Amsterdam &Philadelphia: John Benjamins Publishing Co.

Trosborg, Anna. (ed.). 1997. *Text Typology and Translation*. Amsterdam / Philadelphia: Benjamins.

Van den Broeck, Raymond. 1985. "Second Thoughts on Translation Criticism: A Model of Analytic Function", in Hermans, Teo. (ed.) 1985. 61.

Van Dijk, Tuen. (ed.). 1985. *Discourse and Communication*. New York: Walter de Gruyten.

Venuti, Lawrence. 1995. *The Translator's Invisibility: A History of Translation*. London and New York: Routledge.

_____. 1997. *The Scandals of Translation: Towards an Ethics of Difference*. London and New York: Routledge.

_____. 1998. *The scandals of translation*. London and New York: Routledge.

_____. (ed.). 2000. *The Translation Studies Reader*. London and New York: Routledge.

Vermeer, Hans J. 1978. "Ein rahmen für eine allgemeine translationstheore", in Hans J. Vermeer (ed). 1983. *Aufsätze zur Translationstheorie*.

Heidelberg: Vermeer. 48‒61.

Vilikovský, Ján. 1988. "Translation and Translation Criticism‒the Elusive Criteria", in Nukeman (ed.).

Wallerstein, Immanuel. 1991. "Scholarly concepts: Translation or Interpretations?", in Paper delivered at the conference Humanistic Dilemmas: *Translation in the Humanities and Social Sciences.* Binghamton. Sept. 1991. 26‒28.

Williams, Jenny & Andrew Chesterman. 2002. *The Map: A Beginner's Guide to Doing Research in Translation Studies.* Manchester, UK & Northamption, MA: St. Jerome Publishing.

Williams, Malcolm. 2004. *Translation Quality Assessment: An Argumentation ‒centered Approach.* Ont. Canada: University of Ottawa Press.

Wilss, Wolfram. 1977. *Übersetzungswissenschaft. Probleme und Methoden*, Tübingen: Narr; English translation. 1982. as *Translation Science, Problems and Methods.* Tübingen: Narr Verlag.

참고 사이트

대한출판문화협회 http://www.kpa21.or.kr/index.php

한국번역학회: http://www.kats.or.kr

http://www.iol.org.uk/qualifications/exams_diptrans.asp: Translator's Note

『마시멜로 이야기』 독자 서평: 인터넷 사이트 주소

http://www.yes24.com/Goods/FTGoodsView.aspx?goodsNo = 1809017&CategoryNumber = 001001025001006&ReviewActTp = REVIEW_VIEW&ReviewListTp = Review#Review

참고 신문기사

강성민. 2004. 4. 17. 「교수신문」 특집: 고전비평을 비평한다. '해설'에 서 '대화'로 나아가다.

강성민. 2005. 11. 18. 「교수신문」 초점: 번역은 어떻게 원전중심주의 를 강화하나. 한 소장파가 제기한 '번역문제'.

윤지관. 2001. 2. 19. 「교수신문」. [우리시대 번역의 자리] 번역의 식민 지성과 탈식민지성. 서구적 규범 내면화에 저항하는 번역의 정 치학.

2005. 4. 25. 「교수신문」. (4) 좋은 고전번역의 특징. 어학 철학 겸 전 공필수 …… "공동작업으로 재해석한다."

2005. 7. 4. 「동아일보」. "이재호 vs 이윤기 '그리스 신화' 오역공방".

2005. 12. 29. 「세계일보」. '[북월드] 2005 책을 말하다'.

부 록

[부록 1] 번역 비평 분석대상 텍스트의 제목, 비평가, 출전 목록: 〈번역을 짚어본다〉, 『안과밖』

장 르	비평텍스트제목	비평가	출 전
희곡	셰익스피어 번역의 성과와 과제 『셰익스피어 전집』 번역본 3정판에 부쳐	서경희(광주대)	창간호 155 – 76
소설	최근에 나온 『월든』 번역본 평가	조철원(인하대)	2권 171 – 88
	공든 번역, 영문학 연구의 쓸모 토마스 하디의 『테스』 번역본 점검	김명환(성공회대)	3권 291 – 308
	새로운 『아들과 연인』 번역을 위한 몇 마디 제언	유두선(홍익대)	4권 290 – 314
시	월트 휘트먼 『풀잎』 번역의 문제	강필중(인제대)	5권 259 – 82
	『황무지』 번역의 어려움	봉준수(연세대)	6권 130 – 51
소설	조지 엘리엇의 『싸일러스 마너』 번역본 점검	한애경 (한국기술교육대)	7권 278 – 95
	조너선 스위프트의 『걸리버여행기』	김번(한림대)	8권 297 – 318
	메어리 셰리의 『프랑켄슈타인』	김순원(경원대)	9권 259 – 78
	『모비딕』 번역의 문제점	김진경 (서울신학대)	10권 69 – 88
	번역의 어려움과 재미: 조이스의 『젊은 예술가의 초상』 두 번역본	이종일(서울대)	11권 223 – 39
	나이폴 소설의 번역 현황과 문제점을 점검하며: 『거인의 도시』와 『흉내』를 중심으로	왕철(전북대)	12권 299 – 319
	찰스 디킨즈 소설의 번역점검	이인규(국민대)	13권 254 – 79

장 르	비평텍스트제목	비평가	출 전
소설	샬로트 브론테의 『제인에어』 번역본 점검	장정희(광운대), 조애리(과기원)	14권 153 – 73
	어니스트 헤밍웨이의 『무기여 잘 있거라』 번역점검	황정아(서울대)	15권 242 – 66
	토니 모리슨 소설 점검: 『비러비드』와 『재즈』를 중심으로	설준규(한신대)	16권 201 – 24
	'이상한 나라'를 넘어서 콘텍스트의 세계로: 『앨리스』 번역 검토	한혜정(부산대)	17권 171 – 94
	호러스 월폴의 『오토란토 성』: '로맨스'와 '소설'의 경계	신현욱(방송대)	18권 206 – 27
	폴 오스터의 『뉴욕 3부작』: 문화 해독력과 번역의 문제	유정완(경희대)	20권 226 – 49

[부록 2] 번역 비평 분석대상 텍스트의 제목, 비평가, 전공 및 교수과목, 출전 목록:〈최고의 고전 번역을 찾아서〉, 「교수신문」

장 르	번역 비평 텍스트 제목	비평가	전공 및 교수과목	출 전
비문학	『국가』 Politeia	김귀룡(충북대)	서양고대철학	2005년 11월 8일
		이상인(연세대)	철학, 고전문헌학	
	『정치학』 Politica	김주일(성균관대)	서양고대철학	2005년 11월 12일
	『시학』 Poietike	김헌(서울대)	고전그리스문학	
	『군주론』 Il Principe	곽차섭(부산대)	서양근대사	
	『로마사 논고』 Discorsi sopra la prima deca de Tito Livio	곽준혁(경북대)	서양정치사상	2005년 11월 19일

장 르	번역 비평 텍스트 제목	비평가	전공 및 교수과목	출 전
비문학	『통치론』 Two Treatises of Government	정달현(영남대)	서양정치사상	2005년 11월 28일
		김성우(상지대)	서양근대철학	
	『자유론』 On Liberty	허남결(동국대)	윤리학	2006년 4월 4일
	『공리주의』 Utilitarianism	강준호(경희대)	윤리학	
	『자본론』 Das Kapital	홍영두(한국철학 사상연구회)	서양철학	2005년 12월 17일
	『비극의 탄생』 Die Geburt der Tragö die	박찬국(서울대)	철학	2006년 1월 2일
	『꿈의 해석』 Die Traumdeutung	이덕하(프로이트 전문번역가)	『끝낼 수 있는 분석과 끝낼 수 없는 분석』, 『정신분석 입문』, 『꿈의 해석』 번역	2006년 1월 9일

[부록 3] 〈번역을 짚어본다〉, 『안과밖』의 번역 비평 분석대상 텍스트 서지정보

장르			번역 비평 분석대상 텍스트	비평가
희곡	1	ST	William Shakespeare. 1974. *The Riverside Shakespeare*, ed. G. Blakemore Evans. Boston: Houghtton Mifflin.	서경희
		TT	김재남. 1964 / 1971 / 1995. 『셰익스피어 전집』. 을지서적. 번역본 3정판 중심	
소설	2	ST	Henry David Thoreau. 1989. "Walden, or the Life in the Woods," *The Norton Anthology of American Literature*, 제1권, 3판. New York: W. W. Norton & Company.	조철원
		TT	강승영. 1994. 『월든』. 도서출판 이레.	
			양병석. 1995. 범우사.	
	3	ST	Thomas Hardy. 1991. *Tess of the d'Urbervilles*. London: Norton.	김명환
		TT	정인섭. 1974. 『테스』. 동서문화사.	
			이가형. 1987. 『테스』. 학원.	
			김용철. 1989. 『테스』. 을유문화사.	
			정병조. 1996. 『테스』. 중앙미디어.	
	4	ST	D. H. Lawrence. *Sons and Lovers*. 1913. Penguin.	유두선
		TT	김재남. 1990.『아들과 연인』. 혜진서관. 1958:최초의 번역본	
			유영. 1988. 『아들과 연인』. 계몽출판사.	
			김정환. 1996. 『아들과 연인』. 육문사.	
			양병탁. 1976. 『아들과 연인』. 삼성출판사.	
			이혜경. 1997. 『아들과 연인』. 고려원.	
시	5	ST	Sculley Bradley & Harold W. Blodgett. *Leaves of Grass*. New York UP 1965; Norton 1973)	강필중
		TT	유종호 譯註. 1977 / 1991 / 1995.『풀잎』. 민음사.	
			이창배 譯註. 1987. 『휘트먼』. 혜원출판사. 1993. 『풀잎』. 혜원출판사.	
			이영걸 譯. 1976 / 1990. 『19世紀 美詩』. 탐구당.	
			김기태. 1992.『휘트먼 詩選』. 태학당.	

장르			번역 비평 분석대상 텍스트	비평가
시	6	ST	*The Complete Poems and Plays of T. S. Eliot*. 1979. London: Faber.	봉준수
		TT	김종길. 1987. 『현대 英詩選』. 시사영어사. 이재호. 1994. 『20世紀 英詩』. 개정증보판, 탐구당. 이창배. 1998. 『영미詩 걸작선』. 이창배 전집 1. 동국대학교출판부. 황동규. 1995. 『황무지』. 개정증보판, 민음사.	
소설	7	ST	George Eliot. 1960. *Silas Marner*. New York and Scarborough, Ontario: New American Liberary.	한애경
		TT	오화섭. 1984. 『싸일러스 마너』. 삼성출판사. 이승근. 1984. 『싸일러스 마너』. 학문사. 김승순. 1992. 『싸일러스 마너』. 창작과 비평사.	
	8	ST	Jonathan Swift. 1961. *Gulliver's Travels*. New York: Norton.	김번
		TT	황동규. 1975. 『걸리버 旅行記』. 삼중당. 정병조. 1977. 『걸리버 旅行記』. 삼성출판사. 신현철. 1992. 『걸리버 여행기』. 문학수첩. 송낙헌. 1999. 『걸리버 여행기』. 서울대출판부.	
	9	ST	Mary Shelley. 1985. *Frankenstein*. London: Penguin Classics.	김순원
		TT	정혜경, 신경숙. 1993. 『프랑켄슈타인』. 피피루스.	
	10	ST	Herman Melville. 1967. *Moby-Dick*. New York: Norton.	김진경
		TT	노희엽. 1954. 『白鯨』. 을유문화사. 축약본 양병탁. 1960 / 1995. 『白鯨』. 을유문화사 / 중앙미디어. 오국근. 1974 / 1980. 『모비딕』. 삼성출판사 / 태극출판사. 구중서. 1982. 『모비딕』. 시대문화사.서명확인 이가형. 1987. 『모비딕』. 동서문화사. 이승근. 1986. 『모비딕』. 삼성당. 현영민. 1993. 『모비딕』. 신원문화사. 박영식. 1994. 『모비딕』. 계몽사.	
	11	ST	James Joyce. 1968. *A Portrait of the Artist as a Young Man*. ed. Chester G. Anderson. New York: Viking Press.	이종일
		TT	홍덕선. 1997. 『젊은 예술가의 초상』. 문학과지성사. 이상옥. 2001. 『젊은 예술가의 초상』. 민음사.	

장르			번역 비평 분석대상 텍스트	비평가
소설	12	ST	V. S. Naipaul. 1979. *A Bend in the River*. London: Andre Deutsch.	왕 철
		TT	김영희. 1997.『거인의 도시』. 강.	
		ST	V. S. Naipaul. 1969. *The Mimic Men*. London: Penguin Books.	
		TT	정영목. 1996 / 2001.『흉내』. 강.	
	13	ST	Charles Dickens. 1987. *Oliver Twist*. Harmondsworth: Penguin.	이인규
		TT	오석규. 1974.『올리버 트위스트』. 휘문출판사.	
			정정호. 1990.『올리버 트위스트』. 금성출판사.	
			윤혜준. 1996.『올리버 트위스트』. 창작과비평사.	
			박영의. 1996.『올리버 트위스트』. 신원문화사.	
		ST	Charles Dickens. *Hard Times*. 1987. Harmondsworth: Penguin.	
		TT	장남수. 1989.『어려운 시절』. 푸른산.(초판)	
			장남수. 1994.『어려운 시절』. 푸른산.(개정판)	
			박정만. 1996. '『힘겨웠던 날들』'『크리스마스 캐럴』.	
		ST	1996. 청목사.*Great Expectations*	
		TT	최옥영. 1975.『위대한 유산』. 삼성출판사.	
			김재천. 1988.『위대한 유산』. 덕성문화사.	
			김태희. 1993.『위대한 유산』. 혜원문화사.	
			박성철. 1996.『위대한 유산』. 문학과현실사.	
	14	ST	Charlotte Brontë. 1979. *Jane Eyre*. Harmondsworth: Penguin.	장정희, 조애리
		TT	샬로트 브론테. 정봉화 옮김. 1968.『제인에어』. 정음사.	
			이근삼. 1960 / 1963.『제인에어』. 을유문화사	
			이군철. 1974 / 1988.『제인에어』. 삼성출판사.	
			오국근. 1981 / 1982.『제인에어』. 금성출판사.	
			유종호. 1976 / 1980.『제인에어』. 동화출판공사.집중검토본	
			윤기호. 1982 / 1986.『제인에어』. 학원사.집중검토본	

장르			번역 비평 분석대상 텍스트	비평가
소설	15	ST	Ernest Hemingway. 1995. *A Farewell to Arms*. New York: Scribner.	황정아
		TT	김병철. 1959 / 1987.『무기여 잘 있거라』. 동아출판사 / 범우사.	
			정병조. 1964 / 1993. 『무기여 잘 있거라』. 을유문화사 / 글방문고.	
			이가형. 1979. 『무기여 잘 있거라』. 고려출판사.	
			윤종혁. 1975. 『무기여 잘 있거라』. 삼성출판사.	
			오국근. 1974 / 1995. 『무기여 잘 있거라』. 학원사 / 금성출판사.	
			설순봉. 1982. 『무기여 잘 있거라』. 주우.	
			박영의 1994. 『무기여 잘 있거라』. 신원문화사.	
	16	ST	Tony Morrison. 1987. *Beloved*. New York: Alfred A. Knopf.	설준규
		TT	설영환. 1988. 『소중한 사람들』. 세종출판공사.	
			김선형. 2003. 『비러비드』. 들녘.	
		ST	Tony Morrison. 1992. *Jazz*. New York: Alfred A. Knopf.	
		TT	최인자. 1992. 『재즈』. 문학세계사.	
			김선형. 2001. 『재즈』. 들녘.	
	17	ST	Martin Gardner. 2000. *The Annotated Alice*: The Definitive Edition, Norton.	한혜정
		TT	손영미. 2001. 『이상한 나라의 앨리스』, 『거울 나라의 앨리스』. 시공주니어.	
	18	ST	E. F. Bleiler. 1966. *Three Gothic Novels*. Dover.	신현욱
		TT	하태환. 1998. 『오토란토 성』. 황금가지.유일한 TT	
	19	ST	Paul Auster. 1990. *The New York Trilogy*. New York: Penguin.	유정완
		TT	한기찬. 1996. 『뉴욕 삼부작』. 웅진출판.	
			황보석. 2003. 『뉴욕 3부작』. 열린책들.	

[부록 4] 「교수신문」, 〈최고의 고전 번역을 찾아서〉의 번역 비평 분석대상 텍스트 서지정보

순서		번역 비평 분석대상 텍스트	비평가
①	ST	존 버넷. 1902. *Politeia.*	김귀룡
	TT	박종현 역주. 1997(초판).『국가 정체』. 서광사.	
	ST	플라톤. 국가. 그리스어 저본.	이상인
		슐라이어마허. 독일어 번역본.	
		Paul Shorey. 1930년대 중반. 영역본.	
		F. M. Cornford. 1941. *Politeia.*	
		S.R. Sling. 2003. *Politeia.* Oxford.	
	TT: 추천본	박종현 역주. 2005(개정증보판).『플라톤의 국가. 正體』. 서광사	
②	ST	아리스토텔레스. *Politica.* 그리스어 저본	김주일
		영어번역본	
	TT	성인기. 1948.『정치철학』중역본	
	ST	Benjamin Jowett 영영본	
	TT	이병길, 최옥수. 1959.『정치학』. 박영사. 중역본	
	ST	아리스토텔레스. 그리스어	
	TT	김완수. 천병희. 1972.『정치학』. 휘문출판사. 원전번역본	
	ST	E. Barker. 영역본	
	TT	나종일. 1979.『정치학』. 삼성출판사. 중역본	
③	ST	*Poietike*희랍어 저본.	김 헌
	TT	손명현. 1960.『시학』. 박영사.	
		천병희. 1976.『시학』. 문예출판사.	
	ST	바커 영역본.	
	TT: 추천본	나종일. 1979.『시학』. 삼성출판사. 중역본.	

순서		번역 비평 분석대상 텍스트	비평가
④	ST	마키아벨리. Il *Principe*. 이탈리아 원전	곽차섭
	TT	최숙형. 1958. 『군주론』. 신생문화사. 한상법(정음사, 1970), 임명방(삼성출판사. 1972), 이상두(범우사, 1975), 황문수(동서문화사, 1976), 신복룡(을유문화사, 1979), 김영국(서울대출판부, 1995), 박영기(금성출판사, 1987), 송우(여명출판사, 1992), 신윤곤(배제서관, 1997), 권혁(돋을새김, 2005), 사회과학연구회(신조문화사, 1961), 최종묵(상서각, 1976): 모두 중역본	
	추천	스키너 & 프라이스. 캠브리지대. 영어 번역본. 강정인. 1994(초판) / 2001(개정판) 『군주론』. 까치. 중역본	
⑤	ST	*Discorsi sopra la prima deca de Tito Livio*. 이탈리아 원전.	곽준혁
	TT	신상초. 1982. 『로마사 논고』. 양우당. 황문수. 1976. 『로마사 논고』. 동서문화사. 강정인, 안선재. 2003. 『로마사 논고』. 한길사.	
	추천본	강정인, 안선재. 2003. 『로마사 논고』. 한길사.	
⑥	ST	로크. *Two Treatises of Government*	정달현
	TT	임성희. 1972. 『통치론』. 휘문출판사. 이극찬. 1976. 『통치론』. 삼성출판사.	
	추천본	강정인. 문지영. 1996. 『통치론』. 까치.	
⑦	ST	로크. *Two Treatises of Government*.	김성우
	TT	정달현. 1992. 『세속권력론』. 중문출판사. 정달현. 1988. 『자연법론』. 이문출판사.	
⑧	ST	J. S. Mill. 1977. *Essays on Politics and Society*. University of Tronto Press.	허남결
	TT: 추천본	김형철. 1992. 『자유론』. 서광사.	
	ST	C. V. 1982. *On Liberty*. Indianapolis: Bobbs – Merrill Educational Publishing.	
	TT: 추천본	서병훈. 2005. 『자유론』. 책세상.	

순서		번역 비평 분석대상 텍스트	비평가
⑨	ST	*Utilitarianism.*	강준호
	TT	이을상, 김수청. 2002.『공리주의』. 이문.	
⑩	ST	K. Marx. *Das Kapital*	홍영두
	TT	전석담, 최영철, 허동. 1947.『*자본론*』. 서울출판사. 일어중역본.	
		김영민. 1987.『자본론』I. 이론과 실천. 원전번역.	
		강신준. 1989 – 90.『자본론』 2, 3권. 이론과 실천. 원전번역.	
	추천본	김수행. 1989 – 90.『자본론』 전 3권. 비봉출판사. 영역본, 일역본, 북한판을 원전으로 삼음.	
⑪	ST	*Die Geburt der Tragö die* 독어어판 저본.	박찬국
		암파(巖波) 문고판, *일어판*.	
	TT	박준택. 1976.『비극의 탄생』. 박영사. 중역.	
	추천본	김대경. 1982.『비극의 탄생』. 청하. 중역.	
⑫	ST	*Sigmund Freud. Die Traumdeutung.* 독일어판.	이덕하
		The Standard Edition of the Complete Psychological Works of Sigmund Freud. 영역판.	
	TT	김기태. 1988 / 2002.『꿈의 해석』. 선영사. 원전 번역.	
		김양순. 1991.『꿈의 해석』. 일신서적. 원전 번역.	
		장병길. 1983.『꿈의 해석』. 을유문화사. 원전 번역.	
		서석연. 1992 / 1996.『꿈의 해석』. 범우사. 원전 번역.	
	추천본	김인순. 1997 / 2003.『꿈의 해석』. 열린책들. 원전 번역.	
		조대경. 1993.『꿈의 해석』. 서울대출판부. 원전번역.	

[부록 5] 『문화의 오역』의 번역 비평 분석대상 텍스트 서지정보

장르			번역 비평 분석대상 텍스트
비문학	①	ST	Ovid. *Metamorphoses*. Oxford. UK. 라틴어 저본.
			메어리 이니스. 1995. 오비디우스의 메타모르포시스 (*The Metamorphses of Ovid*). 펭귄 북스. 영국 런던. (영어 번역판)
			田中秀央, 前田敬作 공역. 1984.『轉身物語』. 人文書院. 일본 교토.(일본어 번역판)
		TT	오비디우스. 이윤기 옮김. 1998.『변신이야기』[54]. 민음사 세계문학전집 1, 2권. 민음사.
	②	ST	Umberto Eco. 1980. *The Name of the Rose*.
		TT	움베르토 에코. 이윤기 옮김. 1992.『장미의 이름』. 열린책들.
	③	ST	Jung, So‑sung. Lee, Bo‑kyung(translator). 2000. *The Ship Bound for Athens*. in *KOREAN Literature Today*. Vol.5, No.1. Spring, 2000.
		TT	정소성 지음, 이보경 옮김. 1990.『아테네 가는 배』. 고려원.

---

54) 『변신이야기』에서 번역가는 라틴어 저본이 아닌 영역본과 일역본을 동시에 참고하여 한국어 번역을 하였다. 이 경우는 다음에 다루게 될 '중역'과 밀접한 관계가 있다. 따라서 엄밀한 의미에서 ST에서 파생된 두 언어로 번역된 TT를 한국어 번역 시 원전으로 사용하였기 때문에 '개별적 비평'의 예외적인 사항으로 보아야 한다.

[부록 6] 『잔혹한 책읽기』의 번역 비평 분석대상 텍스트 서지정보

장르			번역 비평 분석대상 텍스트
비문학	①	ST	Nigel Spivey. *Greek Art*. London 1997.
		TT	나이즐 스피비. 양정무 옮김. 2001. 『그리스 미술』. 한길아트.
	②	ST	Thomas H. Carpenter. 1991. *Art and Myth in Ancient Greece*. London.
		TT	토머스 H. 카펜터. 김숙 옮김. 1998. 『고대 그리스의 미술과 신화』. 시공사.
	③	ST	Robert Mark. 1994. *Architectural Technology up to the scientific revolution*.
		TT	로버트 마크 외. 김태중, 조형래 공역. 1999. 『서양건축기술사』. 경남대학교출판부.
	④	ST	Joseph Campbell. 1964. *Occidental mythology*(The Mask of God, Vol.Ⅲ).
		TT	조지프 캠벨. 정영목 옮김. 1999. 『신의 가면Ⅲ – 서양 신화』. 까치.
	⑤	ST	Daniel J. Boorstin. 1993. *The creators: the history of heroes of the imagination*.
		TT	대니얼 J. 부어스틴. 이민아, 장석봉 옮김. 2002. 『창조자들』(1권). 민음사.
	⑥	ST	Joseph Campbell. 1972. *The hero with a thousand faces*.
		TT	조지프 캠벨. 이윤기 옮김. 1972. 『천의 얼굴을 가진 영웅』.

[부록 7] 비평가의 직업 및 전공 혹은 교수과목표

장르	분석 작품명	비평가	장르	분석작품명	비평가	전공 및 교수과목
문학‥『안과밖』	『셰익스피어 전집』	서경희 (광주대)	비문학‥『교수신문』	『국가』	김귀룡 (충북대)	서양고대철학
	『월든』	조철원 (인하대)			이상인 (연세대)	철학, 고전문헌학
	『테스』	김명환 (성공회대)		『정치학』	김주일 (성균관대)	서양고대철학
	『아들과 연인』	유두선 (홍익대)		『시학』	김헌(서울대)	고전그리스문학
	『풀잎』	강필중 (인제대)		『군주론』	곽차섭 (부산대)	서양근대사
	『황무지』	봉준수 (연세대)		『로마사 논고』	곽준혁 (서울대)	서양정치사상
	『싸일러스 마녀』	한애경 (한국기술교육대)		『통치론』	정달현 (영남대) 김성우 (상지대)	서양정치사상 서양근대철학
	『걸리버여행기』	김번 (한림대)		『자유론』	허남결 (동국대)	윤리학
	『프랑켄슈타인』	김순원 (경원대)		『공리주의』	강준호 (경희대)	윤리학
	『모비딕』	김진경 (서울신학대)		『자본론』 1 - 3	홍영두 (한국철학사상연구회)	서양철학
	『젊은 예술가의 초상』	이종일 (서울대)		『비극의 탄생』	박찬국 (서울대)	철학

장르	분석 작품명	비평가	장르	분석작품명	비평가	전공 및 교수과목
문학..『안과밖』	『거인의 도시』,『흉내』	왕철(전북대)		『꿈의 해석』	이덕하(프로이트전문번역가)	『끝낼 수 있는 분석과 끝낼 수 없는 분석』,『정신분석 입문』,『꿈의 해석』 번역
	『올리버 트위스트』,『어려운 시절』,『위대한 유산』	이인규(국민대)				
	『제인에어』	장정희(광운대), 조애리(과기원)	단행본	『잔혹한 책읽기』	강대진(비평가)	신화비평
	『무기여 잘 있거라』	황정아(서울대)		『문화의 오역』	이재호(성균관대, 번역가, 비평가)	영문학
	『비러비드』,『재즈』	설준규(한신대)		『한국현대번역문학사연구 上・下』	김병철	교수
	『앨리스』	한혜정(부산대)		『한국문학의 외국어 번역』	봉준수 외	비평 전공
	『오토란토 성』	신현욱(방송대)		『번역이란 무엇인가』	유영란	번역가, 교수
	『뉴욕 3부작』	유정완(경희대)				

[부록 8] 작품별 번역 비평시점 및 최종 출간본의 시차표

장르	분석 작품명	최종 출간본 비평시점	시차	장르	분석 작품명	최종 출간본 비평시점	시차
문 학	『셰익스피어 전집』	1995	1년	비 문 학	『제인에어』	1986	17년
		1996				2003	
	『월든』	1995	2년		『무기여 잘 있거라』	1994	9년
		1997				2003	
	『테스』	1996	1년		『비러비드』, 『재즈』	2003	1년
		1997				2001	3년
	『아들과 연인』	1997	1년			2004	
		1998			『앨리스』	2001	3년
	『풀잎』	1995	2년			2004	
		1998			『오토란토 성』	1998	7년
	『황무지』	1998	1년			2005	
		1999			『뉴욕 3부작』	2003	3년
	『싸일러스 마너』	1992	7년			2006	
		1999			『국가』	1997	8년
	『걸리버여행기』	1999	1년			2005	0
		2000				2005	
	『프랑켄슈타인』	1993	7년		『정치학』	1979	26년
		2000				2005	
	『모비딕』	1994	7년		『시학』	1979	26년
		2001				2005	

장르	분석 작품명	최종 출간본 / 비평시점	시차	장르	분석 작품명	최종 출간본 / 비평시점	시차
문학	『젊은 예술가의 초상』	2001	0		『군주론』	2005	0
		2001				2005	
	『거인의 도시』, 『흉내』	1997	5년		『로마사 논고』	2003	2년
		2001	1년			2005	
		2002			『통치론』	1996	9년
	『올리버 트위스트』, 『어려운 시절』, 『위대한 유산』	1996	6년			2005	
		1996	6년		『자유론』	2005	1년
		1996	6년			2006	
		2002			『공리주의』	2002	4년
						2006	
					『자본론』 1-3	1990	15년
						2005	
					『비극의 탄생』	1982	24년
						2006	
					『꿈의 해석』	2003	3년
						2006	

〈부록 9〉 문학 번역 비평 텍스트 서적별 평가항목 분석표 : 『인간부』

장르	비평텍스트제목	ST:TT 비율	비평방식	평가기준	텍스트 외적 요소	평가항목 텍스트 내적 요소
희곡	『셰익스피어 전집』	1:3	1인 역자의 통시적 TT 분석	충실성, 가독성	TT이판(초판, 재판, 3정판), 번역전략, ST 서지정보, ST의 특징(음악성, 함축성), 지역의 폐해 등	어휘(한자어), 존대어, 호칭, 방언, 고어체, 고유명사, 제목, 문장부호, 어미, 등장인물의 심리, 접속사, 반복.
소설	『월든』	1:2	2인 이상 역자의 공시적 TT 분석	가독성; 자연스러운 의역	TT 출간배경, 이역, 독자 반응, 장가와 작품세계, 번역의 역할, 역자의 요건, ST 서지정보, 누락, 오독	세로쓰기, 한자어, 문체, 이즈, 문단나누기, 우리말 문구조, 긍정과 부정, 어휘 등
소설	『티스』	1:3	2인 이상 역자 혹은 1인 역자의 통시적 TT 분석	가독성	TT 이판, 서지정보 누락, 축약본, 역자(영문학자 번역문화하기) VS 번역문화하기, 번역의 현실, 부실번역의 결과	우리말 어법(부자연스러움, 불호응 문제, TT 오류담습, 개악, 내용첨말·불필요한 표현, 오식, 화법, 난해한 한자어 등)
소설	『어들과 연인』	1:9	2인 이상 역자의 통시적 TT 분석	은면성, 정확성, 충실성	평가 동기 및 목적, TT의 이력검증, ST의 서지정보, 중복 번역에 대한 의문 번역자의 변(역자 추기), 좋은 번역의 조건(비평기준), 번역자가 갖추어야 할 요건, 오역의 폐해, 새로운 정보의 필요성 등	작품의 제목, 오식, 어휘, 문장부호, 서술기법, 화법, 등장인물 사이의 관계, 작가의 의도, 문제(방언) 등
시	『폴』	1:4	2인 이상 역자의 통시적 TT 분석	정확성	TT이역, 서지정보 누락, 역자해설, 참고 TT 정보, 누락	오식, ST의 분명한 의미전달(어휘, 시행, 문장), 우리말 어법, 어감, 역자의 실수, ST의 느낌 등
시	『황무지』	1:4	2인 이상 역자의 통시적 TT 분석	기준번역 첨삭	TT이역, 분석대상 TT 선정이유, 평가 의의, 편의 의 문제, 번역의 정의 이구성, 중복.	오역(역자의 부주의), ST의 오식, 비유적 표현, 텍스트의 일관성, 화법(이오 어투), 운문적 번역 등
소설	『싸일러스 마너』	1:3	2인 이상 역자의 통시적 TT 분석	충실성, 가독성	TT이력, 장가 이상, 공역의 필요성(작품의 분량이 많음), 번역의 정의	긴 문장의 출표처리(호흡단체), 어투(신조어), 대담한 이역, 역자의 부주의, 부자연스런 표현, 일관성이 결여된 고유명사 표기 등
소설	『걸리버여행기』	1:4	2인 이상 역자의 통시적 TT 분석	충실성, 가독성	TT이력, TT별 총평, 역자의 역할, 부정확한 ST의 서지정보, 역자의 이해, 번역한당	한자어, ST의 이텔릭체 번역, 역자의 자의적인 문장구조 및 문장 나누기, 우리말의 논리성, 문제(어투, 한국어의 남), 과역(overinterpretation), 자의적 이도, 문체, 문맥, 어휘, 구두점, 첨가, 누락 등

소 설	『프랑켄슈타인』	1:1	1인 역자(공역자)의 단일 TT 분석	충실성, 가독성	TT이해, 작품의 의의, ST 서지정보 누락, 번역 환경개선에 관한 제언, 문화개방품 번역 유의사항, 역자의 요건	제목(상업성 농후), 역자의 자의적인 chapter 구분, 역자의 부주의, 첨가, 삭제, 어조, 인칭, 대명사, 경어법, 인명 표기, 의역과 직역, 문장 누락, 오역(어휘, 문장) 등
	『모비딕』	1:8	2인 이상 역자의 통시적 TT 분석 /1인 역자의 통시적 TT 분석	번역 현실 점검, 향후 방향	번역의 과정, 여러 TT가 나오는 이유, 번역과 역자에 관한 정의, 우리나라 번역문제의 근원, TT 이해, 번역현실(중복번역, 베끼기), 번역의 어려움, 신문번역의 현주소, 문화 번역의 목표, 의역과 직역의 어려움	내용의 일관성과 완전성, 제목, 어휘, 비유, 문체, 문장의 길이 등
	『젊은 예술가의 초상』	1:2	2인 이상 역자의 공시적 TT 분석	충실성	역자 및 작품 설명, 번역의 필요성, TT 이해 및 총평, ST 서지 정보 누락, 정확한 번역 등	의식의 흐름(시제), 문체, 비유, 원작의 분위기(pun), 화자의 연음, 압정, 말투, 제약법, 오역(단어, 관용어구, 구문, 문제, 누락, 구두점, 수식 관계) 등
	『거인의 도시』, 『흉내』	1:1, 1:2	1인 역자 혹은 2인 이상 역자의 공시적 TT 분석	가독성, 충실성, 오역최소화	역자 및 작가의 작품 번역 이해 소개, 작품 번역의 어려움, 번역의 의의, 지나친 의역, 비평 이면, 역자의 ST 해독 능력, 역주, 새로운 번역의 필요성, 역자의 주관성	역자의 자의적인 문장 나누기, 오역, 서른 우리말, 장외독, 한자어, 자의적인 직역, 문제, 누락, 오식, 비문, 전후맥락, 화법, 문장 통합, 시제, 단어 등
	『올리버 트위스트』, 『어려운 시절』, 『위대한 유산』	1:4, 1:2, 1:4	2인 이상 역자의 통시적, 공시적, 통시적 TT 분석	온전성, 정확성, 가독성, 등가성	역자 및 작품 소개, TT 비평 선정 이유, 평가기준 좋은 번역의 필요성과 충분조건, TT 이해 및 총평, ST 서지정보 누락, 작가 선보 누락, 역자 어휘 누락, 중역, 표절본, 개역, 역주	어투(사투리, 은어, 속어, 구어투), 통자, 해화, 어휘, 대명사, 불분명한 의미, 오역, 문제, 호칭, 세 묘사기, 자의적인 문단나누기, 계무누락 등
	『제인에어』	1:4	1인 역자 혹은 2인 이상 역자의 TT 분석	충실성	작품 설명, TT 이해, 중문, 오세한 한자어, 좋은 번역의 조건, 좋은 번역이 나오지 않는 이유	오역, 누락, 어휘, 문제, 감정의 초음과 문장의 길이, 첨가, 누락, 복선, 어투(신분차이), 상황, 운율 등
	『무기여 잘 있거라』	1:9	1인 역자 혹은 2인 이상 역자의 통시적 TT 분석	정확성, 가독성, 오역최저도의 지속충	작가의 저명도, TT 이해 및 총평, 표절 소설 번역의 어려움, 평가 기준, 오류 담당(개악)	문제, 어조(대화), 대명사, 시점, 내용 및 이미류, 심리묘사, 자의적인 문장 나누기 등

「미러미드」, 「제즈」	1:2	2인 이상 역자의 통시적 TT 분석	정확성, 가독성	작가 및 작품 소개, TT 이력 및 출판, 윤색, 축약본, 어휘, 오류 빈도, 역자의 역할	오류, 누락, 역자의 첨가 및 부주의, 자의적인 단락 나누기, 누락, 춘의어, 부정확한 번역, 의미 왜곡, 인용문 등.
「엘리스」	1:1	1인 역자의 단일 TT 분석	정확성, 가독성	작가 및 작품 특징, TT 이력 및 출판, 축약본, 중역, 제목, 맥주, ST 서지 정보 누락, 역자의 역할 및 배경지식 필요성, 문화 번역 정의	누락, 오역, 자의적인 문장 나누기, 두운 도량형 등.
「오트란토 성」	1:1	1인 역자의 단일 TT 분석	오역의 문제점 점검	작품의 특징, 번역의 의미, 정확성, 자가의 시각, 역자의 작품 배경 지식	어휘, 용이 혼동, 내용 혼선, 호칭 이미 단절, 역자의 착오, 누락, 작중 인물의 특징, 전후 뒤바뀜, 복선, 접속사 등
「누욕 3부작」	1:2	2인 이상 역자의 공시적 TT 분석	역자의 문화 해독력	작가 및 작품 소개, 작품 번역의 어려움, TT 이력 및 출판, 두 번역의 유사성, 역자의 입장, 탐정 소설의 특징, 번역의 정의, 비평가의 독서 태도	문장 첨가, 중복, 열거, 역자의 착오, 자의적인 문맥(아구룡어, 고유명사표기, 간이상당 문제, 누욕 거일 이름, 화폐단위 등에 대한 이해 부족, 누락, 의역, 바꾸어 쓰기 등

〈부록 10〉 비문학 번역 비평 텍스트 서적별 평가항목 분석표 : 『교수신문』

번역 비평텍스트 제목	ST : TT			평가 항목	
	비율	비평방식	평가기준	텍스트 외적 요소	텍스트 내적 요소
국가	1:1	1인 역자의 단일 TT 분석	충실성, 가독성	TT 이해, 의역, 역자의 전문성(희랍어 독해능력, 철학적 사유능력, 한글 구사능력, 주석, 번역의 어려움, 가독성, 문어체, 고어체, 교양도서의 역할 판성, 구어체, 문어체)	예문부재
	5:1	2인 이상 역자의 통시적인 중역본에 대한 분석 (희랍어>독일어>영어>한국어)	충실성	TT 이해, 의역, ST와 TT의 관계, 오역의 폐해	역자의 의도(어휘, 어미), 핵심개념, 예문근거 부재
정치학	2:1/1:1	1인 혹은 2인 이상 역자의 통시적인 중역본에 대한 분석	충실성	TT이해, 중역(원전번역의 필요성), 공역(번역의 일관성: 용어혼선), 주석, 원전번역의 필요성, 새로운 번역의 필요성	지나친 의역(핵심어휘), 우리말어법.
시학	1:2/2:1	1인 혹은 2인 이상 역자의 중역본에 대한 분석	가독성(새로운 번역판을 위한 제언)	작품특징(난해: 해설과 주석의 필요성), TT이해, 각주	새로운 번역의 필요성(3~40년 전 번역 : 문체, 어투, 용어가 낯설다), 핵심용어 및 개념, 인물의 성격
군주론	1:1/2:17	1인 혹은 2인 이상 역자의 중역본에 대한 분석	정확성과 적절성(개념어와 상용구 확인)	TT이해(18종 역자의 전공별 분류, 작가의 작품 번역 이해, 중역, 서지정보누락(저본), 역자의 배경지식, 부정확한 해설	존칭어, 핵심개념어 어투.
로마사 논고	1:3	2인 이상 역자의 TT에 대한 분석	가독성, 주석의 정확성, 해석의 적절성	독자 반응, TT이해(3종, 작가의 작품 번역 이해, 중역(지나친 친절: 독자에 개입), ST(이탈리아어), 원전번역부재), 번역의 어려움, 역자의 전문성	대명사, 용어해설부재.
통치론	1:3	2인 이상 역자의 통시적 통시대의 TT에 대한 분석	정확성(개념을 중심으로)	TT이해(3종), 『통치론』 1권 미번역, ST 서지 정보 부족	개념어(the positive law of God, property, understanding, fact, people 등).

			정확성		
세습권력론	1:2	1인 이상 역자의 복수의 TT에 대한 분석(단, 1종의 ST가 각기 다른 TT로 출간되었음)		TT어휘 및 의의, 작가의 사상과 작품 및 의의, 주석 부족: 일반 독자에게 난해 →TT를 수정 보완 필요, ST 서지정보 부족	누락, 오역, 에서(1), ST 제시(x).
자유론	1:2	2인 이상 역자의 통시적인 중역본에 대한 분석	충실성, 가독성, 해제와 역주의 유용성	TT어휘(4종), 최근어서 및 전공자 변역 중심 분석, 원자의 특징과 난해함, 해제, 역주	TT를 일부 발췌하여 ST와 대조(예 : 목자)
공리주의	1:8	2인 이상 역자의 통시적인 TT에 대한 분석	충실성, 가독성	TT어휘(1종), ST 특징, 공역의 문제점(ST 60쪽의 공역 필요성 회의, 문제, 대역본, 주석, 비일관된 표현, 제반역필요)	문제(한글세대 그러), 해심문장 오역(예문 앞음), 오역 빈도(10개 / 1chapter), 비문, 핵심개념(justice)
자본론 1 – 3	1:2 / 2:1 / 3:1	1인 혹은 2인 이상 역자의 통시적인 중역본 혹은 원전 변역본 분석 (독>영>국)	정확성, 가독성	TT어휘(3종), TT 변역 의의, 중역(영역본, 일역본, 북한판), 변역의 어려움, 변역 비평의 필요성, 원자의 난해함, 역자의 전문성과 배경 지식(독일어(원자)+영어능통), TT 별 ST 서지정보 역주, 오역의 한계, 이전 TT 참고→다음 TT 생산 바탕지, 가독성, 추천본(중역보, 원어의의 중요성	개념오취(전문용어), 누락, 외래어
비극의 탄생	1:1 / 1:2	2인 이상 역자의 통시적인 중역본 분석	충실성, 가독성	ST의 특징, 작가 소개, TT어휘(8종), 역자의 전문성 분석 대상도서(best seller), 역자의 전문성, 중역의 우수성과 폐해(개념, 아삭, 중역, 오역의 한계, 의역의 한계	TT의 첫 문장만 분석(역자가 가장 심혈을 기울이므로), 오류, 누락
꿈의 해석	1:6 / 2:1	1인 혹은 2인 이상 역자의 통시적인 TT 분석 (독>영>국)	충실성, 가독성	작가 소개, ST 특징, 해심어, TT어휘(15종), 중역본, ST 서지정보, 분석대상 도서(오류판, 원전 번역판, 독일어판), 2장 중27쪽 분석(오류빈도, 2인 누락, 참고문헌 누락, 표절변역 (베낌), 의역의 한계, 원어 범기 누락, 각주	개념오취, 자의적인 문단나누기, 한자어

• 저자 •

전현주

•약 력•

저자 전현주는 문경에서 태어나 번역작가로 현장경험을 쌓은 후 세종대학교에서
영문학(번역학 전공) 박사학위를 받았다. 현재 계명대학교 통번역대학원 초빙전임교
수로 재직 중이며, 번역작가 활동도 꾸준히 병행하고 있다. 한국번역학회, 한국번역
연구원, 국제번역학회(IATIS) 및 한국영어영문학회 등 번역관련 학회 활동에도 적극
적으로 참여하고 있다.

•주요논저•

연구논문

「번역의 불평등성과 해소방안」

「번역비평에 대한 비평적 분석」

「번역비평 텍스트의 패러다임」

「번역텍스트의 용인성: 번역 비평가의 관점을 중심으로」

「다중체계 이론과 한국 현대 번역 문학사」

역서

『슈퍼머니』(W미디어)(근간)

『파라다이스행 9번 버스』(새터)

『10분 인생코치』(지상사)

『행운의 심리학』(가산출판사)

외 다수

번역 비평의 패러다임

• 초판 인쇄	2008년 10월 30일
• 초판 발행	2008년 10월 30일
• 지 은 이	전현주
• 펴 낸 이	채종준
• 펴 낸 곳	한국학술정보㈜
	경기도 파주시 교하읍 문발리 513-5
	파주출판문화정보산업단지
	전화 031) 908-3181(대표)ㆍ팩스 031) 908-3189
	홈페이지 http://www.kstudy.com
	e-mail(출판사업부) publish@kstudy.com
• 등 록	제일산-115호(2000. 6. 19)
• 가 격	29,000원

ISBN   978-89-534-0391-8 93700 (Paper Book)
        978-89-534-0392-5 98700 (e-Book)